법인세법

소득세법

부가가치세법

상속세 및 증여세법

국세기본법

소득세법

제1절

총 설

1.1 소득세의 의의와 과세원칙

1. 과세소득의 범위 : 소득원천설 – 열거주의

<table>
<tr><td rowspan="6">종합소득</td><td>이자소득</td></tr>
<tr><td>배당소득</td></tr>
<tr><td>사업소득</td></tr>
<tr><td>근로소득</td></tr>
<tr><td>연금소득</td></tr>
<tr><td>기타소득</td></tr>
<tr><td colspan="2">퇴직소득</td></tr>
<tr><td colspan="2">양도소득</td></tr>
</table>

참고 금융투자소득
2025년부터 주식 양도, 채권 양도, 투자계약증권 양도, 집합투자증권 환매, 파생결합증권과 파생상품 등으로 발생한 소득을 금융투자소득으로 하여 종합소득, 퇴직소득, 양도소득과 분류하여 과세한다.

2. 과세방법

(1) **원칙** : 종합과세

(2) **예외** : 분류과세와 분리과세

① 분류과세 : 퇴직소득, 양도소득은 다른 소득과 합산하지 않고 별도로 과세

② 분리과세 : 기간별로 합산하지 않고 원천징수로서 납세절차 종결

3. 과세단위 : 개인별 과세 (예외 : 공동사업합산과세)

| 사례 |

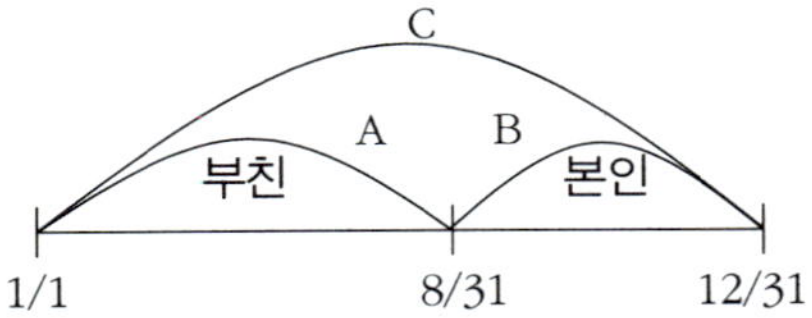

상속에 따른
사업 승계

A : 부친이 운영한 기간에 대한 소득세
→ 상속인인 본인이 납세의무 승계
B : 본인이 승계하여 운영한 기간에 대한 소득세
C : 부친이 운영한 기간과 본인이 운영한 기간을 통산한 기간에 대한 소득세
A+B < C
(○) (×)

Memo

4. 누진과세

과세표준	세율
₩1,000,000,000 초과	45%
₩500,000,000 ~ ₩1,000,000,000	42%
₩300,000,000 ~ ₩500,000,000	40%
₩150,000,000 ~ ₩300,000,000	38%
₩88,000,000 ~ ₩150,000,000	35%
₩50,000,000 ~ ₩88,000,000	24%
₩14,000,000 ~ ₩50,000,000	15%
₩14,000,000 이하	6%

5. 신고납세주의 : 다음 연도 5/1 ~ 5/31 확정신고

6. 원천징수제도

구　분	내　　용
완납적 원천징수	원천징수로 과세가 종결되는 분리과세 소득에 대한 원천징수를 의미한다. 이 경우에는 원천징수세액이 곧 부담세액이 된다.
예납적 원천징수	원천징수 후에도 추가적으로 확정신고의무를 지는 경우의 원천징수를 의미하며, 확정신고시 원천징수세액을 기납부세액으로 공제한다. 이 경우에는 원천징수세액이 부담세액에 영향을 주지 않는다.

| 사례 |

기타소득금액	₩2,000,000	
원천징수	(−)400,000	…20%
수령	₩1,600,000	

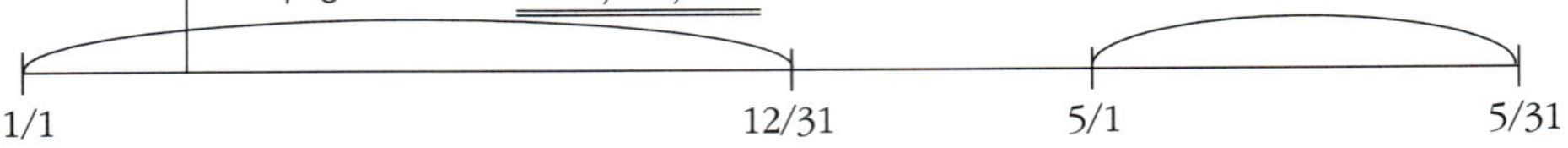

	매 월		計
매 월	₩4,000,000	…	₩48,000,000
원천징수	(−)100,000	…	(−)1,200,000
수령	₩3,900,000	…	₩46,800,000

	기타소득 종합과세시	기타소득 분리과세시
근로소득	₩48,000,000	₩48,000,000
기타소득	2,000,000	−
	⋮	⋮
과세표준	20,000,000	18,000,000
세율	× 6%, 15%	× 6%, 15%
산출세액	1,740,000	1,440,000
기납부세액	(−)1,600,000	(−)1,200,000
	₩140,000	₩240,000

Memo

기타소득 종합과세시 세부담 총액 :	₩1,740,000	
기타소득 분리과세시 세부담 총액 :	1,840,000	(₩1,440,000+₩400,000)
차이금액 :	₩100,000	→ ₩2,000,000×(20%−15%)

1.2 납세의무자

1. 소득세의 납세의무자 : 개인

(1) 거주자와 비거주자

구 분	개 념	과세대상소득의 범위
거 주 자	국내에 주소나 183일 이상 거소를 둔 개인	국내원천소득 및 국외원천소득 (무제한 납세의무)
비거주자	거주자가 아닌 개인	국내원천소득(제한 납세의무)

(2) 국내에 주소가 있는 것으로 보는 경우(거주자로 간주)

① 계속하여 183일 이상 국내에 거주할 것을 통상 필요로 하는 직업을 가진 자
② 국내에 생계를 같이하는 가족이 있고, 그 직업 및 자산상태에 비추어 계속하여 183일 이상 국내에 거주할 것으로 인정되는 자
③ 외국을 항행하는 선박 또는 항공기 승무원의 경우 그 승무원과 생계를 같이하는 가족이 거주하는 장소 또는 그 승무원이 근무기간 외의 기간 중 통상 체재하는 장소가 국내에 있는 자
④ 국외에서 근무하는 공무원과 거주자나 내국법인의 국외사업장 또는 해외현지법인(내국법인이 100% 직접 또는 간접출자한 경우를 말함) 등에 파견된 임직원

(3) 거주자 또는 비거주자가 되는 시기

비거주자가 거주자로 되는 시기	거주자가 비거주자로 되는 시기
① 국내에 주소를 둔 날 ② 국내에 주소를 가진 것으로 보는 사유가 발생한 날 ③ 국내에 거소를 둔 기간이 183일이 되는 날	① 거주자가 주소 또는 거소의 국외이전을 위하여 출국하는 날의 다음날 ② 국내에 주소가 없는 것으로 보는 사유가 발생한 날의 다음날

Memo

2. 법인 아닌 단체에 대한 취급

구 분	소득세법상 취급
(1) 구성원별 이익분배가 확인되는 경우 ① 구성원 간 이익의 분배비율이 정해져 있고 구성원별로 비율이 확인되는 경우 ② 분배비율이 정하여져 있지 아니하나 사실상 이익이 분배되는 것으로 확인되는 경우	소득구분에 따라 해당 단체의 각 구성원별로 소득세 또는 법인세 과세
(2) 이외의 경우	해당 단체를 1거주자 또는 1비거주자로 보아 과세

1.3 과세기간과 납세지

1. 과세기간

구 분		과세기간
(1) 원 칙		1월 1일 ~ 12월 31일
(2) 예 외	① 거주자가 사망한 경우	1월 1일 ~ 사망일
	② 거주자가 출국으로 인하여 비거주자가 된 경우	1월 1일 ~ 출국일

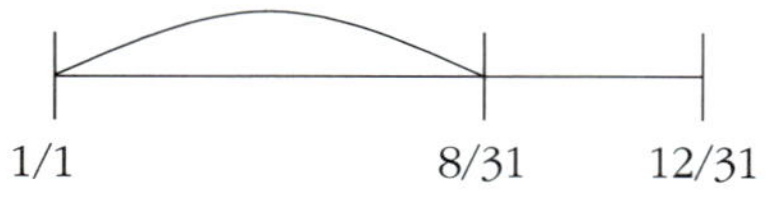

• 사망
• 출국
} ⇒ 과세기간 : 1/1 ~ 8/31

2. 납세지

(1) 일반적인 경우

구 분	납 세 지
거주자	주소지(주소지가 없는 경우에는 거소지)
비거주자	주된 국내사업장의 소재지 (국내사업장이 없는 경우에는 국내원천소득이 발생하는 장소)

Memo

(2) 원천징수한 소득세의 납세지

원천징수 의무자	납 세 지
거주자	그 거주자의 주된 사업장 소재지 (사업장이 없는 경우 그 거주자의 주소지 또는 거소지)
비거주자	그 비거주자의 주된 국내사업장 소재지 (국내사업장이 없는 경우 그 거주자의 거류지 또는 체류지)
법인	그 법인의 본점 또는 주사무소 소재지 (지점 등이 독립채산으로 독자적 회계사무를 처리하는 경우 그 사업장 소재지)

(3) 납세지의 지정 및 변경

① 납세지의 지정 : 다음의 경우에는 납세지를 따로 지정할 수 있다.

a. 사업소득이 있는 거주자가 사업장 소재지를 납세지로 신청한 경우

b. 위 a외의 자로서 본래의 납세지가 납세의무자의 소득 상황으로 보아 부적당하거나 납세의무를 이행하기에 불편하다고 인정되는 경우

② 납세지의 변경 : 납세지가 변경된 경우 변경된 날부터 15일 내에 변경 후 납세지 관할세무서장에게 신고하여야 한다. 이 경우 부가가치세법에 따라 사업자등록 정정신고를 한 경우에는 납세지 변경신고를 한 것으로 본다.

1.4 소득세의 계산구조

이자소득 :	총수입금액	−	필요경비	=	이자소득금액
배당소득 :	〃	−	〃	=	배당소득금액
사업소득 :	〃	−	〃	=	사업소득금액
근로소득 :	〃	−	〃	=	근로소득금액
연금소득 :	〃	−	〃	=	연금소득금액
기타소득 :	〃	−	〃	=	기타소득금액
					종합소득금액

→ 종합소득금액
(−)종합소득공제
과 세 표 준
× 세 율
산 출 세 액
(−)세액감면·공제
결 정 세 액
(+)가 산 세 등
총 결정세액
(−)기납부 세액
자진납부세액

- 이자소득과 배당소득 필요경비 : ₩0
- 배당소득은 총수입금액에 귀속법인세 가산
- 근로소득 필요경비 : 근로소득공제
- 연금소득 필요경비 : 연금소득공제

※ 퇴직소득과 양도소득의 경우에도 세액계산구조의 기본 틀은 종합소득과 동일함

Memo

이자소득과 배당소득

2.1 이자소득

1. 이자소득의 범위

① 채권·증권의 이자와 할인액
② 예금·적금의 이자
③ 상호신용계 또는 신용부금으로 인한 이익
④ 환매조건부 채권·증권의 매매차익
⑤ 저축성보험의 보험차익
⑥ 직장공제회 초과반환금
⑦ 비영업대금 이익
⑧ 유사이자 … 유형별 포괄주의
⑨ 위의 이자소득을 발생시키는 거래·행위와 파생상품이 결합된 경우 해당 파생상품의 거래·행위로부터의 이익

(1) 환매조건부 채권·증권의 매매차익

사전약정이율에 의해 결정된 가격으로 환매수·환매도하는 조건으로 매매하는 채권·증권의 매매차익

(2) 저축성보험의 보험차익

구 분			과세여부
저축성 보험	가입기간 10년 이상		×
	가입기간 10년 미만		이자소득
보장성 보험	신체 질병·상해		×
	자산 멸실·손괴	사업관련성 有	사업소득
		사업관련성 無	×

(3) 직장공제회초과반환금 : (직장공제회 반환금－납입공제료)＋반환금 추가이익

(4) 비영업대금의 이익 : 대금업에 해당하지 않는 금전 대여로 인한 소득

* 사업적인 금전대여에 따른 이익 : 사업소득(대금업)

Memo

2. 비과세 이자소득

구 분	비과세 이자소득
소득세법	공익신탁의 이익
조세특례제한법	노인·장애인 등의 비과세종합저축의 이자소득
	개인종합자산관리계좌(ISA)에서 발생하는 이자소득과 배당소득의 합계액 중 200만원(또는 400만원)
	청년우대형 주택청약종합저축의 이자소득 합계액 중 500만원
	장병내일준비적금에 가입하여 받는 이자소득
	청년희망적금에 가입하여 받는 이자소득
	청년도약계좌에서 발생하는 이자소득

3. 이자소득금액의 계산

이자소득 총수입금액 = 이자소득금액 (필요경비 인정 안 됨)

4. 이자소득 총수입금액의 수입시기

대부분 : 지급받은 날(현금주의)	일부 : 약정일
(1) 채권·증권의 이자와 할인액 ① 무기명 채권 등 : 지급을 받은 날 ② 채권 등의 보유기간 이자 상당액 : 채권 등의 매도일 또는 이자지급일 (2) 보통예금·정기예금·적금 또는 부금의 이자 ① 원칙 : 실제로 이자를 지급받는 날 ② 원본에 전입하는 뜻의 특약이 있는 이자 : 원본전입일 ③ 해약으로 인하여 지급되는 이자 : 해약일 ④ 계약기간을 연장하는 경우 : 계약연장일 ⑤ 정기예금연결정기적금의 경우 정기예금의 이자 : 정기예금 또는 정기적금이 해약되거나 정기적금의 저축기간이 만료되는 날 ⑥ 통지예금의 이자 : 인출일 (3) 저축성보험의 보험차익 : 보험금 또는 환급금의 지급일. 다만, 기일전에 해지하는 경우에는 그 해지일 (4) 이자소득이 발생하는 재산의 상속 또는 증여 : 상속개시일 또는 증여일	(1) 기명식 채권·증권의 이자와 할인액 : 약정에 의한 지급일 (2) 채권 등의 환매조건부 매매차익 : 약정에 의한 채권 등의 환매수일 또는 환매도일. 다만, 기일전에 환매수 또는 환매도하는 경우에는 그 환매수일 또는 환매도일 (3) 직장공제회 초과반환금 : 약정에 의한 납입금 초과이익 및 반환금 추가이익의 지급일. 다만, 반환금을 분할하여 지급하는 경우 원본에 전입하는 뜻의 특약이 있는 납입금 초과이익은 특약에 따라 원본에 전입된 날 (4) 비영업대금의 이익 : 약정에 의한 이자지급일. 단, 약정에 의한 이자지급일전에 이자를 지급받는 경우, 이자지급일의 약정이 없는 경우 또는 비영업대금이 회수불능채권이 되어 총수입금액 계산에서 제외하였던 이자를 지급받는 경우는 이자지급일 (5) 유사 이자소득 및 결합파생상품의 이익 : 약정에 의한 상환일. 다만, 기일전에 상환하는 때에는 그 상환일

Memo

| 연구 |

1. 매입에누리·매입할인·할부이자 등 : 사업소득
2. 외상매출금 회수지연에 따른 연체이자 : 사업소득
3. 손해배상금에 대한 법정이자 : 과세제외

   * 계약의 위약·해약을 원인으로 법원의 판결에 의해 받는 손해배상금 및 이에 대한 법정이자 ⇒ 기타소득

4. 비영업대금의 이익의 총수입금액을 계산할 때 해당 과세기간에 발생한 비영업대금의 이익에 대하여 과세표준 확정신고 전에 그 비영업대금이 채무자의 파산, 강제집행, 형의 집행, 사업폐지, 사망, 실종, 행방불명으로 회수할 수 없는 채권에 해당하여 원금 및 이자의 전부를 회수할 수 없는 경우에는 회수한 금액에서 원금을 먼저 차감하여 계산한다(원금을 먼저 회수한 것으로 본다).

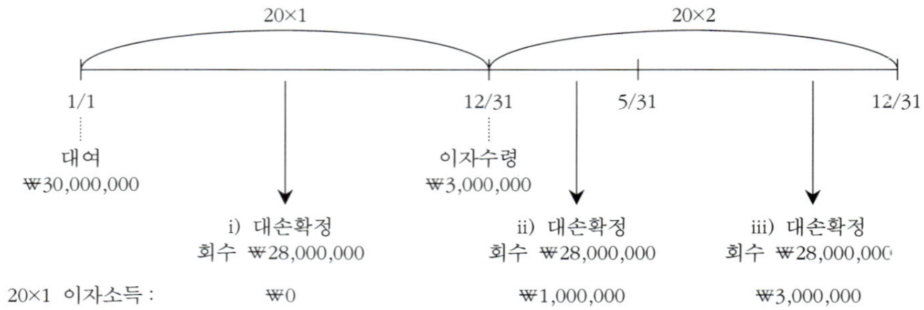

2.2 배당소득

1. 배당소득의 범위

① 일반배당
② 의제배당
③ 인정배당
④ 집합투자기구로부터의 이익
⑤ 파생결합증권·파생결합사채
⑥ 국제조세조정에 관한 법률에 따른 특정외국법인으로부터의 배당간주금액
⑦ 출자공동사업자 배당
⑧ 유사배당 … 유형별 포괄주의
⑨ 위의 배당소득을 발생시키는 거래·행위와 파생상품이 결합된 경우 해당 파생상품의 거래·행위로부터의 이익

Memo

(1) 집합투자기구로부터의 이익

① 소득구분 : 배당소득

② 다음에 해당하는 소득은 제외

a. 증권시장에 상장된 증권(채권 및 외국 집합투자기구의 집합투자증권 제외)

b. 벤처기업의 주식 또는 출자지분

c. 위 a의 증권을 대상으로 하는 파생상품

			직접투자	집합투자기구
주식	배당수익	₩100	○	○
	매매 · 평가차익	₩250	×	×
채권	이자수익	₩200	○	○
	매매 · 평가차익	△₩50	×	○
			배당 ₩100 이자 ₩200	배당 ₩250

* 1. 퇴직일시금신탁의 이익 : 사업소득
2. 집합투자기구 외의 신탁이익 : 소득의 내용별로 구분

(2) 의제배당 : 법인세법 규정과 동일함(무상주 의제배당, 감자 등에 따른 의제배당)

(3) 출자공동사업자 배당 : 공동사업에서 발생하는 소득금액 중 출자공동사업자에 대한 손익분배 비율에 상당하는 금액

(4) 동업기업과세특례에 따른 동업자의 배당소득

2. 비과세 배당소득

구 분	비과세 배당소득
소득세법	공익신탁의 이익
조세특례제한법	노인 · 장애인 등의 비과세종합저축의 배당소득
	개인종합자산관리계좌(ISA)에서 발생하는 이자소득과 배당소득의 합계액 중 200만원(또는 400만원)
	장기보유 우리사주의 배당소득
	청년도약계좌에서 발생하는 배당소득

3. 배당소득금액의 계산

배당소득 총수입금액 + 귀속법인세(Gross-up) = 배당소득금액 (필요경비 인정 안 됨)

Memo

4. 배당소득의 수입시기

(1) **일반배당** : 잉여금처분결의일(무기명 주식의 배당은 현금주의)

(2) **의제배당** : 법인세법 규정과 동일함

① 무상주 의제배당 : 잉여금의 자본전입 결의일

② 감자 등에 따른 의제배당

구 분	수입시기
감자시 의제배당	감자결의일
해산시 의제배당	잔여재산가액 확정일
합병시 의제배당	합병등기일
분할시 의제배당	분할등기일

(3) **인정배당** : 결산확정일

(4) **집합투자기구로부터의 이익** : 지급받는 날 / 원본전입일

(5) **파생결합증권, 파생결합사채** : 지급받은 날 / 원본전입일

(6) **출자공동사업자 배당** : 해당 공동사업 소득금액이 확정되는 날이 속하는 과세기간 종료일

(7) **유사배당 및 파생상품이 결합된 경우의 해당 이익** : 지급받는 날

※ 일반배당 및 인정배당

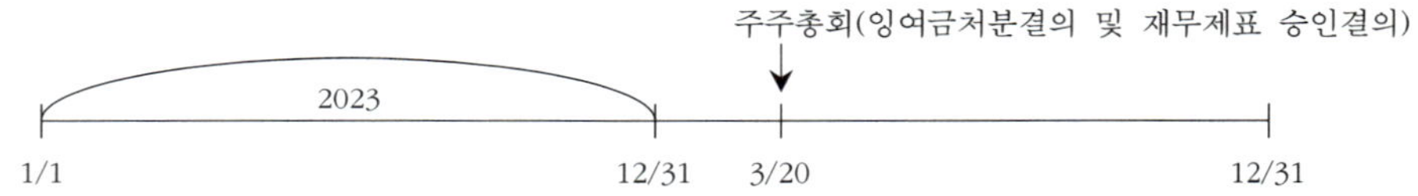

구 분	수입시기	귀속연도
① 2023년 잉여금을 처분하여 수령한 배당	잉여금처분결의일(2024. 3. 20.)	2024
② 2023년 법인세 세무조정시 배당으로 처분된 금액	결산확정일(2024. 3. 20.)	2024

※ 수입시기 비교

구 분	기명	무기명
공·사채 이자	약정일	현금주의
주식의 배당	결의일	현금주의

Memo

2.3 이자소득과 배당소득에 대한 과세방법

1. 원천징수

(1) **이자소득** : 14% (비영업대금의 이익은 25%)

(2) **배당소득** : 14%

* 분리과세에 해당하는 이자·배당소득은 별도의 원천징수 세율을 규정하고 있다.

2. 종합과세와 분리과세

(1) 종합과세 여부의 판정기준

구 분	내 용
A. 무조건 분리과세	소득세법 및 조세특례제한법에서 특정하는 이자·배당소득
B. 무조건 종합과세	국외에서 지급되는 이자·배당소득 및 국내에서 지급되는 이자·태당소득 중 원천징수되지 않은 소득
C. 조건부 종합과세	이외의 이자·배당소득

(2) 종합과세의 구체적 방법

구 분	C	B
B +C > ₩20,000,000	종합과세	종합과세
B +C ≦ ₩20,000,000	분리과세	종합과세

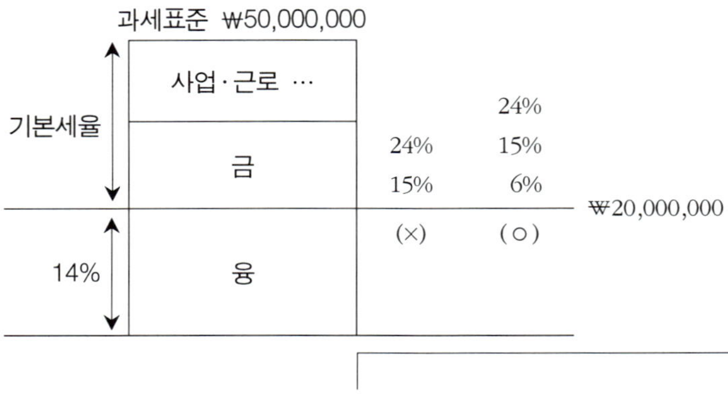

산출세액 : (₩50,000,000 − ₩20,000,000) × 기본세율 + ₩20,000,000 × 14%

Memo

(3) 분리과세의 구체적 방법

분리과세 금융소득	원천징수세율
(1) 비실명이자·배당소득	45%, 90%
(2) 분리과세를 신청[*1]한 장기채권(만기 10년 이상)의 이자와 할인액	30%
(3) 법원보증금 및 경락대금의 이자	14%
(4) 개인으로 보는 법인격 없는 단체의 이자소득 및 배당소득	14%
(5) 직장공제회 초과반환금	연분연승법
(6) 조세특례제한법상 무조건 분리과세	
① 법 소정 거주자의 개인종합자산관리계좌(ISA)에서 발생하는 이자소득과 배당소득의 합계액 중 비과세 기준(200만원 또는 400만원) 초과액[*2]	9%
② 공모부동산집합투자기구(공모부동산투자회사, 부동산집합투자기구 등) 배당소득[*3]	9%
③ 특정사회기반시설 집합투자기구 배당소득[*4]	9%
④ 투융자집합투자기구 배당소득[*5]	14%
⑤ 개인투자용 국채의 이자소득[*6]	14%
⑥ 고위험고수익채권투자신탁의 이자·배당소득[*7]	14%

* 1. 장기채권 이자에 대한 분리과세 신청

(1) 분리과세를 신청할 수 있는 장기채권의 이자와 할인액의 범위

구 분	대 상
(1) 2012. 12. 31. 이전에 발행된 채권	만기가 10년 이상인 채권의 이자와 할인액
(2) 2013. 1. 1. 이후에 발행된 채권	만기가 10년 이상인 채권으로서 매입 후 3년이 지난 후에 발생하는 이자와 할인액(3년 이상 계속 보유한 거주자가 신청 가능)
(3) 2018. 1. 1. 이후에 발행된 채권	분리과세 신청불가

(2) 분리과세 신청 여부에 따른 장기채권의 이자와 할인액의 구분

구 분	금융소득 구분	원천징수 세율
분리과세를 신청한 경우	무조건 분리과세	30%
분리과세를 신청하지 않은 경우	조건부 종합과세	14%

2. 개인종합자산관리계좌의 비과세 한도금액은 가입일 또는 연장일을 기준으로 다음의 구분에 따른 금액으로 한다.
   ① 직전 과세기간의 총급여액이 5천만원 이하인 거주자(직전 과세기간에 근로소득만 있거나 근로소득 및 종합소득과세표준에 합산되지 아니하는 종합소득이 있는 자로 한정)의 경우 : 400만원
   ② 직전 과세기간의 종합소득과세표준에 합산되는 종합소득금액이 3천8백만원 이하인 거주자(직전 과세기간의 총급여액이 5천만원을 초과하지 아니하는 자로 한정)의 경우 : 400만원
   ③ 농어민(직전 과세기간의 종합소득과세표준에 합산되는 종합소득금액이 3천8백만원을 초과하는 자는 제외)의 경우 : 400만원
   ④ ①~③의 규정에 해당하지 아니하는 자의 경우 : 200만원
3. 거주자별 투자금액의 합계액이 5천만원을 초과하지 않는 범위에서 분리과세한다.
4. 1명당 1개의 전용계좌로서 납입한도가 2억원 이하인 계좌를 통하여 투자하는 경우에 분리과세한다.
5. 1명당 1개의 전용계좌로서 납입한도가 1억원 이하인 계좌를 통하여 투자하는 경우에 분리과세한다.
6. 1명당 1개의 전용계좌를 통하여 매입한 국채로서 2억원까지의 매입액에 대하여 분리과세한다.
7. 거주자별 투자금액의 합계액이 3천만원을 초과하지 않은 범위에서 분리과세한다.

Memo

2.4 배당소득에 대한 이중과세 조정 (Gross-up)

※ 배당소득에 대한 이중과세 조정의 유형

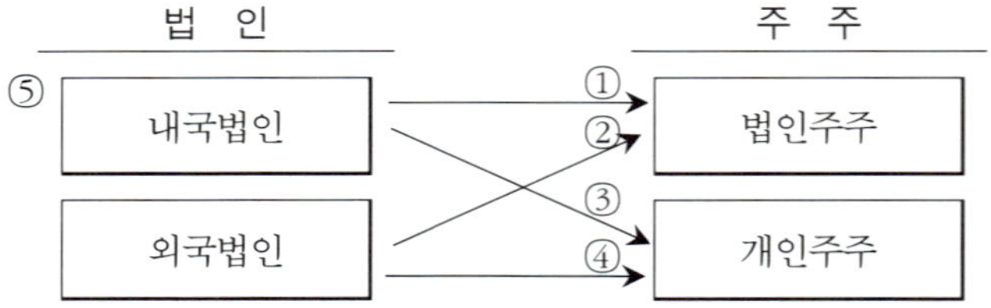

① 수입배당금 익금불산입(법인세법)

② 수입배당금 익금불산입(법인세법)

③ Gross-up 및 배당세액공제(소득세법)

④ −

⑤ 소득공제 적용법인·법인과세 신탁재산·동업기업으로부터 수령한 배당

1. 이중과세조정의 기본구조

배당소득금액 : 90 + 10 =	100
⋮	⋮
산출세액	25
세액공제	(−)10
결정세액	15

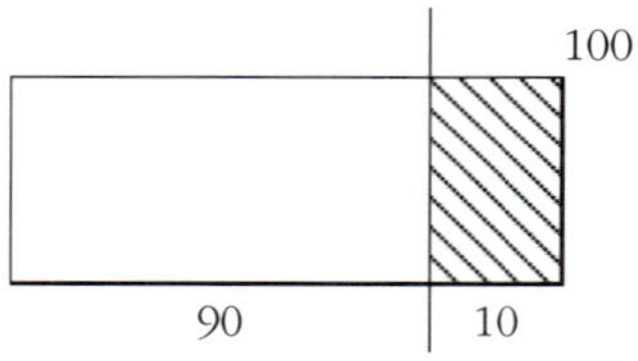

※ 배당금수령액 : 귀속법인세 = (1 − 10%) : 10%

∴ 귀속법인세 = 배당금수령액 × 10% / (1 − 10%)

Gross-up 비율 : $\frac{10\%}{1-10\%} \fallingdotseq 11\%$

* 상기 Gross-up 비율 11%는 법인세율이 10%라는 전제 하에 도출된 것이다. 따라서 과세표준이 2억원을 초과하는 법인(한계세율이 19% ~ 24%인 법인)으로부터 수령한 배당에 대한 Gross-up 비율로서는 적절하지 않다. 그러나 소득세법은 Gross-up 비율을 배당금 지급법인의 한계세율에 관계 없이 일률적으로 11%로 규정하고 있다. 결국 과세표준이 2억원을 초과하는 법인으로부터 수령한 배당금의 경우 소득세법상 Gross-up 금액은 실제 귀속법인세보다 더 작다.

Memo

2. 조정대상 배당소득의 범위

구 분	요 건
배당소득 지급법인 단계	① 내국법인으로부터의 배당소득일 것 ② 법인세가 과세된 소득을 재원으로 하는 배당소득일 것
배당소득 수령주주 단계	③ 배당소득이 기본세율로 종합과세될 것

※ Gross-up 대상에서 제외되는 배당소득

(1) 외국법인으로부터 받은 배당소득

(2) 법인세가 과세되지 않은 소득을 재원으로 한 배당소득

① 무상주 의제배당 중 법인세가 과세되지 않은 잉여금을 재원으로 한 다음의 배당

a. 자기주식소각이익을 자본전입하여 받은 무상주(소각 당시 시가가 취득가액을 초과하거나 소각일부터 2년 이내에 자본전입하는 경우)

b. 피투자회사가 자기주식을 보유한 상태에서 무상증자함으로써 각 주주의 지분율이 증가한 경우 그 증가된 지분율에 해당하는 무상주(익금이 아닌 잉여금을 자본전입의 재원으로 한 경우)

c. 1%의 재평가세가 과세된 토지분 재평가적립금을 자본전입하여 받은 무상주

② 간접투자 금융상품 및 이와 유사한 성격의 배당

a. 집합투자기구로부터의 이익

b. 유사 배당소득 및 결합파생상품의 이익

③ 최저한세 적용제외 특정 세액감면 적용 법인으로부터의 배당 중 다음의 배당

a. 수도권 밖으로 본사를 이전하는 법인에 대한 세액감면을 적용받는 법인으로부터의 배당 중 감면비율 상당액*

b. 제주첨단과학기술단지·제주투자진흥지구 및 제주자유무역지역 입주기업에 대한 법인세 등 감면을 적용받는 법인으로부터의 배당 중 감면비율 상당액*

c. 외국인투자 및 증자에 따른 법인세 감면을 적용받은 외국인투자법인으로부터의 배당 중 감면비율 상당액*

$$\text{* 감면비율 상당액 : 배당금} \times \frac{\text{직전 2개 사업연도 감면대상 소득금액 합계} \times \text{감면비율}}{\text{직전 2개 사업연도 소득금액 합계}}$$

④ 배당금 지급에 대한 소득공제를 적용받은 유동화전문회사·프로젝트금융투자회사·법인과세 신탁재산으로부터의 배당, 동업기업과세특례를 적용받는 법인으로부터의 배당 및 출자공동사업자 배당

Memo

(3) 14%의 세율이 적용되는 배당소득

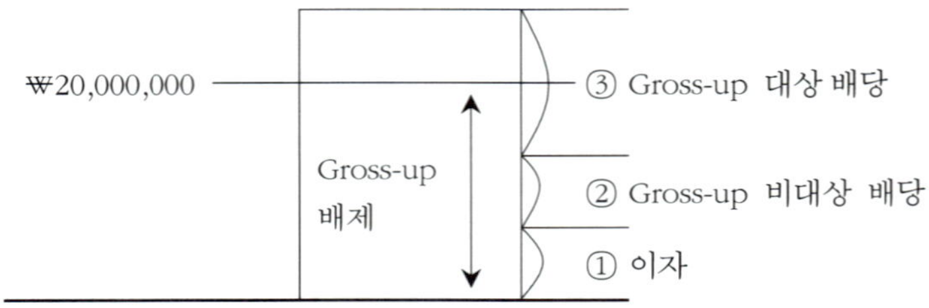

Gross-up 금액 : Min [금융소득 − ₩20,000,000 / Gross-up 대상 배당] ×11%

| 사례 |

1. ① 이자소득 ₩10,000,000
   ② Gross-up 비대상 배당소득 ₩5,000,000
   ③ Gross-up 대상 배당소득 ₩15,000,000인 경우

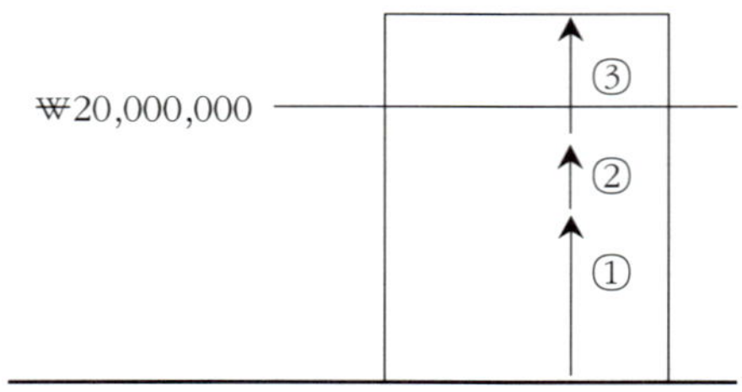

Gross-up 금액 : Min[₩30,000,000−₩20,000,000, ₩15,000,000]×11%=₩1,100,000

2. ① 이자소득 ₩10,000,000
   ② Gross-up 비대상 배당소득 ₩15,000,000
   ③ Gross-up 대상 배당소득 ₩5,000,000인 경우

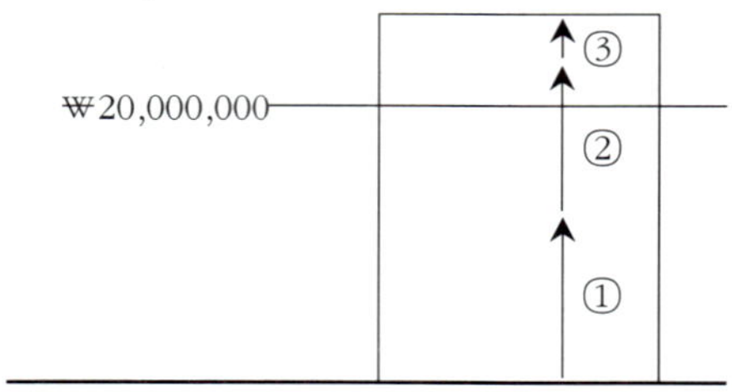

Gross-up 금액 : Min[₩30,000,000−₩20,000,000, ₩5,000,000]×11%=₩550,000

Memo

예제 거주자 甲의 금융소득 명세가 다음과 같을 때 거주자 甲의 종합소득금액에 포함되는 금융소득금액을 계산하시오.

(1) 은행예금이자	₩7,000,000
(2) 비영업대금의 이익	2,000,000
(3) 상장법인 A회사 금전배당	26,000,000
(4) 공모부동산투자회사 금전배당	7,000,000
(5) 외국법인으로부터 받은 금전배당(국내에서 원천징수되지 않음)	2,000,000
(6) B회사의 무상증자로 수령한 무상주의 액면가액*	8,000,000
(7) 집합투자기구 이익	5,000,000
	₩57,000,000

* B회사가 자기주식소각이익을 소각일로부터 2년 내에 자본금에 전입함으로써 수령한 무상주임

해답

1. 금융소득 분석

구 분	무조건 종합과세(B)	조건부 종합과세(C)	Gross-up
은행예금이자	—	₩7,000,000	—
비영업대금이익	—	2,000,000	—
A회사 금전배당	—	26,000,000	○
국외배당	₩2,000,000	—	×
B회사 무상주 의제배당	—	8,000,000	×
집합투자기구이익	—	5,000,000	×
합 계	₩2,000,000	₩48,000,000	

B+C=₩50,000,000 > ₩20,000,000 (∴ C : 종합과세)

2. 종합소득금액에 포함되는 금융소득금액

총수입금액 ₩50,000,000+배당가산액 ₩2,860,000*=₩52,860,000

* Min[₩50,000,000−₩20,000,000, ₩26,000,000]×11%=₩52,860,000

Memo

제 3 절

사업소득

3.1 사업소득

1. 사업소득의 범위

(1) 농업, 제조업, 건설업, 부동산업 및 임대업 등 대부분의 사업이 열거되어 있음

(2) 과세제외 업종

① 작물재배업 중 식량작물재배업
② 연구 및 개발업(계약 등에 의해 대가를 받고 연구 및 개발용역을 제공하는 사업은 제외)
③ 유아교육법에 의한 유치원, 초·중등교육법 및 고등교육법에 의한 학교 등
④ 사회복지사업법에 의한 사회복지사업 및 노인장기요양보험법에 따른 장기요양사업

* 1. 사업성이 없는 부동산 매매거래에 따른 소득 : 양도소득
2. 연예인 및 직업운동선수의 전속계약금 : 사업소득
3. 통신판매중개를 하는 자를 통하여 물품 또는 장소를 대여하고 연간 수입금액 500만원 이하의 사용료로서 받는 금품을 기타소득으로 원천징수하거나 과세표준확정신고를 한 경우 : 기타소득

2. 비과세 사업소득

구 분	비과세소득의 범위
(1) 농어가부업소득	농·어민이 부업으로 영위하는 축산·양어·고공품제조·민박·음식물판매·특산물제조·전통차제조 등의 소득 중 다음에서 발생한 소득 ① 법 소정 농가부업규모의 축산에서 발생하는 소득 ② 이외의 소득으로서 소득금액 합계액 연 3,000만원 이하의 소득
(2) 어로어업소득	연근해어업과 내수면어업 소득으로서 소득금액 합계액 5,000만원 이하인 소득
(3) 전통주 제조소득	법 소정 전통주 제조 소득으로서 소득금액 합계액 연 1,200만원 이하인 것
(4) 산림소득	조림기간 5년 이상인 임지의 임목의 벌채 또는 양도로 발생하는 소득금액으로서 연 600만원 이하의 금액
(5) 작물재배업	작물재배업 소득으로서 수입금액 합계액 10억원 이하인 것

Memo

3. 사업소득에 대한 과세방법

(1) **원칙** : 원천징수 규정을 적용하지 않으며 따라서 분리과세 대상도 존재하지 않는다.

(2) 예외적 원천징수(분리과세 대상은 아님)

① 원천징수 대상 : 부가가치세 면세대상으로서 의료보건용역 및 저술가, 작곡가 등 일정한 자가 직업상 제공하는 인적용역

② 원천징수 세율 : 수입금액의 3%

* 외국인 직업운동가가 프로스포츠구단과의 계약(계약기간이 3년 이하인 경우로 한정)에 따라 용역을 제공하고 받는 소득은 20%적용

③ 원천징수 의무자 : 법인과 개인사업자에 한함

(3) 사업소득세액의 연말정산

보험모집인·방문판매원 및 음료품배달원에 해당하는 사업자(간편장부대상자에 한정한다)에게 모집수당·판매수당 등의 사업소득을 지급하는 원천징수의무자는 다음 연도 2월에 사업소득세에 대한 연말정산을 하여야 한다.

4. 사업소득금액의 계산

- 총수입금액－필요경비＝사업소득금액
- 결산서상 당기순이익＋총수입금액산입 및 필요경비불산입
  －필요경비산입 및 총수입금액불산입＝사업소득금액

5. 총수입금액과 필요경비의 귀속연도 등

(1) 자산판매

자산판매거래의 사업소득 손익귀속시기는 원칙적으로 법인세법 규정과 같다. 단, 장기할부판매에 있어서 중소기업은 결산서와 무관하게 회수약정기준을 적용할 수 있는 법인세법의 특례규정이 소득세법에는 존재하지 않는다.

(2) 건설·제조 기타 용역의 제공

① 단기건설 등(계약기간 1년 미만)

a. 원칙 : 완성기준

b. 특례 : 진행기준에 의한 회계처리 수용

② 장기건설 등(계약기간 1년 이상) : 진행기준

Memo

※ 법인사업자와 개인사업자의 비교

구 분	법인 사업자	개인 사업자
단기 용역제공(1년 미만)	진행기준 (중소기업은 완성기준 적용 가능)	완성기준 (진행기준 회계처리 수용)
장기 용역제공(1년 이상)	진행기준	진행기준

(3) **인적용역의 제공** : 대가를 지급받기로 한 날 또는 용역의 완료일 중 빠른 날

* 전속계약금(연예인, 직업운동선수 등)은 계약기간에 따라 균등하게 안분한 금액을 각 과세기간 종료일에 수입한 것으로 한다.

6. 법인세법상 각 사업연도소득과 소득세법상 사업소득의 차이점

(1) 지급이자

법인 사업자	개인 사업자
1. 채권자 불분명 사채이자	1. 채권자 불분명 사채이자
2. 비실명 채권·증권이자	–
3. 건설자금이자 (1) 특정차입금 이자 : 자본화 강제 (2) 일반차입금 이자 : 자본화 선택	2. 건설자금이자 (1) 특정차입금 이자 : 자본화 강제 (2) 일반차입금 이자 : 자본화 불가
–	3. 초과인출금 관련이자 $=\text{지급이자}\times\frac{\text{초과인출금적수}}{\text{차입금적수}}$
4. 업무무관자산 및 가지급금 관련이자 $=\text{지급이자}\times\frac{\text{업무무관자산·가지급금 적수}}{\text{차입금적수}}$	4. 업무무관자산 관련이자 $=\text{지급이자}\times\frac{\text{업무무관자산 적수}}{\text{차입금적수}}$

* 1. 소득세법은 법인세법과 달리 높은 금리의 차입금 이자를 먼저 부인한다.
  2. 초과인출금 : 부채(충당금 및 준비금 제외) 합계액이 사업용자산 합계액을 초과하는 경우 그 초과액
     초과인출금적수와 차입금적수는 매월 말 초과인출금 및 차입금 잔액에 경과일수를 곱하여 계산할 수 있다.
  3. 개인사업자에게는 가지급금이 존재하지 않으므로 이와 관련된 지급이자 손금불산입 규정도 없다.

예제 다음 자료를 이용하여 거주자 甲의 2023년 사업소득금액 계산시 이자비용에 대한 필요경비불산입액을 계산하시오.

1. 손익계산서에 계상된 이자비용의 내역은 다음과 같다.

이 자 율	지 급 이 자	차입금적수	비 고
20%	₩10,000,000	₩18,250,000,000	채권자불분명사채이자
15%	13,500,000	32,850,000,000	은행차입금이자
10%	8,000,000	29,200,000,000	은행차입금이자
합 계	₩31,500,000	₩80,300,000,000	

Memo

2. 매월 말 사업용자산의 합계액이 부채의 합계액을 초과하였으나 4월 말에는 다음과 같이 부채합계액이 사업용자산의 합계액을 초과하였다.

자산합계액	부채합계액	충당금 및 준비금
₩2,000,000,000	₩3,250,000,000	₩50,000,000

3. 사업과 무관하게 2023년 7월 1일에 요트를 ₩20,000,000에 매입하였다. 매입자금에 차입금이 사용되었는지의 여부는 불분명하다.

해답

1. 채권자불분명사채이자 : ₩10,000,000

2. 초과인출금 관련이자
   ① 초과인출금적수 : (₩3,250,000,000－₩50,000,000－₩2,000,000,000)×30일
   ＝₩36,000,000,000
   ② 초과인출금 관련이자

   $₩21,500,000\times\frac{₩36,000,000,000}{₩62,050,000,000}=₩12,473,811$ (×)

   • $₩13,500,000+₩8,000,000\times\frac{₩3,150,000,000}{₩29,200,000,000}=₩14,363,014$

   별해

   $₩13,500,000+₩3,150,000,000\times10\%\times\frac{1}{365}=₩14,363,014$

3. 업무무관자산 관련이자
   ① 업무무관자산적수 : ₩20,000,000 × 184일 ＝ ₩3,680,000,000
   ② 업무무관자산 관련이자 : $₩8,000,000\times\frac{₩3,680,000,000}{₩29,200,000,000}=₩1,008,219$

   별해

   $₩3,680,000,000\times10\%\times\frac{1}{365}=₩1,008,219$

4. 필요경비불산입액 : ₩10,000,000＋₩14,363,014＋₩1,008,219＝₩25,371,233

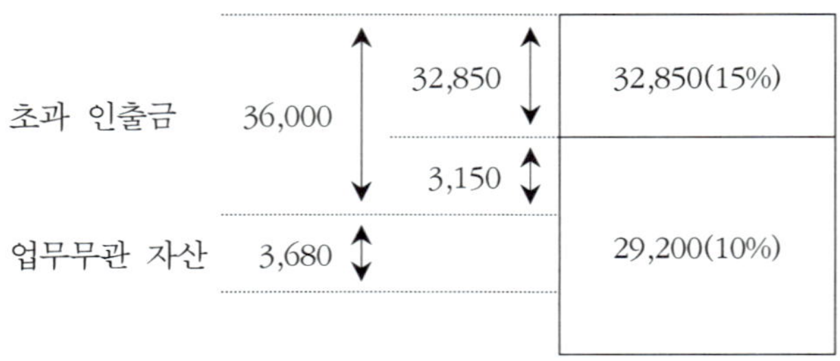

Memo

(2) 기부금

① 대상 기부금 : 거주자가 지급한 기부금 및 기본공제대상자(나이의 제한을 받지 않음)에 해당하는 거주자의 배우자 및 부양가족이 지급한 기부금도 포함(우리사주조합기부금은 본인 기부금만 인정)

② 필요경비산입 한도액

구 분	기 부 금 한 도 액
법인 사업자	• 특례기부금 : (기준소득금액 - 이월결손금)×50% • 우리사주조합 기부금 : (기준소득금액 - 이월결손금 - 특례기부금)×30% • 일반기부금 : (기준소득금액 - 이월결손금 - 특례 · 우리사주조합 기부금)×10%
개인 사업자	• 특례기부금 : (기준소득금액 - 이월결손금)×100% • 우리사주조합 기부금 : (기준소득금액 - 이월결손금 - 특례기부금)×30% • 일반기부금 : (기준소득금액 - 이월결손금 - 특례 · 우리사주조합 기부금)×10% +Min[①, ②] ① (기준소득금액 - 이월결손금 - 특례 · 우리사주조합 기부금)×20% ② 종교단체 외에 기부한 금액

* 1. 기준소득금액 : 차가감소득금액+시부인 대상 기부금
2. 이월결손금 : 법인 사업자의 경우 비중소기업은 기준소득금액의 80%를 한도로 이월결손금을 차감하도록 규정하고 있으나 개인 사업자의 경우에는 그러한 규정이 없다.

③ 한도초과액 이월기간 : 특례기부금 및 일반기부금 한도초과액은 해당 사업연도의 다음 사업연도 개시일부터 10년 이내에 끝나는 각 사업연도에 이월하여, 각 기부금 한도미달액의 범위 내에서 손금에 산입한다.

* 우리사주조합기부금은 한도초과액 이월 규정을 적용하지 않는다.

④ 현물기부금 평가

구 분		법인 사업자	개인 사업자
특례기부금		장부가액	Max[시가, 장부가액]
일반기부금	일반적인 경우	장부가액	
	특수관계인에게 기부	Max[시가, 장부가액]	

(3) 접대비

① 법인은 사업장 구분 없이 하나의 접대비 한도액을 계산하는데 반하여 개인사업자는 사업장별로 장부를 구분기장한 경우 접대비 한도액도 사업장별로 계산하여야 하며 각 사업장별 접대비 한도초과액과 한도미달액은 이를 상계하지 아니한다.

② 사업장별 한도계산에 있어서 기초금액은 수입금액 기준으로 안분하고, 수입금액에 대한 적용률은 각 사업장의 수입금액의 합산액에 의해 결정하며 그 금액이 100억원을 초과하는 경우 사업장별로 적용률의 우선순위를 임의로 선택할 수 있다.

* 둘 이상의 사업장 중 일부사업장의 소득금액에 대하여 추계조사결정 또는 경정을 받은 경우에는 추계조사결정 · 경정을 받은 사업장은 수입금액이 없는 것으로 한다.

Memo

(4) 양도자산의 감가상각비와 생산설비의 폐기처분손실

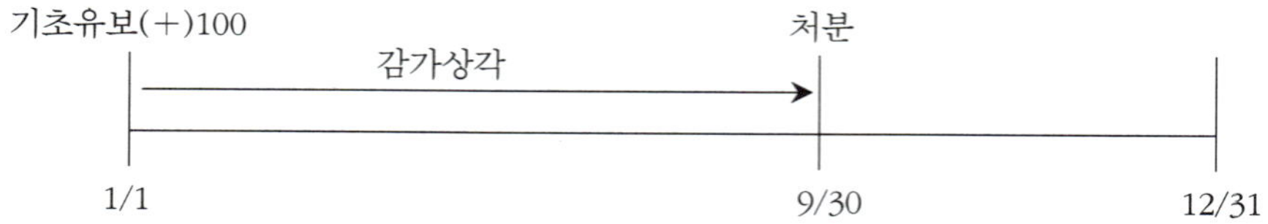

Book : 감가상각비(−)500 처분이익 200

Tax
- 처분손익 인정 : ① 상각시부인 (+)50 ② 유보추인 (−)150
  - ⇨ 당기 상각시부인 없이 기초유보금액만 추인 (−)100
- 처분손익 부인 : ① 상각시부인 (+)50 ② 유보추인 (−)150 ③ 처분이익제거 (−)50
  - ⇨ 상각시부인 (+)50, ⇨ 장부상 처분손익제거 (−)200

| 비교 | 소득금액에 유형자산처분손익 포함 여부

구 분	법인 사업자	개인 사업자	
		간편장부	복식부기
일반 양도	○	×	○
토지나 건물 등의 부동산 양도	○	×	×
시설개체나 기술낙후로 인한 폐기·처분(처분손실)	○	○	○
시설개체나 기술낙후로 인한 폐기·보유(폐기손실)	○*	×	×

* ₩1,000 제외

(5) 기타 사항

- 판매장려금 … 수령액 : 총수입금액, 지급액 : 필요경비
- 자가소비 … 매가 : 총수입금액, 원가 : 필요경비

  예 제품(원가 ₩100, 매가 ₩150)을 대표자가 개인적으로 소비한 경우

  Book : (차) 비용 100 (대) 제품 100

  세무조정
  - 개인 : 〈수입入〉 자가소비 ₩150
  - 법인 : 〈익入〉 부당행위계산부인 ₩150 (상여)
- 이자·배당금수익 : 사업소득 ×

  (퇴직일시금신탁의 이익과 퇴직보험의 보험차익은 사업소득에 해당함)
- 유가증권처분손익 : 과세제외
- 유형자산처분손익 : 복식부기의무자는 사업소득에 포함, 간편장부대상자는 과세제외

  * 부동산 처분이익 : 양도소득

Memo

- 업무용승용차 관련 비용의 부인 : 복식부기의무자에 한하여 적용하며 업무전용 자동차보험의 가입의무는 없음(다만, 직전 과세기간의 성실신고확인대상사업자 및 법 소정 전문직사업자의 업무용승용차 중 1대를 제외한 차량은 50% 인정)
- 자산수증이익 · 채무면제이익 ┌ 사업관련 ○ … 총수입금액 산입
  └ 사업관련 × … 증여세
- 가지급금 인정이자 : 인정이자 계산 × (개인사업자는 가지급금이 존재하지 않음)
- 대표자의 인건비 및 퇴직급여충당금 : 필요경비불산입
  (당해 사업에 직접 종사하는 가족에 대한 인건비는 경비 인정)
- 가사관련경비 : 필요경비불산입
- 대손충당금 : 대여금(금융업 제외)과 유형 · 무형자산 처분에 따른 미수금은 제외
- 일시상각충당금 및 압축기장충당금 ┌ 설정대상 : 국고보조금, 보험차익
  └ 설정방법 : 결산조정만 가능

3.2 부동산임대업 소득

1. 부동산임대업 소득의 범위

부동산임대업 소득의 범위	유 의 사 항
(1) 부동산 또는 부동산상의 권리의 대여로 인한 소득	공익사업과 관련하여 지상권 · 지역권을 설정하거나 대여함으로써 발생하는 소득은 기타소득으로 분류
(2) 공장재단 또는 광업재단의 대여로 인한 소득	공장재단과 분리하여 기계 등의 시설을 별도로 임대한 경우 공장재단 대여소득은 부동산임대업 소득으로, 기계 등의 시설 대여소득은 일반적인 사업소득으로 분류
(3) 광업권자 · 조광권자 또는 덕대가 채굴시설과 함께 광산을 대여함으로 인한 소득	광업권자 등이 자본적지출 또는 수익적지출의 일부 또는 전부를 제공하는 것을 조건으로 광업권 등을 대여하고 덕대 등으로부터 받는 분철료는 일반적인 사업소득으로 분류

2. 비과세

(1) 전답을 작물생산에 이용하게 함으로 인하여 발생하는 소득

(2) 1주택 소유자의 주택 임대소득 (고가주택의 임대, 국외소재주택 임대는 제외)
↳ 기준시가 12억원 초과

Memo

※ 주택임대소득 비과세규정 적용시 주택수 계산

구　　분	주택수 계산
① 다가구주택	1개의 단독주택으로 간주(구분등기된 경우에는 각각을 1개의 주택으로 간주)
② 공동소유주택	• 지분이 가장 큰 자의 주택으로 간주(지분이 가장 큰 자가 2인 이상인 경우에는 각자의 소유주택으로 간주하며, 공동소유자들이 합의하여 1인을 그 주택 임대수입의 귀속자로 정한 경우에는 귀속자의 소유주택으로 간주) • 다음 중 어느 하나에 해당하는 사람은 해당 공동소유주택을 소유하는 것으로 계산되지 아니하는 경우라도 그 사람의 소유로 계산한다. a. 공동소유주택 전체 수입금액(간주임대료 제외)에 해당 공동소유자의 지분율을 곱한 금액이 연간 6백만원 이상인 사람 b. 기준시가가 12억원을 초과하는 공동소유주택의 지분을 30% 초과보유하는 사람(과세기간 종료일 또는 해당 주택의 양도일 기준)
③ 전대·전전세한 주택	임차인 또는 전세받은 자의 주택으로 간주
④ 배우자의 주택	• 본인 소유 주택수와 합산 • 공동소유주택 하나에 대하여 본인과 배우자가 각각 소유하는 주택으로 계산되는 경우 다음 구분에 따라 1인의 주택으로 보아 합산한다. a. 본인과 배우자 중 지분이 더 큰 사람의 소유로 계산 b. 본인과 배우자의 지분이 같은 경우, 그들 중 1인을 당해 주택의 임대수입의 귀속자로 합의하여 정할 때에는 그의 소유로 계산

3. 부동산임대업 소득금액의 계산

(1) 임대료

① 일반적인 경우 : 약정액

② 선세금 : 계약기간 월수로 안분한 금액을 각 연도의 수입금액으로 함(초월산입·말월불산입)

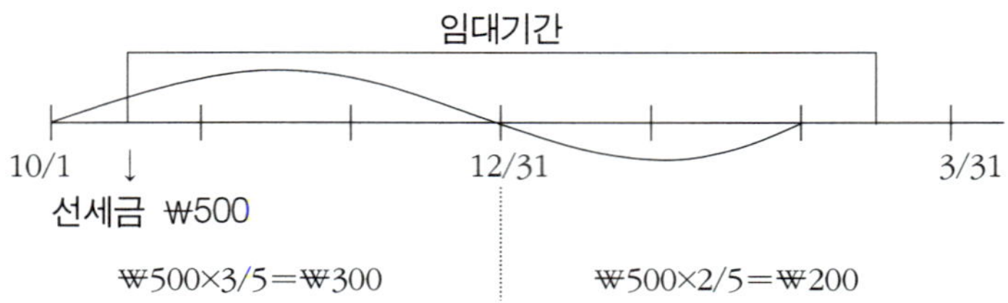

(2) 간주임대료

① 주택 외의 임대보증금

a. 장부기장(×) ⋯ 추계시

보증금 적수×정기예금이자율×1/365

(주택 ~~포함~~제외)

Memo

b. 장부기장(○) … ~~간주임대료 없음~~

~~〈예외〉 부동산임대업을 주로 하는 차입금 과다 보유 법인~~

(보증금 적수－건설비 적수)×정기예금이자율×1/365－금융수익

(주택 제외) (이자소득, ~~유가증권처분이익~~, 배당소득, ~~신주인수권처분이익~~)

② 주택의 임대보증금 : 거주자가 3주택* 이상을 소유하고 주택의 보증금 합계액이 3억원을 초과하는 경우에만 주택의 보증금에 대하여 간주임대료를 계산한다.

* 1세대당 $40m^2$ 이하로서 기준시가 2억원 이하인 주택은 2023. 12. 31.까지는 주택 수에 포함하지 않는다.

a. 장부기장(×) : (보증금－3억원*)의 적수×60%×정기예금이자율×1/365

b. 장부기장(○) : (보증금－3억원*)의 적수×60%×정기예금이자율×1/365－금융수익

* 임대주택이 2 이상인 경우에는 보증금 적수가 가장 큰 주택의 보증금에서 먼저 차감한다.

(3) 기타의 수입금액 : 관리비(공공요금 대납액은 제외), 보험차익 등

4. 부동산임대업 소득에 대한 과세방법

부동산임대업 소득은 원천징수 대상이 아니다. 따라서 완납적 원천징수에 의한 분리과세는 존재하지 않으며 항상 종합과세된다.

* 분리과세 주택임대소득에 대한 세액계산의 특례
해당 과세기간에 주거용 건물 임대업에서 발생한 총수입금액의 합계액이 2천만원 이하인 자의 주택임대소득은 종합소득과 합산하지 않고 별도로 결정세액을 계산하여 종합소득에 대한 결정세액과 함께 신고 납부한다(신고납부 분리과세).

5. 부동산임대업 소득의 귀속시기

구 분	수입시기
(1) 계약 또는 관습에 의하여 지급일이 정하여진 경우	지급약정일
(2) 지급일이 정하여지지 않은 경우	실제 지급받은 날
(3) 임대차계약 존부의 쟁송(미지급임대료 및 미지급 지역권·지상권 설정대가의 청구에 관한 쟁송은 제외)에 대한 판결·화해 등으로 수령하는 경우	판결·화해 등이 있은 날 (임대료에 관한 쟁송의 경우에 그 임대료를 변제하기 위하여 공탁된 금액에 대하여는 지급약정일)

Memo

제 4 절

근로소득, 연금소득 및 기타소득

4.1 근로소득

1. 근로소득의 개념과 범위

(1) 근로소득의 개념

명칭·형식 여하에 불구하고 근로계약에 대한 대가로서 수령한 것은 모두 포함

① 근로를 제공함으로써 받는 봉급·급료·보수·세비·임금·상여·수당과 이와 유사한 성질의 급여

② 법인의 주주총회·사원총회 또는 이에 준하는 의결기관의 결의에 의하여 상여로 받는 소득

③ 법인세법에 따라 상여로 처분된 금액(인정상여)

④ 퇴직함으로써 받는 소득으로서 퇴직소득에 속하지 아니하는 소득

⑤ 종업원 등 또는 대학의 교직원이 지급받는 직무발명보상금

(2) 근로소득에 포함되는 것

① 주택을 제공받음으로써 얻는 이익

② 종업원이 주택의 구입·임차에 소요되는 자금을 저리 또는 무상으로 대여받음으로써 얻는 이익

③ 종업원이 계약자이거나 종업원 또는 그 배우자 기타의 가족을 수익자로 하는 보험과 관련하여 사용자가 부담하는 보험료

④ 계약기간 만료 전 또는 만기에 종업원에게 귀속되는 단체환급부보장성보험의 환급금

⑤ 임원이 지급받는 퇴직소득으로서 법인세법에 따라 손금불산입된 임원 퇴직급여 한도초과액

⑥ 법인의 임원 또는 종업원이 해당 법인으로부터 부여받은 주식매수선택권을 해당 법인 등에서 근무하는 기간 중 행사함으로써 얻은 이익

⑦ 공무원 수당 등에 관한 규정 등에 따라 공무원에게 지급되는 직급보조비

⑧ 공무원이 국가·지방자치단체로부터 공무 수행과 관련하여 받는 상금과 부상

(3) 근로소득으로 보지 않는 것

① 퇴직급여로 지급되기 위하여 적립되는 급여

② 사업자가 종업원에게 지급한 경조금 중 사회통념상 타당하다고 인정되는 범위 안의 금액

Memo

2. 근로소득의 구분

(1) 국내 근로소득과 국외 근로소득

① 국내 근로소득 : 국내에서 지급되는 근로소득으로서 원천징수 대상임

② 국외 근로소득 : 국외에서 지급되는 근로소득으로서 원천징수 대상이 아님

a. 외국기관 또는 우리나라에 주둔하는 국제연합군(미군 제외)으로부터 받는 근로소득

b. 국외에 있는 비거주자 또는 외국법인(국내지점 또는 국내영업소는 제외)으로부터 받는 근로소득. 다만 비거주자·외국법인의 국내사업장의 국내원천소득금액을 계산할 때 필요경비 또는 손금으로 계상되는 소득은 제외

(2) 일반근로자와 일용근로자의 근로소득

① 일반근로자

② 일용근로자 : 다음에 해당하는 자

a. 근로를 제공한 날, 시간 또는 그 근로성과에 따라 급여를 계산

b. 동일한 고용주에게 3개월(건설공사 종사자는 1년) 이상 계속하여 고용되어 있지 않은 자

※ 근로소득에 대한 과세방법 요약

구 분		원천징수	연말정산	과세방법
국내 근로소득	상용근로자	○	○	종합과세
	일용근로자	○	×	분리과세
국외 근로소득(원천징수 비대상)		×	×	종합과세

* 원천징수 비대상인 국외 근로소득의 경우 납세조합에 가입하면 납세조합이 원천징수와 연말정산 업무 대행

3. 비과세 근로소득

(1) 업무관련 본인의 교육비 부담금

학교와 직업훈련시설의 입학금·수업료·수강료, 그 밖의 공납금 중 다음 요건을 갖춘 학자금

① 업무와 관련된 교육·훈련을 위하여 받는 것일 것

② 사규에 의하여 정해진 지급기준에 따라 받는 것일 것

③ 교육·훈련기간이 6개월 이상인 경우 교육·훈련 후 해당 교육기간을 초과하여 근무하지 아니한 때에는 지급받은 금액을 반납할 것을 조건으로 하여 받는 것일 것

※ 자녀에 대한 학자금 지원금은 과세대상에 해당함

(2) 실비변상적인 성질의 급여

① 일직료, 숙직료, 여비(자가운전보조금* 중 월 20만원 이내의 금액 포함)

* 자가운전보조금 : 종업원이 본인 소유차량 또는 본인 명의로 임차한 차량을 직접 운전하여 사업주의 업무수행에 이용하고 시내출장 등에 소요된 실제 여비를 대신하여 받는 금액

② 연구보조비, 연구활동비 중 월 20만원 이내의 금액

Memo

(3) 국외에서 근로를 제공하고 받는 급여

국외에서 근로를 제공하고 받는 보수 중 월 100만원(원양어업 선박, 외항 선박·항공기, 국외 건설현장에서 근로를 제공하고 받는 보수는 월 300만원) 이내의 금액

(4) 국민건강보험법, 고용보험법에 따라 사용자가 부담하는 보험료

- 본인부담분 50% : 급여지급시 원천징수
- 사용자부담분 50% : 사용자가 법률 규정에 의해 부담해야 할 금액으로서 공과금 성격

※ 본인부담분의 사용자 대납액은 과세대상에 해당함

(5) 생산직 근로자가 받는 초과근로수당

- 월정액급여 210만원 이하로서 전년도 총급여액 3,000만원 이하
  - * 월정급여 : 급여총액－부정기적 급여－실비변상 급여－복리후생 급여－초과근로수당
- 생산직 근로자
- 초과근로수당(연장시간·휴일·야간근로수당)
- 연 240만원 이내의 금액

(6) 식사 또는 식사대

① 사내급식 또는 이와 유사한 방법으로 제공받는 식사 기타 음식물

② 식사 기타 음식물을 제공받지 않는 근로자가 받는 월 20만원 이하의 식대

(7) 출산·보육관련 급여

근로자 또는 그 배우자의 출산이나 6세 이하(해당 과세기간 개시일 기준)의 자녀의 보육과 관련하여 사용자로부터 지급받는 급여로서 월 10만원 이내의 금액(자녀 수와 무관)

(8) 직무발명보상금

직무발명보상금으로서 연 500만원 이하의 금액

(9) 복리후생적 성질의 급여

① 비출자임원, 소액주주인 임원, 종업원, 국가·지방자치단체로부터 근로소득을 지급받는 사람이 사택을 제공받음으로써 얻는 이익

구　분	법 인	당사자
출자임원	손금불산입	근로소득
비출자임원, 소액주주인 임원, 종업원 등	손금산입	과세제외

* 소액주주 : 법인세법상 소액주주의 범위와 같음(지분율 1% 미만인 주주)

Memo

② 중소기업 종업원이 주택의 구입·임차에 소요되는 자금을 저리 또는 무상으로 대여받음으로써 얻는 이익

③ 종업원이 계약자이거나 종업원 또는 그 배우자 기타의 가족을 수익자로 하는 보험과 관련하여 사용자가 부담하는 보험료 중 다음의 보험료

a. 단체순수보장성보험과 단체환급부보장성보험의 보험료 중 연 ₩700,000 이하의 금액

b. 임직원 손해배상보험

④ 공무원이 국가·지방자치단체로부터 공무 수행과 관련하여 받는 상금과 부상 중 연 240만원 이내의 금액

4. 근로소득금액의 계산

총급여액(비과세소득과 분리과세소득 제외)－근로소득공제＝근로소득금액

• **근로소득공제(한도 : 2,000만원)**

총 급 여	공 제 액
500만원 이하	총 급 여 액×70%
500만원 초과 1,500만원 이하	350만원＋(총급여액－500만원)×40%
1,500만원 초과 4,500만원 이하	750만원＋(총급여액－1,500만원)×15%
4,500만원 초과 1억원 이하	1,200만원＋(총급여액－4,500만원)×5%
1억원 초과	1,475만원＋(총급여액－1억원)×2%

* 총 급여가 ₩362,500,000을 초과하는 경우 근로소득공제액은 한도액이 적용된다.

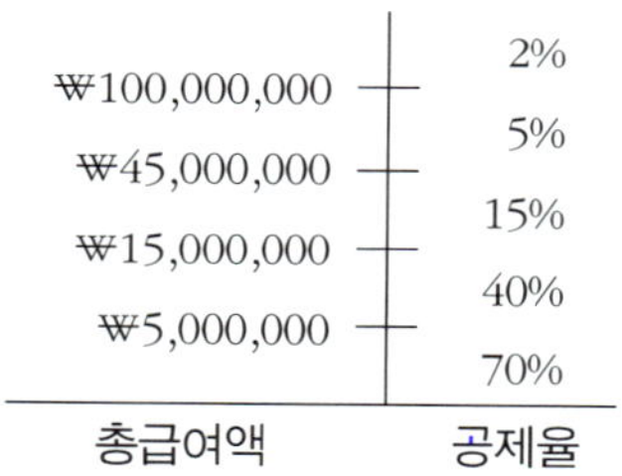

총급여액	₩50,000,000
근로소득공제	(－)12,250,000
근로소득금액	₩37,750,000

5. 근로소득의 수입시기

(1) **급여** : 근로를 제공한 날

(2) **잉여금처분에 의한 상여** : 잉여금처분 결의일

(3) **인정상여** : 근로를 제공한 날

* 인정배당 및 인정기타소득의 수입시기 : 결산확정일

(4) **주식매수선택권** : 주식매수선택권을 행사한 날

(5) **임원의 퇴직금 중 퇴직소득 한도초과액** : 지급받거나 받기로 한 날

Memo

6. 근로소득의 과세방법

(1) 상용근로자

① 원천징수 : 간이세액표

② 연말정산 : 근로소득만 있다는 가정 하에 소득세 결정세액을 미리 계산하여 이미 원천징수한 금액과의 차액을 정산하는 절차. 다음 연도 2월분 급여를 지급할 때 수행

예제 거주자 K씨의 2023년 소득에 대하여 근로소득 연말정산시 징수세액과 종합소득 확정신고시 자진납부할 세액을 계산하시오.

1. 소득내역 : 총급여액 ₩50,000,000, 기타소득금액 ₩10,000,000
2. 근로소득에 대해 간이세액표에 따라 원천징수한 금액은 ₩1,000,000이며, 기타소득금액에 대해 20%의 원천징수가 이루어졌다.
3. 종합소득공제액은 ₩7,250,000, 근로소득세액공제액은 ₩660,000, 특별세액공제액은 ₩1,600,000이며 이 외의 세액공제액은 없다.

해답

	연말정산(2024. 2.)		확정신고(2024. 5.)
총급여액	₩50,000,000	근로소득금액	₩37,750,000
근로소득공제	(−)12,250,000	기타소득금액	10,000,000
종합소득금액	37,750,000	종합소득금액	47,750,000
종합소득공제	(−)7,250,000	종합소득공제	(−)7,250,000
과세표준	₩30,500,000	과세표준	₩40,500,000
산출세액	₩3,315,000	산출세액	₩4,815,000
근로소득세액공제	(−)660,000	근로소득세액공제	(−)660,000
특별세액공제	(−)1,600,000	특별세액공제	(−)1,600,000
결정세액	1,055,000	결정세액	2,555,000
기납부세액	(−)1,000,000	기납부세액	(−)3,055,000
연말정산	₩55,000	환급세액	△₩500,000

* 상용근로소득만 있을 경우 연말정산으로 납세절차가 종결되므로 5월에 소득세를 확정신고할 필요가 없다. 단, 다른 종합소득이 있는 경우에는 연말정산을 했더라도 5월에 상용근로소득을 다른 종합소득과 합산하여 소득세 확정신고를 해야 한다.

(2) 일용근로자

원천징수 : (1일 급여액 − ₩150,000(근로소득공제)) × 6% × (1 − 55%(근로소득세액공제)) ⇒ 분리과세

Memo

(3) 국외 근로소득(원천징수 비대상 근로소득)

원천징수 대상이 아니므로 당연히 종합과세되며 연말정산 절차도 없다. 그러나 해당 근로자가 납세조합의 조합원인 경우 납세조합이 원천징수와 연말정산의 업무를 대행하며 이 경우 납제조합공제(세액의 5%, 연간한도 100만원)가 적용된다.

4.2 연금소득

※ 연금소득 과세의 기본 구조

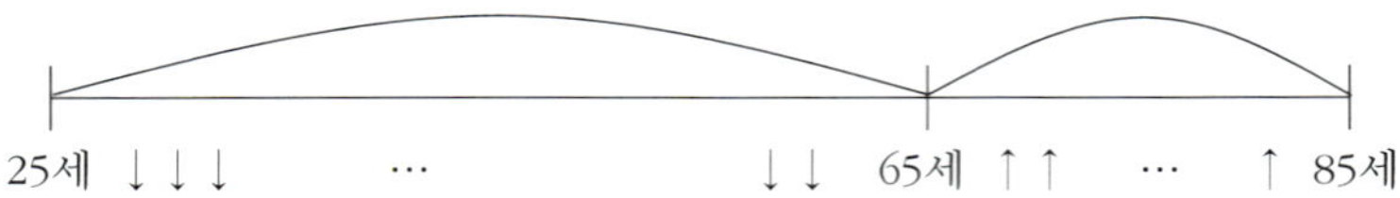

납 부		수 령
소득공제 · 세액공제(○)	⇨	연금소득(○)
소득공제 · 세액공제(×)	⇨	연금소득(×)

※ 연금 수령액 구성 요소 분석

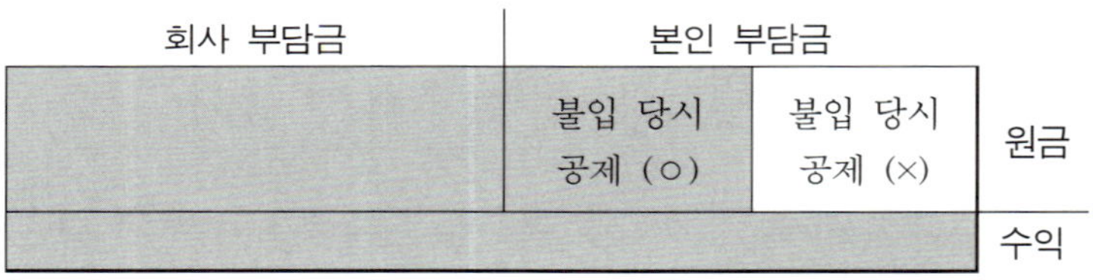

1. 연금소득의 범위

① 공적연금소득 : 공적연금 관련법에 따라 받는 각종 연금

* 공적연금 관련법 : 국민연금법, 공무원연금법, 군인연금법, 사립학교교직원연금법 등

② 사적연금소득 : 소득세 과세가 이연된 과세이연금액을 그 소득의 성격에도 불구하고 연금계좌에서 연금수령하는 경우의 그 연금

(1) 공적연금소득

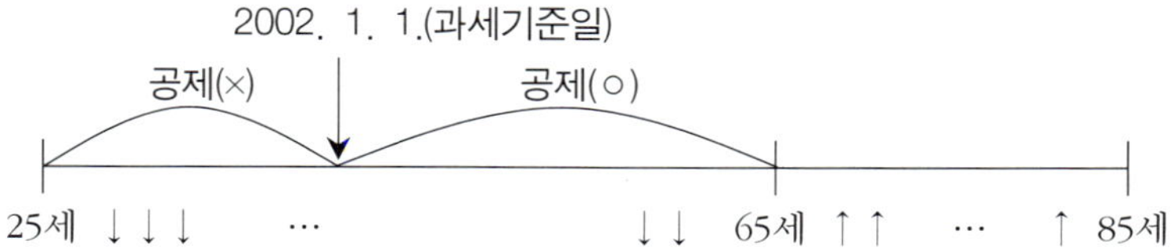

Memo

① 과세기준금액(과세기준일 : 2002년 1월 1일)

구 분	
국민연금 및 연계노령연금	총수령액 × $\frac{\text{과세기준일 이후 납입기간의 환산소득누계액}}{\text{총납입기간 동안의 환산소득누계액}}$
그 밖의 공적연금소득	총수령액 × $\frac{\text{과세기준일 이후 기여금 납입월수}}{\text{총기여금 납입월수}}$

② 총연금액

> 총연금액 = 과세기준금액 − 과세제외기여금 등

* 1. 과세제외기여금 등 : 과세기준일 이후에 연금보험료공제의 적용 없이 납입한 기여금 또는 개인부담금
  2. 과세제외기여금 등이 해당 과세기간의 과세기준금액을 초과하는 경우 그 초과하는 금액은 그 다음 과세기간부터 수령하는 과세기준금액에서 뺀다.
  3. 공적연금 일시금(퇴직소득세가 과세되거나 비과세된 분에 한한다)을 반납하고 연금으로 수령하는 경우 반납한 일시금은 과세제외기여금등으로 본다.

(2) 사적연금소득

다음에 해당하는 금액을 그 소득의 성격에도 불구하고 연금계좌에서 연금형태로 인출(연금수령)하는 경우의 그 연금을 말한다.

> ① 퇴직소득의 과세이연규정에 따라 원천징수되지 아니한 퇴직소득(이연퇴직소득)
> ② 연금계좌에 납입한 연금보험료 중 세액공제를 받은 금액과 연금계좌의 운용실적에 따라 증가된 금액
> ③ 그 밖에 연금계좌에 이체 또는 입금되어 해당 금액에 대한 소득세가 이연된 소득

1) 연금계좌의 종류

① 연금저축계좌 : 금융회사와의 계약에 따라 연금저축이라는 명칭으로 설정하는 계좌

② 퇴직연금계좌

a. 확정기여형 퇴직연금제도에 따라 설정하는 계좌

b. 개인형퇴직연금제도에 따라 설정하는 계좌(IRP)

c. 과학기술인공제회법에 따른 퇴직연금급여를 지급하기 위해 설정하는 계좌

d. 근로자퇴직급여 보장법의 중소기업퇴직연금기금제도에 따라 설정하는 계좌

2) 연금수령요건

인 출 형 태	소 득 구 분
연금수령 ① 일반적 연금수령요건을 모두 갖추어 인출하는 경우 ② 의료목적·부득이한 인출요건을 갖추어 인출하는 경우	연금소득
연금외수령 : 연금수령 외의 인출	퇴직소득 또는 기타소득

Memo

〈일반적 연금수령요건〉

① 가입자가 55세 이후 연금계좌취급자(연금계좌를 취급하는 금융회사 등)에게 연금수령개시를 신청한 후 인출할 것

② 연금계좌의 가입일부터 5년이 경과된 후에 인출할 것. 다만, 이연퇴직소득*이 연금계좌에 있는 경우에는 그러하지 아니한다.

* 이연퇴직소득 : 퇴직소득 과세이연규정에 따라 원천징수되지 않은 퇴직소득(퇴직으로 인출되는 금액 포함)

③ 과세기간개시일(연금수령개시일이 속하는 과세기간에는 연금수령개시일) 현재 다음의 연금수령한도 이내에서 인출할 것(의료목적·부득이한 인출요건을 갖추어 인출하는 금액은 제외)

$$연금수령한도 = \frac{연금계좌의\ 평가액}{(11 - 연금수령연차)} \times 120\%$$

* 1. 연금수령연차란 최초로 연금수령할 수 있는 날이 속하는 과세기간을 기산연차로 하여 그 다음 과세기간을 누적 합산한 연차를 말하며, 연금수령연차가 11년 이상인 경우에는 한도산식을 적용하지 아니한다. 다만, 다음 중 어느 하나에 해당하는 경우의 기산연차는 다음과 같다.
① 2013. 3. 1. 전에 가입한 연금계좌의 경우 : 제6년차
② 연금계좌의 가입자가 사망하였으나 그 배우자가 연금외수령없이 해당 연금계좌를 상속으로 승계한 경우 : 사망일 당시 피상속인의 연금수령연차
2. 연금수령한도를 초과하여 인출하는 경우 연금수령한도에 해당하는 금액은 연금수령하고 그 초과하는 금액은 연금외수령하는 것으로 본다.

〈의료목적·부득이한 인출요건〉

구 분	내 용
(1) 의료목적 인출	일반적인 연금수령요건의 ① 및 ②의 요건을 충족한 연금계좌 가입자가 의료비세액공제대상이 되는 의료비(본인을 위한 의료비에 한정)를 연금계좌에서 인출하기 위해 해당 의료비를 지급한 날부터 6개월 이내에 증빙서류를 연금계좌취급자에게 제출하는 경우 * 이 경우 1명당 하나의 연금계좌만 의료비연금계좌로 지정(해당 연금계좌의 연금계좌취급자가 지정에 동의하는 경우에 한정)하여 인출할 수 있다.
(2) 부득이한 인출	다음의 어느 하나에 해당하는 사유가 발생하여 연금계좌에서 인출하려는 사람이 해당 사유가 확인된 날부터 6개월 이내에 그 사유를 확인할 수 있는 서류를 갖추어 연금계좌취급자(연금계좌를 취급하는 금융회사 등)에게 제출하는 경우 ① 천재지변 ② 연금계좌 가입자의 사망 또는 해외이주* * 이연퇴직소득을 해외이주의 사유로 인출하는 경우에는 해당 퇴직소득을 연금계좌에 입금한 날로부터 3년 이후 해외이주하는 경우에 한함 ③ 연금계좌 가입자 또는 그 부양가족이 질병·부상에 따라 3개월 이상의 요양이 필요한 경우(법 소정 금액 이내의 금액으로 한정) ④ 연금계좌 가입자가 파산선고·개인회생절차개시결정을 받은 경우 ⑤ 연금계좌취급자의 영업정지, 인·허가 취소, 해산결의·파산선고 ⑥ 특별재난지역 선포지역의 재난으로 인해 15일 이상 입원치료가 필요한 피해를 입은 경우

Memo

3) 연금계좌의 인출순서

연금계좌에서 일부 금액을 인출하는 경우에는 다음 순서에 따라 인출하는 것으로 본다.

> ① 과세제외금액 → ② 이연퇴직소득 → ③ 그 밖에 연금계좌에 있는 금액

* 연금계좌에 있는 금액이 원금에 미달하는 경우 연금계좌에 있는 금액은 위 인출순서와 반대의 순서로 차감된 후의 금액인 것으로 본다.

① 과세제외금액 : 연금계좌에서 연금수령시 과세대상에 해당하지 아니하는 금액으로 연금계좌 본인불입액 중 소득공제를 받지 못한 금액

② 이연퇴직소득 : 퇴직소득이 연금계좌로 지급되거나(퇴직일 현재 연금계좌에 있는 경우 포함) 지급받은 날부터 60일 이내에 연금계좌에 입금되어 퇴직소득세를 원천징수하지 않은 경우의 그 퇴직소득

③ 그 밖에 연금계좌에 있는 금액

a. 연금계좌에 납입한 연금보험료 중 세액공제를 받은 금액

b. 연금계좌의 운용실적에 따라 증가된 운용수익

※ 인출한 금액이 연금수령한도를 초과하는 경우에는 연금수령분을 먼저 인출하고 그 다음으로 연금외수령분을 인출한 것으로 본다.

4) 연금계좌의 이체

연금계좌의 가입자가 연금계좌에 있는 금액을 연금수령이 개시되기 전의 다른 연금계좌(이체계좌)로 이체하는 경우에는 이를 인출로 보지 아니한다. 다만, 다음의 어느 하나에 해당하는 경우에는 인출로 본다.

① 연금저축계좌와 퇴직연금계좌 상호 간에 이체되는 경우(소득의 원천이 계좌간 다름)

② 2013. 3. 1. 이후 가입 연금계좌 금액이 2013. 3. 1. 이전 가입 연금계좌로 이체되는 경우(연금수령 연차가 다름)

③ 퇴직연금계좌에 있는 일부 금액이 이체되는 경우(전부 이체만 허용)

* 연금수령 요건을 충족한 가입자가 개인형 퇴직연금계좌(IRP)와 연금저축계좌 상호간에 전액을 이체하는 경우에는 인출로 보지 않는다.

Memo

| 사례 |

1. 연금계좌 평가액 ₩100, 매년 인출액 ₩30, 매년 연금수령 한도 ₩24 가정

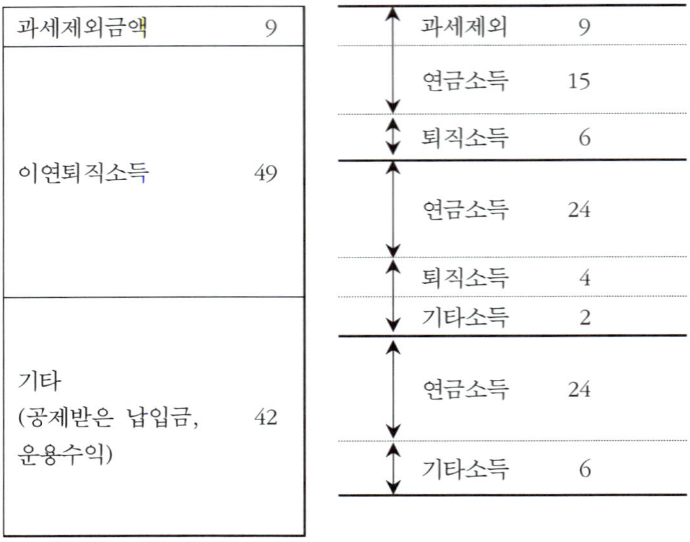

2. 연금계좌 평가액 ₩125, 인출액 ₩40, 연금수령 한도 ₩30 가정

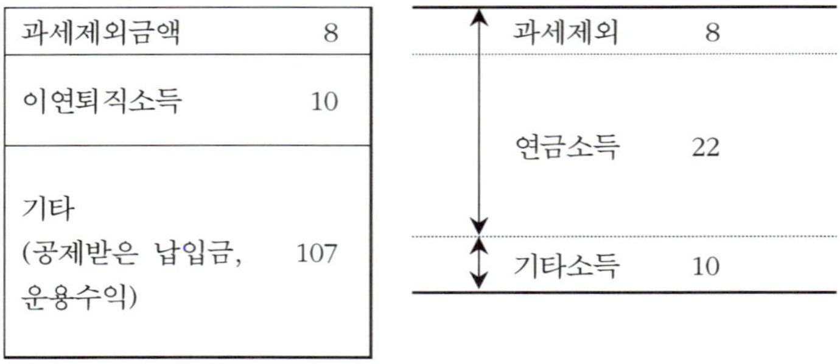

2. 비과세 연금소득

① 공적연금 관련법에 따라 받는 유족연금, 장애연금, 장해연금, 상이연금, 연계노령유족연금 또는 연계퇴직유족연금

② 산업재해보상법에 의하여 지급받는 각종 연금

③ 국군포로의 송환 및 대우 등에 관한 법률에 따른 국군포로가 지급받는 연금

3. 연금소득금액

> 총연금액(비과세소득과 분리과세소득 제외) − 연금소득공제 = 연금소득금액

Memo

(1) 총연금액

해당 과세기간에 발생한 연금소득의 합계액(공적연금에서 제외되는 금액과 비과세소득은 제외)에서 분리과세연금소득을 뺀 금액

(2) 연금소득공제(공제 한도액 : ₩9,000,000)

총연금액	연금소득공제
350만원 이하	총연금액
350만원 초과 700만원 이하	350만원+(총연금액－ 350만원)×40%
700만원 초과 1,400만원 이하	490만원+(총연금액－ 700만원)×20%
1,400만원 초과	630만원+(총연금액－1,400만원)×10%

총연금액	공제율
	10%
₩14,000,000	
	20%
₩7,000,000	
	40%
₩3,500,000	
	100%

※ 공제 한도액 : ₩9,000,000 → 총연금액 ₩41,000,000

4. 연금소득의 과세방법

(1) 원천징수

1) **공적연금** : 간이세액표(다음 연도 1월분 공적연금소득 지급시 연말정산)

2) **사적연금**(다음의 원천징수 세율이 중복되는 경우에는 그 중 낮은 세율)

① 이연퇴직소득의 연금수령

a. 연금 실제 수령연차 10년 이하 : 연금외수령 가정시 원천징수세액 × 70%

b. 연금 실제 수령연차 10년 초과 : 연금외수령 가정시 원천징수세액 × 60%

② 기타 부분의 연금수령

a. 연금소득자의 나이에 따른 세율

나이(연금수령일 현재)	원천징수세율
70세 미만	5%
70세 이상 80세 미만	4%
80세 이상	3%

b. 사망일까지 연금수령하면서 중도 해지할 수 없는 종신계약에 따라 받는 연금소득 : 4%

Memo

(2) 종합과세와 분리과세

1) 공적연금 : 종합과세

2) 사적연금

구 분	분리과세 연금소득	원천징수세율
무조건 분리과세	① 이연퇴직소득을 연금수령하는 연금소득	이연퇴직소득세×70%, 60%
	② 연금계좌에서 의료 목적 또는 부득이한 인출의 요건을 갖추어 인출하는 연금소득	• 나이에 따라 3%~5% • 종신계약은 4%
선택적 분리과세	연금계좌에서 연금수령한 연금소득의 합계액(무조건 분리과세되는 소득 제외)이 연 1,200만원 이하인 경우	

※ 과세방법 비교

구 분	원천징수	분리과세	연말정산
공적연금	○(간이세액표)	×	○
사적연금	○(이연퇴직소득세×70%, 또는 3%~5%)	○(무조건, 선택적)	×

※ 연금계좌 요약

	수령형태	소득구분	원천징수	과세방법
과세제외금액	–	–	–	–
이연퇴직소득	연금수령	연금소득	이연퇴직소득세×70%, 60%	무조건 분리과세
	연금외수령	퇴직소득	이연퇴직소득세	–
기타 (공제받은 납입금 +운용수익)	연금수령	연금소득	3% ~ 5%	무조건, 또는 선택적 분리과세*
	연금외수령	기타소득	15%	분리과세

* 의료목적 또는 부득이한 사유에 의한 인출 : 무조건 분리과세
  일반적인 인출로서 연 1,200만원 이하인 경우 : 선택적 분리과세

5. 연금소득의 수입시기

구 분	연금소득의 수입시기
공적연금소득	공적연금 관련법에 따라 연금을 지급받기로 한 날
사적연금소득	연금수령한 날

Memo

예제 다음 자료에 의하여 거주자 甲(63세)의 2023년도 종합소득금액에 포함될 연금소득금액을 계산하시오. 단, 사적연금에 대하여 분리과세를 선택가능한 경우에도 모두 종합소득에 합산하여 신고하는 것으로 가정한다.

1. 甲이 국민연금법에 따른 연금보험료를 납입한 이후 연금을 수령한 내역은 다음과 같다.
   (1) 과세기준일 이전 납입기간의 환산소득 누계액은 ₩360,000,000이고 과세기준일 이후 납입기간의 환산소득 누계액은 ₩640,000,000이다.
   (2) 甲이 과세기준일 이후 연금보험료공제의 적용 없이 납입한 개인부담금은 ₩1,000,000이다.
   (3) 甲은 2023년도부터 국민연금을 수령하고 있으며, 甲이 2023년도에 해당 연도분 연금으로 수령한 금액은 ₩15,000,000(원천징수 세액을 차감하기 전의 금액임)이다.

2. 甲은 2023년에 연금수령개시 신청을 하여 연금계좌에서 ₩19,000,000을 수령하였다. 해당 연금계좌의 가입시점은 2018. 4. 1.이며 당기 연금수령 한도 내의 금액은 연금수령요건을 충족한다. 연금계좌의 구성내역은 다음과 같다.
   (1) 이연퇴직소득 ₩10,000,000
   (2) 연금계좌 본인불입액 ₩100,000,000(세액공제를 받지 못한 금액 ₩2,000,000 포함)
   (3) 연금계좌 운용수익 ₩15,000,000

해답

1. 총연금액 : ₩8,600,000+₩3,000,000=₩11,600,000
   (1) 국민연금 : $₩15,000,000 \times \frac{₩640,000,000}{₩1,000,000,000} - ₩1,000,000 = ₩8,600,000$
   (2) 연금계좌 : ₩3,000,000

				연금소득		
		연금수령	연금외수령	무조건분리	선택적분리	기타소득
과세제외	2	2	–	–	–	–
이연퇴직	10	10	–	10	–	–
기타	113	3	4	–	3	4
	125	15	4	10	3	4
19 인출 ↵		(한도)				

* 연금수령한도 : $\frac{₩125,000,000}{11-1} \times 120\% = ₩15,000,000$

2. 연금소득공제 : ₩4,900,000+(₩11,600,000−₩7,000,000)×20%=₩5,820,000

3. 연금소득금액 : ₩11,600,000−₩5,820,000=₩5,780,000

Memo

4.3 기타소득

1. 기타소득의 범위

(1) 저작자, 실연자, 음반제작자, 방송사업자 외의 자가 저작권 또는 저작인접권의 양도 또는 사용의 대가로 받는 금품

* 저작권 등의 사용료가 저작자 본인에게 귀속되는 경우 : 사업소득

(2) 광업권, 산업재산권, 영업권, 점포임차권 등 무형의 권리를 양도하거나 대여하고 받는 금품

(3) 물품, 장소를 일시적으로 대여하고 사용료로서 받는 금품

* 물품, 장소의 사업적 대여 : 사업소득

(4) 통신판매중개를 하는 자를 통하여 물품 또는 장소를 대여하고 연간 수입금액 500만원 이하의 사용료로서 받은 금품

(5) 공익사업과 관련하여 지역권, 지상권을 설정하거나 대여하고 받는 금품

(6) 계약의 위약이나 해약으로 인하여 받는 위약금과 배상금 및 부당이득 반환시 지급받은 이자

* 육체적, 정신적, 물질적 피해로 인한 손해배상금 : 비열거소득

(7) 원고료, 저작권사용료인 인세 등 문예창작소득

* 소설가의 원고료 : 사업소득
회사의 업무와 관련된 사보 원고료 : 근로소득

(8) 소기업·소상공인 공제부금의 해지일시금

참고 소기업·소상공인 공제에 대한 과세체계

구 분			과세체계
(1) 공제부금 납부액			소득공제 (2백만원 ~ 5백만원 한도)
(2) 공제부금 수령액	① 법소정사유[*1]로 수령한 경우	2015. 12. 31. 이전가입분	이자소득으로 과세
		2016. 1. 1. 이후 가입분	퇴직소득으로 과세[*2]
	② 법소정사유[*1] 발생 전에 계약이 해지된 경우		기타소득으로 과세[*3]

* 1. 법소정사유 : 소기업·소상공인의 폐업 또는 해산, 공제 가입자의 사망, 법인 대표자의 지위 상실, 60세 이상으로 공제부금 불입월수가 120개월 이상인 공제 가입자의 공제금 지급 청구 등
2. 퇴직소득 과세액 : 공제금－실제 소득공제받은 금액을 초과하여 납입한 금액의 누계액
3. 기타소득 과세액 : 해지로 인한 환급금－실제 소득공제 받은 금액을 초과하여 납입한 금액 누계액. 단, 해지 전 6개월 이내에 발생한 천재지변, 공제가입자의 해외이주 등 불가피한 사유로 해지된 경우에는 법소정사유로 인한 수령과 동일하게 이자소득 또는 퇴직소득으로 과세한다.

(9) 강연료, 방송 해설, 전문지식을 활용한 용역 등 인적용역을 일시적으로 제공하고 받는 대가

* 사업성이 있는 인적용역 : 사업소득
신입사원 연수회 강의 등 고용관계 있는 인적용역 : 근로소득

(10) 법인세법에 따라 기타소득으로 처분된 금액

Memo

(11) 연금계좌 가입자가 납입한 연금보험료로서 세액공제를 받은 금액과 연금계좌 운용수익을 연금외수령한 소득

(12) 퇴직 전에 부여받은 주식매수선택권을 퇴직 후에 행사하거나 고용관계 없이 주식매수선택권을 부여받아 이를 행사함으로써 얻는 이익

* 주식매수선택권을 재직기간 중에 행사한 경우 : 근로소득

(13) 종업원 등 또는 대학 교직원이 퇴직한 후에 지급받는 직무발명보상금

* 직무발명보상금을 재직기간 중에 지급받는 경우 : 근로소득

(14) 뇌물 및 알선수재·배임수재에 따라 받는 금품

(15) 서화·골동품의 양도로 발생하는 소득(개당·점당·조당 양도가액 6천만원 이상인 것을 대상으로 하며 생존 국내작가의 작품은 제외)

(16) 종교인 소득

(17) 가상자산을 양도하거나 대여함으로써 발생하는 소득(2025년 시행)

2. 비과세 기타소득

(1) 각종 법률에 근거하여 받는 상금·부상·보로금, 국가·지방자치단체로부터 받는 상금·부상 등

(2) 종업원 등 또는 대학 교직원이 퇴직한 후에 지급받거나 대학의 학생이 소속대학에 설치된 산학협력단으로부터 받는 직무발명보상금으로서 연 500만원(해당 과세기간에 근로소득에서 비과세되는 금액이 있는 경우에는 500만원에서 해당 금액을 차감한 금액) 이하의 금액

(3) 국가지정문화재로 지정된 서화·골동품의 양도로 발생하는 소득 및 서화·골동품을 박물관 또는 미술관에 양도함으로써 발생하는 소득

(4) 법령·조례에 따른 위원회 등의 보수를 받지 않는 위원 등이 받는 수당

3. 기타소득금액 : 총수입금액 − 필요경비

※ 기타소득의 필요경비

(1) **원칙** : 실제 비용

(2) **예외**

구 분	최소인정 필요경비
① 산업재산권 등의 권리를 양도하거나 대여하고 그 대가로 받는 금품 ② 통신판매중개를 하는 자를 통하여 물품 또는 장소를 대여하고 연간 수입금액 500만원 이하의 사용료로서 받은 금품 ③ 공익사업과 관련하여 지역권·지상권을 설정 또는 대여하고 받는 금품 ④ 문예창작소득 ⑤ 일시적인 인적용역의 제공	총수입금액×60%

Memo

⑥ 공익법인이 주무관청의 승인을 얻어 시상하는 상금과 부상 및 다수의 사람이 순위경쟁을 통하여 상금이 주어지는 대회에서 입상한 자가 받는 상금 ⑦ 위약금과 배상금 중 주택입주 지체상금	총수입금액×80%
⑧ 서화·골동품의 양도로 발생하는 소득	총수입금액×80%(90%)*

* 1억원까지는 90%, 1억원 초과액은 80%로 하되, 보유기간이 10년 이상인 경우는 전액 90%를 적용한다.

4. 기타소득의 과세방법

(1) 원천징수

구　　분	원천징수세액
• 일반적인 기타소득	기타소득금액 × 20%
• 연금계좌에서 연금외수령하는 소득	기타소득금액 × 15%
• 무조건 분리과세대상인 복권당첨소득 등	기타소득금액 × 20% (3억원 초과금액은 30%)
• 뇌물, 알선수재 및 배임수재에 의하여 받은 금품 • 계약의 위약 또는 해약으로 인하여 받는 위약금과 배상금 (계약금이 위약금·배상금으로 대체되는 경우만 해당)	원천징수 하지 않음

(2) 종합과세 및 분리과세

구　　분	내　　용	원천징수세율
A. 무조건 분리과세	① 복권당첨소득, 승마투표권 등, 슬롯머신 당첨금 ② 연금계좌의 연금외수령 ③ 서화·골동품의 양도 ④ 가상자산소득	20%(30%) 15% 20% –
B. 무조건 종합과세	① 뇌물, 알선수재 및 배임수재에 의한 금품 ② 원천징수 누락분	– –
C. 선택적 분리과세	① 계약금의 위약금·배상금 대체 ② 소기업, 소상공인 공제부금 ③ 이외의 일반적인 기타소득	– 15% 20%

※ B②+C의 소득금액이 ₩3,000,000 이하인 경우 C에 대하여 분리과세 선택 가능

Memo

| 사례 |

복권당첨소득 ₩1,000,000, 일시적 인적용역 대가 ₩6,000,000, 계약금의 위약금 대체액 ₩600,000, 뇌물 ₩500,000인 경우 종합소득에 포함될 기타소득금액 계산

- 일시적 인적용역 대가의 소득금액 : ₩6,000,000×(1－60%)＝₩2,400,000
- 인적용역 대가 ₩2,400,000＋위약금 ₩600,000＝₩3,000,000 ≦ ₩3,000,000
  → ₩3,000,000에 대하여 분리과세 선택 가능
- 종합소득 한계세율이 기타소득금액에 대한 원천징수세율 20%보다 크면 분리과세가 유리, 작으면 종합과세가 유리함

5. 기타소득의 수입시기

구 분	수입시기
(1) 일반적인 기타소득	지급받은 날
(2) 법인세법에 의하여 소득처분된 기타소득	당해 사업연도의 결산확정일
(3) 산업재산권 등의 각종 권리를 양도하고 대가로 받는 금품	그 대금을 청산한 날. * 그 대금을 청산하기 전에 당해 자산을 인도하거나 사용·수익하는 경우에는 인도일 또는 사용·수익일
(4) 계약의 위약 또는 해약으로 인하여 받는 위약금과 배상금(계약금이 위약금·배상금으로 대체되는 경우만 해당)	계약의 위약 또는 해약이 확정된 날
(5) 연금계좌에서 연금외수령한 기타소득	연금외수령한 날

6. 과세최저한

구 분	과세최저한
(1) 일반적인 경우	기타소득금액(연금계좌의 연금외수령분 제외)이 매건마다 5만원 이하인 경우
(2) 승마투표권·승자투표권·소싸움경기투표권·체육진흥투표권의 환급금	매건마다 승마투표권 또는 승자투표권의 권면에 표시된 금액의 합계액이 10만원 이하이고 다음 어느 하나에 해당하는 경우 ① 적중한 개별투표당 환급금이 10만원 이하인 경우 ② 단위투표금액당 환급금이 단위투표금액의 100배 이하이면서 적중한 개별투표당 환급금이 200만원 이하인 경우
(3) 복권 당첨금 또는 슬롯머신 등을 이용하는 행위에 참가하여 받는 당첨금품 등	매건마다 200만원 이하인 경우
(4) 가상자산소득	해당 과세기간의 소득금액이 250만원 이하인 경우

Memo

보론 종교인 소득에 대한 소득세 과세제도

1. 종교인소득의 과세구분

구 분	내 용
(1) 기타소득	종교관련종사자가 종교의식을 집행하는 등 종교관련종사자로서의 활동과 관련하여 종교단체로부터 받은 소득*(종교인소득)
(2) 근로소득	종교인소득에 대하여 근로소득으로 원천징수하거나 과세표준확정신고를 한 경우에는 해당 소득을 근로소득으로 본다.
(3) 퇴직소득	종교관련종사자가 현실적인 퇴직을 원인으로 종교단체로부터 지급받는 소득

* 종교관련종사자가 그 활동과 관련하여 현실적인 퇴직 이후에 종교단체로부터 정기적 또는 부정기적으로 지급받는 소득으로서 현실적인 퇴직을 원인으로 종교단체로부터 지급받는 소득에 해당하지 아니하는 소득을 포함한다.

2. 비과세소득

기타소득에 해당하는 종교인소득 중 다음의 소득은 비과세소득에 해당한다.

구 분	내 용
(1) 학자금	종교관련종사자가 소속된 종교단체의 종교관련종사자로서의 활동과 관련있는 교육·훈련을 위하여 받는 다음의 어느 하나에 해당하는 학교 또는 시설의 입학금·수업료·수강료, 그 밖의 공납금 ① 초·중등교육법에 따른 학교(외국에 있는 이와 유사한 교육기관 포함) ② 고등교육법에 따른 학교(외국에 있는 이와 유사한 교육기관 포함) ③ 평생교육법에 따른 평생교육시설
(2) 식사 또는 식사대	다음의 어느 하나에 해당하는 것 ① 소속 종교단체가 종교관련종사자에게 제공하는 식사나 그 밖의 음식물 ② ①에서 규정하는 식사나 그 밖의 음식물을 제공받지 아니하는 종교관련종사자가 소속 종교단체로부터 받는 월 20만원 이하의 식사대
(3) 실비변상적 성질의 지급액	① 일직료·숙직료 및 그 밖에 이와 유사한 성격의 급여 ② 여비로서 실비변상 정도의 금액(종교관련종사자가 본인 소유의 차량을 직접 운전하여 소속 종교단체의 종교관련종사자로서의 활동에 이용하고 소요된 실제 여비 대신에 해당 종교단체의 규칙 등에 정하여진 지급기준에 따라 받는 금액 중 월 20만원 이내의 금액 포함) ③ 종교관련종사자가 소속 종교단체의 규약 또는 소속 종교단체의 의결기구의 의결·승인 등을 통하여 결정된 지급 기준에 따라 종교 활동을 위하여 통상적으로 사용할 목적으로 지급받은 금액 및 물품 ④ 종교관련종사자가 천재·지변이나 그 밖의 재해로 인하여 받는 지급액

Memo

(4) 자녀보육 수당	종교관련종사자 또는 그 배우자의 출산이나 6세 이하(해당 과세기간 개시일을 기준으로 판단) 자녀의 보육과 관련하여 종교단체로부터 받는 금액으로서 월 10만원 이내의 금액
(5) 사택제공의 이익	종교관련종사자가 다음의 사택을 제공받아 얻는 이익 ① 종교단체 소유로서 종교관련종사자에게 무상 또는 저가로 제공하는 주택 ② 종교단체가 직접 임차한 것으로서 종교관련종사자에게 무상으로 제공하는 주택

3. 기타소득금액의 계산

기타소득금액=종교관련종사자가 해당 과세기간에 받은 금액−필요경비

종교관련종사자가 해당 과세기간에 받은 금액(비과세소득 제외) 중 다음의 금액을 필요경비로 한다. 다만, 실제 소요된 필요경비가 다음의 금액을 초과하면 그 초과하는 금액도 필요경비에 산입한다.

종교관련종사자가 받은 금액	필요경비
2천만원 이하	종교관련종사자가 받은 금액×80%
2천만원 초과 4천만원 이하	1,600만원+2천만원 초과금액×50%
4천만원 초과 6천만원 이하	2,600만원+4천만원 초과금액×30%
6천만원 초과	3,200만원+6천만원 초과금액×20%

4. 과세방법

(1) 기타소득 원천징수

구 분	내 용
(1) 원천징수	종교인소득에 대해서는 종교인소득 간이세액표를 적용하여 원천징수
(2) 연말정산	종교인소득을 지급하고 그 소득세를 원천징수하는 자는 다음의 시기에 연말정산*을 한다. ① 해당 과세기간의 다음 연도 2월분의 종교인소득을 지급할 때(2월분의 종교인소득을 2월 말일까지 지급하지 아니하거나 2월분의 종교인소득이 없는 경우에는 2월 말일) ② 해당 종교관련종사자와의 소속관계가 종료되는 달의 종교인소득을 지급할 때

* 종교인소득에 대한 연말정산, 소득공제 및 세액공제의 신고 등에 대해서는 사업소득의 연말정산규정을 준용한다.

Memo

(2) 원천징수 예외

종교인소득(근로소득으로 보는 경우 포함)을 지급하는 자는 기타소득 또는 근로소득에 대한 소득세의 원천징수를 하지 아니할 수 있다. 이 경우 종교인소득을 지급받은 자는 종합소득과세표준을 신고하여야 한다.

(3) 종합과세

종교인소득도 다른 기타소득과 마찬가지로 종합과세되는 것이다. 다만, 기타소득 분리과세규정에 따라 기타소득금액이 300만원 이하이면서 원천징수되는 경우에는 분리과세를 선택할 수 있다.

5. 기타사항

① 종교단체는 소속 종교관련종사자에게 지급한 금액 및 물품(비과세되는 실비변상적 성질의 지급액 중 ③에 해당하는 금액 및 물품 포함)과 그 밖에 종교 활동과 관련하여 지출한 비용을 구분하여 기록·관리한다.

② 종교단체가 소속 종교관련종사자에게 지급한 금액 및 물품과 그 밖에 종교 활동과 관련하여 지출한 비용을 정당하게 구분하여 기록·관리하는 경우 세무에 종사하는 공무원은 질문·조사할 때 종교단체가 소속 종교관련종사자에게 지급한 금액 및 물품 외에 그 밖에 종교 활동과 관련하여 지출한 비용을 구분하여 기록·관리한 장부 또는 서류에 대해서는 조사하거나 그 제출을 명할 수 없다.

③ 세무에 종사하는 공무원은 종교인소득에 관한 신고내용에 누락 또는 오류가 있어 질문·조사권을 행사하려는 경우에는 미리 국세기본법에 따른 수정신고를 안내하여야 한다.

Memo

소득금액계산의 특례

5.1 부당행위계산의 부인

1. 요 건

(1) **거래상대방** : 특수관계인

① 친족관계
② 경제적 연관관계(임원, 사용인 등)
③ 경영지배관계(경영에 대한 지배력 영향력−30% 이상 출자)

(2) **조세부담의 부당 감소** : 조세 회피의 의도가 있었는지 여부는 고려하지 않음

(3) **현저한 이익의 분여** : 시가와 거래가액의 차액 ≧ Min[시가×5%, 3억원]

① 고가매입 · 저가양도
② 자산임대차 · 용역제공의 부당거래

2. 적용대상

적 용 대 상 소 득	적 용 제 외 소 득
사업소득, 기타소득, 양도소득, 출자공동사업자 배당소득	이자소득, 배당소득(출자공동사업자 배당소득 제외), 근로소득, 연금소득, 퇴직소득

3. 예외사항

① 직계존비속에게
② 주택을 무상으로 사용하게 하고
③ 직계존비속이 해당 주택에 실제 거주하는 경우

→ **부당행위계산의 부인대상에서 제외**

(해당 주택에 관한 경비는 가사관련경비로 보아 부인)

Memo

5.2 공동사업에 대한 소득금액계산의 특례

1. 원칙 : 개인별 과세

(1) 공동사업소득금액

약정된 손익분배비율에 따라 소득금액 분배(약정된 손익분배비율이 없는 경우 지분비율)

공동사업장 소득금액 2억원		손익분배비율		소득분배	
	A	40%	:	8천만원	→ 각자의 다른 종합소득과 합산하여 각자 납세의무
	B	30%	:	6천만원	
	C	20%	:	4천만원	
	D	10%	:	2천만원	

(2) 연대납세의무 없음

* 국세기본법 : 공동사업장 소득금액에 대한 세액에 대하여 공동사업자들이 연대납세의무

2. 예외 : 공동사업 합산과세

(1) 요 건

① 특수관계인이 공동사업자에 포함

② 손익분배비율을 거짓으로 정하는 등의 사유

a. 과세표준확정신고서에 기재한 사업의 종류, 소득금액 명세, 지분비율, 약정된 손익분배비율이 사실과 현저하게 다른 경우

b. 공동사업자의 경영참가, 거래관계, 손익분배비율, 재무상태 등을 보아 조세를 회피하기 위해 공동으로 사업을 경영하는 것이 확인되는 경우

(2) 합산대상

① 과세기간 종료일 현재

② 생계를 같이하고 있는

③ 특수관계인

(3) 주된 소득자 판단

손익분배비율 → 공동사업 외의 종합소득 → 전년도 종합소득
→ 신고한 자(무신고의 경우는 지정)

(4) 연대납세의무 있음 : 합산된 소득금액을 한도로 함

Memo

3. 공동사업장에 대한 특례

구 분	내 용
(1) 원천징수세액의 배분	공동사업장에서 발생한 소득금액에 대하여 원천징수된 세액은 각 공동사업자의 손익분배비율에 따라 배분
(2) 가산세의 배분	공동사업장에 관련된 가산세*는 각 공동사업자의 손익분배비율에 따라 배분
(3) 기장의무와 사업자등록 등	공동사업장을 1거주자로 보아 기장의무, 사업장등록, 휴·폐업 신고, 납세번호 부여에 관한 규정을 적용한다.
(4) 과세표준확정신고 및 결정·경정	공동사업자가 과세표준확정신고를 하는 때에는 과세표준확정신고서와 함께 해당 공동사업장에서 발생한 소득과 그 외의 소득을 구분한 계산서를 제출하여야 하며 공동사업장에서 발생하는 소득금액의 결정 또는 경정은 대표공동사업자의 주소지 관할세무서장이 한다.

* 1. 공동사업장관련가산세 : 지급명세서제출불성실가산세, 계산서불성실가산세, 매출·매입처별계산서합계표제출불성실가산세, 증명서류불비가산세, 영수증수취명세서미제출가산세, 사업장현황신고불성실가산세, 공동사업장등록불성실가산세, 사업용계좌미사용가산세, 신용카드매출전표미발급가산세, 현금영수증미발급가산세, 원천징수납부 등 불성실가산세

2. 소득금액의 신고와 납부는 공동사업자별로 행해지기 때문에 신고관련가산세와 납부지연가산세는 손익분배비율에 따라 배분하지 않고 각 공동사업자 개인별로 부과한다.

4. 출자공동사업자 배당 : 형식은 배당소득, 내용은 사업소득

(1) 개요

상법상 익명조합 : 당사자의 일방(익명조합원)이 상대방(영업자)에게 영업을 위하여 출자를 하고 상대방이 그 영업으로 인한 이익을 분배할 것을 약정함으로써 성립하는 사업의 형태

→ 소득세법에서는 이러한 상법상 익명조합을 소득세법상 공동사업의 범위에 포함하고 익명조합에 참여하는 공동사업자를 업무집행공동사업자와 출자공동사업자로 구분하여 과세

(2) 과세특례의 내용

구 분	과세특례 내용
(1) 원천징수세율	25%
(2) 종합과세 적용	무조건 종합과세
(3) 이중과세 조정	Gross-up 적용하지 않음
(4) 산출세액 계산	비교산출세액계산시 기본세율로 과세한 금액과 14%세율로 과세한 금액 중 큰 금액을 비교산출세액으로 정함
(5) 기타사항	조건부종합과세대상 금융소득의 종합과세여부 판단시에 판단대상금액에 포함되지 않음

Memo

보론 동업기업에 대한 조세특례(Partnership Taxation)

〈일반법인 과세와 동업기업 과세특례의 비교〉

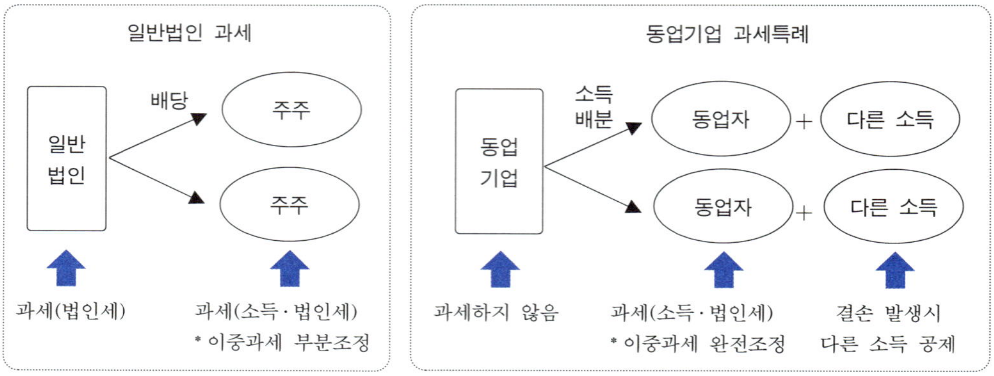

1. 적용범위

(1) 동업기업 : 2명 이상이 금전 그 밖의 재산 또는 노무 등을 출자하여 공동사업을 경영하면서 발생한 이익 또는 손실을 배분받기 위하여 설립한 단체

(2) 대상단체

① 민법에 따른 조합(투자조합 제외)

② 상법에 따른 합자조합 및 익명조합(투자익명조합 제외)

③ 상법에 따른 합명회사 및 합자회사(투자합자회사 중 기관전용 사모집합투자기구가 아닌 것은 제외)

④ 법무법인 및 법무조합, 회계법인, 세무법인, 관세법인 등

⑤ 외국법인 또는 비거주자로 보는 법인 아닌 단체 중 ①부터 ④까지의 규정에 따른 단체와 유사한 단체로서 법소정 기준에 해당하는 외국단체

2. 동업기업 및 동업자의 납세의무

(1) 동업기업 : 동업기업에 대하여는 소득세 또는 법인세를 부과하지 아니한다.

(2) 동업자 : 동업자는 배분받은 동업기업의 소득에 대하여 소득세 또는 법인세를 납부할 의무를 진다.

(3) 동업기업 전환법인

① 동업기업 전환법인은 해산에 의한 청산소득의 금액에 준하여 청산소득에 대한 법인세(준청산소득에 대한 법인세)를 납부할 의무가 있다.

② 신고기한 : 동업기업과세특례를 적용받는 최초 사업연도의 직전 사업연도 종료일 이후 3개월이 되는 날까지 과세표준과 세액을 신고하여야 한다.

③ 납부 : 신고기한부터 3년간 균등액 이상 납부하여야 한다.

Memo

3. 동업기업 소득금액의 계산 및 배분(Allocation)

(1) 절차

1단계 : 동업기업 소득금액 또는 결손금 계산
동업기업을 각각 하나의 1거주자, 1비거주자, 1내국법인 또는 1외국법인으로 보아 소득세법 또는 법인세법에 따라 해당 과세연도의 소득금액 또는 결손금 계산

2단계 : 동업자군별 손익배분비율 계산
동업자를 거주자, 비거주자, 내국법인 및 외국법인의 네 개의 군(동업자군)으로 구분하여 동업자군별로 각 군에 속하는 동업자들의 손익배분비율을 합산

3단계 : 동업자군별 배분대상 소득금액 또는 결손금 계산
동업기업 소득금액을 동업자군별 손익분배비율에 따라 배분

4단계 : 해당 동업자군에 속하는 동업자들에게 손익배분비율로 배분
동업자군별 배분대상 소득금액 또는 결손금을 각 과세연도의 종료일에 해당 동업자군에 속하는 동업자들에게 동업자간의 손익배분비율에 따라 배분

| 사례 |

거주자인 동업자 6인과 내국법인인 동업자 4인으로 구성된 동업기업(각 동업자 1인의 손익배분비율은 모두 10%로서 동일)이 영업이익 ₩600, 건물처분이익 ₩300, 유가증권처분이익 ₩100의 소득이 있는 경우

1단계 : 동업자군별 동업기업 소득금액 또는 결손금 계산
① 거주자 동업자군 : 동업기업을 1 거주자로 보아 소득세법에 따라 소득금액 계산
⇒ 사업소득금액 ₩600, 양도소득금액 ₩300
② 내국법인 동업자군 : 동업기업을 1 내국법인으로 보아 법인세법에 따라 소득금액 계산
⇒ 각사업연도소득금액 ₩1,000

2단계 : 동업자군별 손익배분비율 계산
① 거주자 동업자군 : 6인×10%＝60%
② 내국법인 동업자군 : 4인×10%＝40%

3단계 : 동업자군별 배분대상 소득금액 또는 결손금 계산
① 거주자 동업자군 : 사업소득금액 360(600×60%), 양도소득금액 180(300×60%)
② 내국법인 동업자군 : 각사업연도소득금액 ₩400(＝1,000×40%)

4단계 : 해당 동업자군에 속하는 동업자들에게 손익배분비율로 배분
① 거주자 동업자군 : 각 동업자에게 사업소득금액 60(360 ×1/6),
양도소득금액 30(180 ×1/6) 배분
② 내국법인 동업자군 : 각 동업자에게 각사업연도소득금액 100(400×1/4) 배분

Memo

(2) 손익배분비율

① 손익배분비율은 동업자간에 서면으로 약정한 해당 사업연도의 손익분배에 관한 단일의 비율(약정손익배분비율)에 따르며 약정손익분배비율이 없거나 이를 신고하지 않은 경우에는 출자지분의 비율에 따른다.

② 손익배분비율을 정함에 있어서 어느 동업자의 출자지분과 그의 특수관계인인 동업자의 출자지분의 합계가 가장 큰 경우에는 그 동업자와 특수관계인인 동업자 간에는 출자지분의 비율에 따른다.

(3) 동업자의 소득구분

구 분	배분받은 소득금액	배분받은 결손금
거주자 동업군	거주자의 소득구분과 동일 (근로소득, 연금소득, 퇴직소득 제외)	사업소득·양도소득 결손금
비거주자 동업군	비거주자의 국내원천소득구분과 동일 (근로소득, 퇴직소득 제외)	이자소득, 배당소득, 기타소득을 제외한 소득의 결손금
내국법인 동업군	각사업연도소득	각사업연도소득 결손금
외국법인 동업군	외국법인의 국내원천소득구분과 동일	이자소득, 배당소득, 기타소득을 제외한 소득의 결손금

(4) 결손금 배분

① 결손금 배분 한도 : 각 동업자에게 배분되는 결손금은 동업기업의 해당 과세연도의 종료일 현재 해당 동업자의 지분가액을 한도로 한다.

② 이월배분 : 지분가액을 초과하는 해당 동업자의 결손금(배분한도 초과 결손금)은 해당 과세연도의 다음 과세연도 개시일 이후 15년(2021년 1월 1일 이전에 개시한 과세연도에 발생한 결손금은 10년) 이내에 종료하는 각 과세연도에 이월하여 배분하되, 이월된 각 과세연도에 배분하는 동업기업의 각 과세연도의 결손금이 지분가액에 미달할 때에만 그 미달하는 금액의 범위에서 추가로 배분한다.

(5) 수동적동업자 특례

수동적동업자의 경우에는 위 규정에도 불구하고 배분받은 소득금액을 배당소득으로 보며 수동적동업자에게는 결손금을 배분하지 아니하되, 해당 과세연도의 종료일부터 15년(2021년 1월 1일 이전에 개시한 과세연도에 발생한 결손금은 10년) 이내에 끝나는 각 과세연도에 그 수동적동업자에게 소득금액을 배분할 때 배분되지 않은 결손금을 그 배분대상 소득금액에서 공제하고 배분한다.

* 수동적동업자란 동업기업의 경영에 참여하지 아니하고 출자만 하는 자로서 다음에 모두 해당하는 동업자를 말한다.

1. 동업기업에 성명 또는 상호를 사용하게 하지 아니할 것
2. 동업기업의 사업에서 발생한 채무에 대하여 무한책임을 부담하기로 약정하지 아니할 것
3. 임원 또는 이에 준하는 자가 아닐 것

Memo

4. 지분가액의 조정

(1) 지분가액 : 동업자가 보유하는 동업기업 지분의 세무상 장부가액

(2) 지분가액의 증액 및 감액

구 분	조 정 사 유	조 정 금 액
증액 조정	동업기업의 지분을 매입한 경우	추가 취득한 동업기업 지분의 가액
	동업기업으로부터 소득을 배분받는 경우	배분받은 소득의 금액
감액 조정	동업기업 지분을 양도한 경우	양도일 현재 해당 지분의 지분가액
	동업기업으로부터 결손금을 배분받는 경우	배분받은 결손금의 금액
	동업기업의 자산을 분배받은 경우	분배일 현재 자산의 시가

5. 동업기업 지분의 양도

동업자가 동업기업의 지분을 타인에게 양도하는 경우 해당 지분의 양도소득에 대하여는 양도소득세 과세대상자산인 주식 또는 특정주식(A)·(B)를 양도한 것으로 보아 소득세법 또는 법인세법에 따라 양도소득세 또는 법인세를 과세한다.

양도소득＝양도가액－취득가액(증액 또는 감액조정후의 양도일 현재 지분가액)

6. 동업기업 자산의 분배(Distribution)

(1) '분배받은 자산의 시가 > 지분가액' 인 경우

지분가액을 전액 감액 조정하며 지분가액을 초과하는 금액은 배당소득으로 보아 소득세 또는 법인세를 과세한다.

(2) '분배받은 자산의 시가 < 지분가액' 인 경우

지분가액에 미달하는 자산을 분배받았더라도 추가적으로 분배될 여지가 존재하므로 손실인식 없이 지분가액만을 감액 조정한다.

* 동업자의 지위가 소멸되는 경우(동업기업이 해산, 합병 등으로 소멸되거나 동업자가 동업기업의 모든 지분을 반환하는 경우)로서 지분가액에 미달하는 자산을 분배받은 경우에는 그 미달하는 금액을 주식 또는 특정주식(A, B)를 양도함에 따라 발생한 손실로 보아 법인세 또는 양도소득세를 과세한다.

7. 동업기업과세특례의 적용 및 포기신청

(1) 적용신청 : 동업기업과세특례를 적용받으려는 최초 과세연도 개시일 이전(기업을 설립하는 경우로서 기업의 설립일이 속하는 과세연도부터 적용받으려는 경우에는 그 과세연도의 개시일부터 1개월 이내)에 동업기업과세특례 적용신청서 제출

(2) 포기신청 : 동업기업과세특례를 적용받지 않으려는 최초 과세연도 개시일 이전에 동업기업과세특례 포기신청서 제출

* 동업기업과세특례를 최초로 적용받은 과세연도와 그 다음 과세연도의 개시일부터 4년 이내에 종료하는 과세연도까지는 동업기업과세특례의 적용을 포기할 수 없다.

Memo

5.3 결손금과 이월결손금의 공제

구 분	타 소득과 통산	이월공제(15년*)	소급공제
일반사업소득	○	○	○
임대사업소득	×	○	×

* 2019년 과세기간 이전 발생분은 10년

〈통산 및 공제 순서〉

Ⅰ. 일반사업 결손금 및 주택임대업 결손금을 다른 종합소득과 통산
   * 통산순서 : 임대사업 → 근로 → 연금 → 기타 → 이자 → 배당

Ⅱ. 일반사업 이월결손금 및 주택임대업 이월결손금을 당기 종합소득에서 공제
   * 공제순서 : 사업(일반사업 → 임대사업) → 근로 → 연금 → 기타 → 이자 → 배당

Ⅲ. 부동산임대업(주택임대업 제외) 이월결손금을 당기 부동산임대업 소득에서 공제

※ 종합과세되는 이자·배당소득 중 14%의 세율을 적용받는 부분은 결손금 및 이월결손금의 공제대상에서 제외하며 기본세율을 적용받는 부분은 공제여부를 선택할 수 있다.

예 제 다음 자료에 의하여 거주자 K씨의 2023년 및 2024년 종합소득금액을 계산하시오. 단, 이들은 모두 종합과세 대상이고, 기본세율 적용 금융소득에서도 결손금 및 이월결손금을 최대한 공제하기로 한다.

구 분	2023년		2024년	
	통산 전	통산 후	통산 전	통산 후
이자소득금액	~~₩20,700,000~~	₩20,000,000	₩22,000,000	₩22,000,000
배당소득금액	~~2,000,000~~	1,700,000	3,000,000	3,000,000
일반사업소득금액	~~△13,000,000~~	0	~~△4,000,000~~	0
임대사업소득금액	△3,000,000	△3,000,000	~~5,000,000~~	~~1,000,000~~ 0
근로소득금액	~~3,000,000~~	0	1,000,000	1,000,000
연금소득금액	~~4,000,000~~	0	2,000,000	2,000,000
기타소득금액	~~5,000,000~~	0	3,000,000	3,000,000
합 계	₩34,700,000 △₩16,000,000	₩21,700,000 △₩3,000,000	₩36,000,000 △₩4,000,000	₩31,000,000
이월결손금	–	–	~~△₩3,000,000~~	△₩2,000,000

Memo

5.4 채권 등에 대한 소득금액계산과 원천징수의 특례

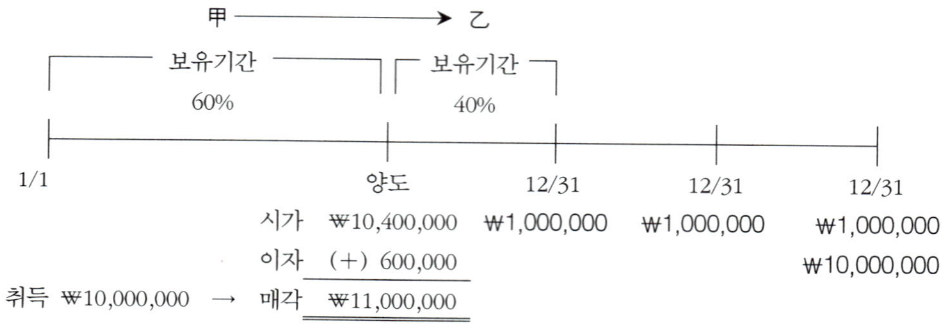

※ 이자지급기간 중에 채권을 양도한 경우 이자 ₩1,000,000을 보유기간 별로 안분하여 甲의 이자소득을 ₩600,000, 乙의 이자소득을 ₩400,000으로 보아 과세한다.

〈원천징수 의무자〉

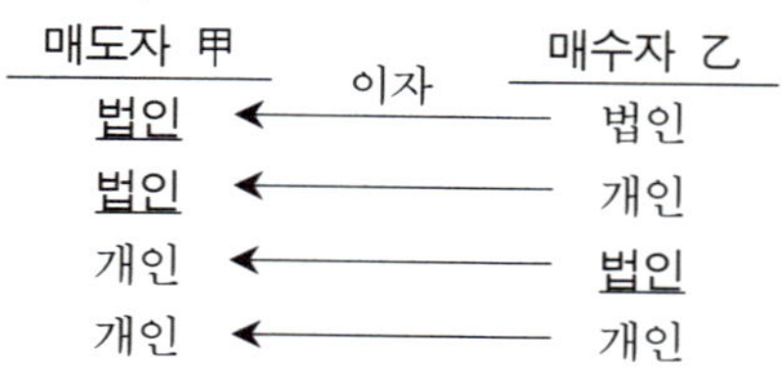

5.5 기타의 소득금액계산의 특례

1. 상속의 경우 소득금액의 구분 계산

(1) 피상속인의 소득금액에 대한 소득세를 상속인이 부담하는 경우 상속인의 소득과 피상속인의 소득을 구분하여 계산하여야 한다.

(2) 연금계좌의 가입자가 사망하였으나 그 배우자가 연금외수령 없이 해당 연금계좌를 상속으로 승계하는 경우에는 해당 연금계좌에 있는 피상속인의 소득금액은 상속인의 소득금액으로 보아 소득세를 계산한다.

2. 중도해지로 인한 이자소득금액계산의 특례

종합소득과세표준 확정신고 후 예금 또는 신탁계약의 중도해지로 인하여 이미 경과한 과세기간에 속하는 이자소득금액이 감액된 경우

① 국세기본법의 규정에 의하여 과세표준 및 세액의 경정을 청구

② 중도해지일이 속하는 과세기간의 종합소득금액에 포함된 이자소득금액에서 그 감액된 이자소득금액을 차감

Memo

종합소득과세표준의 계산

6.1 종합소득과세표준계산의 기본구조

	종합소득금액
(−)	종합소득공제
	과세표준
	× 세율
	산출세액
(−)	세액감면·공제
	결정세액
(+)	가산세 등
	총결정세액
(−)	기납부세액
	자진납부세액

〈종합소득공제의 구조〉

구 분		종 류
(1) 인적공제	기본공제	본인공제, 배우자공제, 부양가족공제
	추가공제	장애인공제, 경로우대자공제, 부녀자공제, 한부모소득공제
(2) 특별소득공제		보험료공제, 주택자금공제
(3) 기타공제		연금보험료공제, 주택담보노후연금 이자비용 공제
(4) 조세특례제한법 공제		① 신용카드 등 사용금액에 대한 소득공제 ② 소기업·소상공인 공제부금에 대한 공제 ③ 주택청약종합저축 등에 대한 소득공제 ④ 벤처투자조합 출자 등에 대한 소득공제 ⑤ 우리사주조합에 대한 출자금의 소득공제 ⑥ 청년형 장기집합투자증권저축에 대한 소득공제

※ 근로소득자에 한하여 적용되는 종합소득공제
① 특별소득공제
② 신용카드 등 사용금액에 대한 소득공제
③ 주택청약종합저축 등에 대한 소득공제
④ 우리사주조합에 대한 출연금의 소득공제

Memo

6.2 인적공제

1. 인적공제의 종류와 내용

(1) 기본공제 : 1명당 150만원

구　분	공제대상자	요　건	
		나　이	소득금액
(1) 본인공제	당해 거주자	–	–
(2) 배우자공제	거주자의 배우자	–	100만원 이하
(3) 부양가족공제	당해 거주자(배우자 포함)와 생계를 같이하는 부양가족		
	① 직계존속	60세 이상	100만원 이하
	② 직계비속과 입양자	20세 이하	100만원 이하
	③ 형제자매	20세 이하 또는 60세 이상	100만원 이하
	④ 국민기초생활보장법에 의한 수급자	–	100만원 이하
	⑤ 아동복지법에 의한 위탁아동	–	100만원 이하

* 1. 공제대상의 판정기준이 되는 소득금액은 소득세법상 종합소득금액, 퇴직소득금액 및 양도소득금액의 합계액을 의미한다. 따라서 비과세소득, 분리과세소득 및 비열거소득은 포함하지 않는다.
2. 공제대상자의 소득금액이 100만원을 초과하더라도 총급여액 500만원 이하의 근로소득만 있는 경우에는 소득금액 요건을 충족한 것으로 본다.
3. 장애인은 나이의 요건에 대한 적용을 받지 않지만, 소득금액의 요건은 충족하여야 한다.
4. 부양가족의 범위에는 배우자의 직계존속 및 형제자매도 포함한다.
5. 직계존속이 재혼한 경우에는 그 배우자를 직계존속으로 보며, 거주자가 재혼한 경우에는 그 배우자의 직계비속을 직계비속으로 본다.
6. 직계비속과 그 직계비속의 배우자가 모두 장애인에 해당하는 경우에는 직계비속의 배우자도 부양가족에 포함한다.
7. 위탁아동은 해당 과세기간에 6개월 이상 양육한 위탁아동을 말한다. 이 경우 직전 과세기간에 소득공제를 받지 못한 경우에는 직전 과세기간의 위탁기간을 포함하여 계산한다.

| 사례 | 甲의 부양가족

① 父(62세) : 공동사업소득금액 ₩10,000,000(손익분배비율 본인 60%, 부친 40% –허위임)
　⇒ 공동사업합산과세 … 부친 종합소득 ₩0

② 母(60세) : 예금이자 ₩1,200,000 ⇒ 분리과세 … 모친 종합소득 ₩0

③ 배우자 : 근로소득금액 ₩1,200,000 … 근로소득공제율이 70%이므로 총급여 ₩4,000,000
　(소득금액은 100만원을 초과하지만 총급여액이 500만원 이하이므로 공제대상에 해당)

∴ 기본공제 총 ₩6,000,000(본인 포함)

Memo

(2) 추가공제

구 분	요 건	공제금액
(1) 경로우대공제	기본공제대상자가 70세 이상인 경우	1명당 100만원
(2) 장애인공제	기본공제대상자가 장애인인 경우	1명당 200만원
(3) 부녀자공제	거주자 본인이 ① 배우자가 없는 여성으로서 기본공제대상자인 부양가족이 있는 세대주인 경우 ② 배우자가 있는 여성인 경우 * 부녀자공제는 종합소득금액이 3천만원 이하인 자로 한정한다.	50만원
(4) 한부모소득공제	해당 거주자가 배우자가 없는 사람으로서 기본공제대상자인 직계비속 또는 입양자가 있는 경우 * 부녀자공제와 한부모소득공제에 모두 해당되는 경우에는 한부모소득공제를 적용한다.	100만원

* 추가공제는 기본공제대상자가 상기요건을 충족한 경우에 한하여 적용된다. 즉, 기본공제대상자가 아닌 경우에는 추가 공제를 적용할 수 없다.

2. 인적공제에 공통된 사항

(1) 생계를 같이 하는 부양가족의 범위

생계를 같이 하는 부양가족이란 주민등록표상의 동거가족으로서 해당 거주자의 주소 또는 거소에서 현실적으로 생계를 같이하는 자를 말한다. 다만, 다음과 같은 예외가 있다.

① 배우자 및 직계비속·입양자는 항상 생계를 같이하는 부양가족으로 본다.

② 거주자 또는 동거가족(배우자 및 직계비속· 입양자 제외)이 취학, 질병의 요양, 근무상 또는 사업상의 형편 등으로 본래의 주소 또는 거소를 일시퇴거한 경우에도 생계를 같이하는 부양가족으로 본다.

③ 직계존속이 주거 형편에 따라 별거하고 있는 경우에는 생계를 같이하는 자로 본다.

(2) 공제대상 여부의 판정시기

구 분	내 용
(1) 공제대상자의 판정시기	① 원칙 : 과세기간 종료일 현재 ② 예외 a. 과세기간 종료일 전에 사망한 경우 : 사망일 전일 b. 과세기간 종료일 전에 장애가 치유된 경우 : 치유일 전일
(2) 공제대상자의 연령적용	부양가족공제 또는 자녀양육비 공제를 적용함에 있어서 당해연도의 과세기간 중에 연령에 해당되는 날이 있다면 공제대상자로 함

Memo

| 사례 |

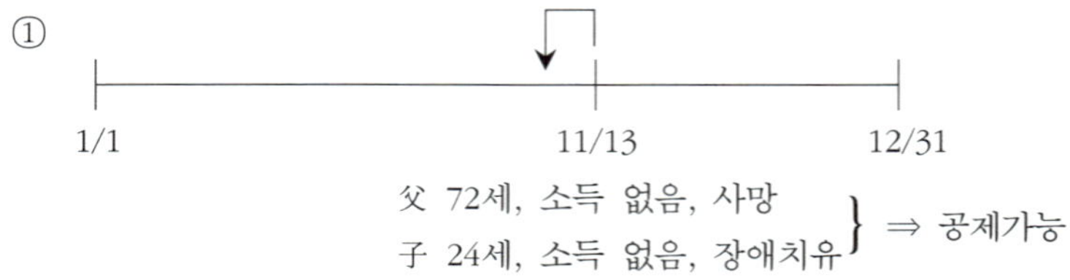

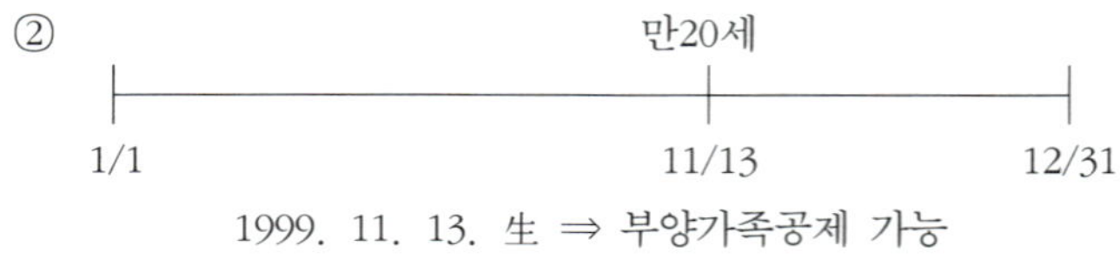

(3) 2명 이상의 공제대상가족에 해당하는 경우

① 거주자의 공제대상가족이 동시에 다른 거주자의 공제대상가족에 해당되는 경우에는 소득·세액공제신고서에 기재된 바에 따라 그 중 1인의 공제대상 가족으로 하며, 그 기본공제 대상에 대한 추가공제는 기본공제를 적용받은 거주자가 적용받는다.

② 당해연도의 중도에 사망하였거나 외국에서 영주하기 위하여 출국한 거주자의 공제대상가족으로서 상속인 등 다른 거주자의 공제대상가족에 해당하는 자에 대하여는 피상속인 또는 출국한 거주자의 공제대상가족으로 한다.

③ 2 이상의 거주자가 공제대상가족을 서로 자기의 공제대상가족으로 하여 신고서에 기재한 때, 또는 누구의 공제대상가족으로 할 것인가를 알 수 없을 때에는 다음과 같이 공제한다.

a. 거주자의 공제대상배우자가 다른 거주자의 공제대상부양가족에 해당하는 때에는 공제대상배우자로 한다.

b. 거주자의 공제대상부양가족이 다른 거주자의 공제대상부양가족에 해당하는 때에는 직전연도에 부양가족으로 인적공제를 받은 거주자의 공제대상부양가족으로 한다. 다만, 직전연도에 부양가족으로 인적공제를 받은 사실이 없는 때에는 당해연도의 종합소득금액이 가장 많은 거주자의 공제대상부양가족으로 한다.

Memo

6.3 특별소득공제

1. 보험료 공제

근로소득이 있는 거주자(일용근로자 제외)가 국민건강보험료, 고용보험료, 노인장기요양보험료를 지급한 경우 그 금액을 해당 과세기간의 근로소득금액에서 공제한다.

甲 ₩100,000

본인 부담분	사용자 부담분
₩50,000	₩50,000

국민건강보험료, 고용보험료 } ⇒ 보험료공제

국민연금보험료 ⇒ 연금보험료공제

	A	B	
급 여	₩2,000,000	₩2,000,000	+₩50,000
보험료	(−)50,000	−	
실수령	₩1,950,000	₩2,000,000	
공제액	₩50,000	₩50,000	

※ 본인부담분을 사용자가 대납한 경우에도 해당 금액을 총급여액에 가산하므로 보험료공제를 적용한다.

2. 주택자금공제

근로소득이 있는 거주자(일용근로자 제외)가 다음에 해당하는 지출이 있는 경우 그 금액을 해당 과세기간의 근로소득금액에서 공제한다.

공 제 금 액	공 제 한 도	
(1) 청약저축 납입액*1×40% (조특법)	(1), (2) 합계 400만원 한도	(1) ~ (3) 합계 300만원 ~ 1,800만원 한도*3
(2) 주택*2 임차 차입금의 원리금상환액×40%		
(3) 장기주택저당차입금 이자상환액×100%		

*1. 청약저축 등의 연 납입액이 240만원을 초과하는 경우 그 초과하는 금액은 없는 것으로 한다.
2. 국민주택 규모 이하의 주택을 임차한 경우만 해당하며 주거에 사용하는 오피스텔을 포함한다.
3. 장기주택저당차입금에 대한 한도액은 각 경우별로 다음과 같다.

구 분	한도액
(1) 상환기간 10년 이상, 고정금리 or 비거치식 분할상환방식	300만원
(2) 상환기간 15년 이상	500만원
(3) 상환기간 15년 이상, 고정금리 or 비거치식 분할상환방식	1,500만원
(4) 상환기간 15년 이상, 고정금리 and 비거치식 분할상환방식	1,800만원

Memo

6.4 기타공제

1. 연금보험료 공제

종합소득이 있는 거주자가 연금보험료(공적연금 관련법에 따른 기여금 또는 개인부담금)를 납입한 경우에는 해당 과세기간의 종합소득금액에서 그 과세기간에 납입한 연금보험료를 공제한다. → 한도 없이 전액 공제

* 종합소득공제 합계액이 종합소득금액을 초과하는 경우 그 초과액을 한도로 연금보험료 공제를 받지 아니한 것으로 본다.

※ 건강보험료·고용보험료는 특별소득공제로서 근로소득이 있는 자에 한하여 적용되는 공제항목이지만 연금보험료 공제는 소득의 종류에 관계없이 적용되는 공제항목이다. 따라서 개인사업자 본인의 건강보험료·고용보험료는 사업소득금액 계산시 필요경비에 산입할 수 있는 반면, 연금보험료는 소득공제가 적용되므로 사업소득 필요경비에 산입할 수 없다.

2. 주택담보노후연금 이자비용공제

연금소득이 있는 거주자가 일정 요건에 해당하는 기준시가 9억원 이하인 주택을 담보로 하여 주택담보노후연금을 지급받은 경우에는 그 지급받은 연금에 대하여 해당 연도에 발생한 이자상당액과 200만원 중 적은 금액을 연금소득금액에서 공제한다. → 200만원을 한도로 공제

6.5 조세특례제한법 소득공제

1. 신용카드 등 사용금액에 대한 소득공제

(1) 개 요

근로소득이 있는 거주자(일용근로자 제외)가 신용카드 등 사용금액이 있는 경우 법정 요건에 해당하는 금액을 해당 과세기간의 근로소득금액에서 공제한다.

(2) 신용카드 등 소득공제액의 계산 : Min[I , II]

Ⅰ. 공제대상액 : (전통시장·대중교통 사용분+도서등 사용분 및 직불카드 사용분
+신용카드 사용분−총급여×25%) × [40% 또는 30% 또는 15%]*

* 전통시장·대중교통 사용분은 40%, 도서등 사용분 및 직불카드 사용분은 30%, 신용카드 사용분은 15%

Memo

Ⅱ. 한도액 : (1)+(2)

총급여액 7,000만원 초과인 경우	총급여액 7,000만원 이하인 경우
(1) 일반한도 : 250만원 (2) 추가한도 : Min[①, ②] ① 전통시장 사용분×40%+대중교통 이용분×40% ② 200만원	(1) 일반한도 : 300만원 (2) 추가한도 : Min[①, ②] ① 전통시장 사용분×40%+대중교통 이용분×40%+도서등 사용분×30% ② 300만원

※ 신용카드 등 사용에 대한 소득공제

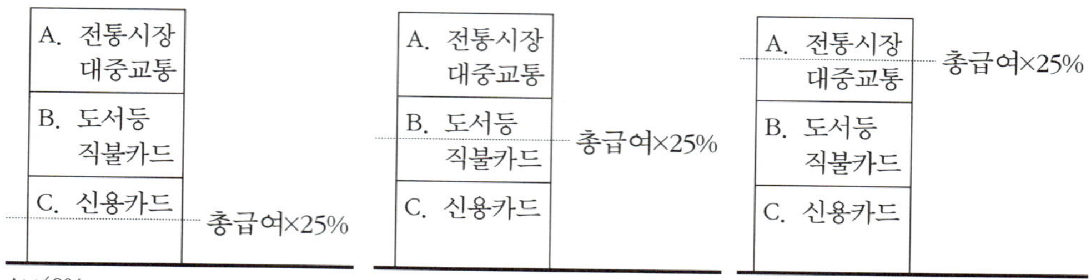

A×40%
+B×30%
+(C−총급여×25%)×15%

A×40%
+(B+C−총급여×25%)×30%

(A+B+C−총급여×25%)×40%

구 분	내 용
전통시장 사용분	전통시장 구역 안의 법인·사업자(준대규모점포 제외)로부터 재화 또는 용역을 제공받은 대가에 해당하는 금액으로서 직불카드, 기명식선불카드, 신용카드 사용금액 및 현금영수증 기재금액
대중교통 이용분	대중교통수단을 이용한 대가에 해당하는 금액으로서 직불카드, 기명식선불카드, 신용카드 사용금액 및 현금영수증 기재금액
도서등 사용분*	간행물(유해간행물 제외) 구입·신문 구독·공연 관람을 위하여 사용한 금액 및 박물관·미술관·영화상영관에 입장하기 위하여 사용한 금액으로서 문화체육관광부장관이 지정하는 법인 또는 사업자에게 지급한 금액
직불카드등 사용분	직불카드, 기명식 선불카드 사용금액 및 현금영수증 기재금액
신용카드 사용분	신용카드 사용금액

* 해당 과세연도의 총급여액이 7천만원 이하인 경우에만 도서등 사용분에 포함하고, 총급여액이 7천만원을 초과하는 경우에는 직불카드 사용분과 신용카드 사용분에 포함한다.

Memo

(3) 신용카드 등 사용금액의 범위

1) 공제대상 카드 사용자의 범위 : 다음에 해당하는 자 포함 … 형제자매는 제외

① 배우자로서 연간 소득금액 합계액 100만원 이하*인 자

② 생계를 같이하는 직계존비속으로서 연간 소득금액 100만원 이하*인 자(나이 불문)

* 총급여액 500만원 이하의 근로소득만 있는 경우 포함

2) 신용카드 등 사용금액에 포함하지 않는 것

① 사업소득과 관련된 비용 또는 법인의 비용에 해당하는 경우

② 물품 또는 용역의 거래없이 이를 가장하거나 실제 매출금액을 초과하여 신용카드 등에 의한 거래를 하는 경우

③ 신용카드 등을 사용하여 대가를 지급하는 자가 다른 신용카드·직불카드가맹점 또는 현금영수증가맹점 명의로 거래가 이루어지는 것을 알고도 신용카드 등에 의한 거래를 하는 경우

3) 소득공제 배제금액

① 건강보험료·노인장기요양보험료·고용보험료·연금보험료 및 생명보험·손해보험 등 보험계약의 보험료

② 유치원, 초·중·고등학교, 대학교 등 및 영유아 보육시설에 납부하는 수업료·입학금·보육비용 기타 공납금

* 사설학원비 및 의료비는 공제대상에 해당한다.

③ 정부 또는 지방자치단체에 납부하는 국세·지방세, 전기료·수도료·가스료·전화료(정보사용료·인터넷이용료 등 포함)·아파트관리비·텔레비전시청료(종합유선방송의 이용료 포함) 및 도로통행료

④ 리스료(자동차대여사업의 자동차대여료를 포함)

⑤ 상품권 등 유가증권 구입비

⑥ 지방세법에 의하여 취득세 또는 등록에 대한 등록면허세가 부과되는 재산의 구입비용. 다만, 중고자동차를 구입하는 경우에는 그 중고자동차 구입금액 중 10%는 신용카드 등 사용금액에 포함한다.

⑦ 외국에서의 신용카드 사용액

⑧ 부가가치세 과세 업종 외의 업무를 수행하는 국가·지방자치단체 또는 지방자치단체조합에 지급하는 사용료·수수료 등의 대가(여권발급수수료, 공영주차장 주차료, 휴양림이용료 등)

⑨ 차입금 이자상환액, 증권거래수수료 등 금융·보험용역과 관련한 지급액, 수수료, 보증료 및 이와 비슷한 대가

⑩ 정당에 신용카드 등으로 결제하여 기부하는 정치자금(정치자금세액공제 및 기부금세액공제를 적용받은 경우에 한함)

⑪ 세액공제를 적용받은 월세액

⑫ 보세판매장, 지정면세점, 선박 및 항공기에서 판매하는 면세물품의 구입비용

Memo

※ **특별세액공제와의 중복적용 가능 여부**

① 보험료 세액공제 및 교육비 세액공제 : 신용카드 공제와 중복 불가
단, 취학 전 아동에 대한 학원비는 중복 적용 가능(유치원비는 제외)

② 의료비 세액공제 : 신용카드 공제와 중복 가능

예제 다음은 근로소득이 있는 거주자 甲과 그 동거가족의 2023년도 신용카드 등 사용내역이다. 甲의 2023년도 근로소득에 대한 연말정산시 적용받게 될 신용카드 등 사용금액에 대한 소득공제액을 다음의 각 상황별로 제시하시오.

〈상황 1〉 甲의 2023년 총급여액이 ₩60,000,000인 경우
〈상황 2〉 甲의 2023년 총급여액이 ₩80,000,000인 경우

1. 동거가족현황
배우자 : 48세, 소득 없음
장　남 : 19세, 소득 없음
부　친 : 76세, 사업소득금액 ₩25,000,000이 있음

2. 신용카드 등 사용내역

사 용 자	사 용 내 역	금 액
본 인	물품을 신용카드로 구입한 금액(도서구입비* ₩1,000,000 포함)	₩17,000,000
	장남 대학등록금 납부액	8,000,000
배우자	물품을 직불카드로 구입한 금액(전통시장 ₩3,000,000 포함)	11,000,000
장 남	대중교통비 신용카드 납부액	2,000,000
부 친	물품을 신용카드로 구입한 금액	4,500,000

* 문화체육부장관이 지정하는 사업자에게 지급한 금액에 해당함

해답

1. 신용카드 등 사용액의 분석
① 전통시장 사용분 : ₩3,000,000
② 대중교통 이용분 : ₩2,000,000
③ 도서등 사용분 : ₩1,000,000
④ 직불카드등 사용분 : ₩11,000,000－₩3,000,000＝₩8,000,000
⑤ 신용카드 사용분 : ₩17,000,000－₩1,000,000＝₩16,000,000

2. 신용카드소득공제액
〈상황 1〉 甲의 2023년 총급여액이 ₩60,000,000인 경우 : Min[①, ②]＝₩4,850,000
① 공제대상액 : (₩3,000,000＋₩2,000,000)×40%
＋(₩1,000,000＋₩8,000,000)×30%
＋(₩16,000,000－₩60,000,000×25%)×15%＝₩4,850,000

Memo

② 한도액 : a+b=₩5,300,000

a. 일반한도 : ₩3,000,000

b. 추가한도 : Min[(₩3,000,000+₩2,000,000)×40%+₩1,000,000×30%, ₩3,000,000]=₩2,300,000

〈상황 2〉 甲의 2023년 총급여액이 ₩80,000,000인 경우 : Min[①, ②]=₩3,500,000

① 공제대상액 : (₩3,000,000+₩2,000,000)×40%
+(₩8,000,000+₩17,000,000−₩80,000,000×25%)×30%=₩3,500,000

② 한도액 : a+b=₩4,500,000

a. 일반한도 : ₩2,500,000

b. 추가한도 : Min[(₩3,000,000+₩2,000,000)×40%, ₩2,000,000]=₩2,000,000

2. 소기업·소상공인 공제부금공제

(1) 공제대상자

사업자 또는 법인의 대표자로서 해당 과세기간의 총급여액이 7,000만원 이하인 자

(2) 소득공제액

소득공제=Min[(1), (2)]

(1) 납부액 중 공제대상액 : Min[①, ②]×(1−$\frac{\text{부동산임대업 소득금액}}{\text{사업소득금액}^{*1}}$)

① 소기업·소상공인 공제부금 납부액

② 납부액 한도[*2]

(2) 소득금액 한도 : 사업소득금액[*1]−부동산임대업 소득금액

* 1. 법인의 대표자로서 해당 과세기간의 총급여액이 7,000만원 이하인 거주자의 경우에는 근로소득금액을 사업소득금액으로 보아 계산한다.
 2. 납부액 한도

해당 과세연도의 사업소득금액(근로소득금액)	공제한도
1억원 초과	200만원
4,000만원 초과 1억원 이하	300만원
4,000만원 이하	500만원

Memo

6.6 종합소득공제의 배제 및 소득공제 등의 종합한도

1. 종합소득공제의 배제

(1) 분리과세소득만 있는 경우

(2) 증명서류를 제출하지 않은 경우

대　　상	기본공제	표준세액공제
근로자	150만원	13만원
성실사업자	150만원	12만원
이외의 자	150만원	7만원

(3) **수시부과결정의 경우** : 거주자 본인에 대한 기본공제만 적용

2. 소득공제의 종합한도

거주자의 종합소득에 대한 소득세를 계산할 때 다음 중 어느 하나에 해당하는 공제금액의 합계액이 ₩25,000,000을 초과하는 경우에는 그 초과하는 금액은 없는 것으로 한다.

① 특별소득공제 중 주택자금공제
② 주택청약종합저축 등에 대한 소득공제
③ 신용카드 등 사용금액에 대한 소득공제
④ 소기업·소상공인 공제부금에 대한 소득공제
⑤ 벤처투자조합 출자 등에 대한 소득공제(벤처기업 등 투자에 대한 소득공제 제외)
⑥ 우리사주조합에 대한 출자금의 소득공제

참고 공동사업에 대한 소득공제 등 특례
연금보험료 공제, 조세특례제한법 소득공제를 적용하거나 연금계좌세액공제를 적용하는 경우 공동사업합산과세규정에 따라 소득금액이 주된 공동사업자의 소득금액에 합산과세되는 특수관계인이 지출·납입·투자·출자 등을 한 금액이 있는 경우에는 주된 공동사업자의 소득에 합산과세되는 소득금액의 한도 안에서 주된 공동사업자가 지출·납입·투자·출자 등을 한 금액으로 보아 주된 공동사업자의 합산과세되는 종합소득금액 또는 종합소득산출세액을 계산할 때에 소득공제 또는 세액공제를 받을 수 있다.

Memo

종합소득세의 계산

7.1 일반적인 종합소득산출세액

종합소득 과세표준		산출세액
	1,400만원 이하	과세표준×6%
1,400만원 초과	5,000만원 이하	84만원+(과세표준−1,400만원)×15%
5,000만원 초과	8,800만원 이하	624만원+(과세표준−5,000만원)×24%
8,800만원 초과	1억 5,000만원 이하	1,536만원+(과세표준−8,800만원)×35%
1억 5,000만원 초과	3억원 이하	3,706만원+(과세표준−1억 5,000만원)×38%
3억원 초과	5억원 이하	9,406만원+(과세표준−3억원)×40%
5억원 초과	10억원 이하	1억 7,406만원+(과세표준−5억원)×42%
10억원 초과		3억 8,406만원+(과세표준−10억원)×45%

7.2 세액계산의 특례

1. 금융소득에 대한 종합과세시 세액계산 특례

(1) 산출세액 계산

산출세액=Max[①, ②]

① 일반산출세액 : (과세표준−2,000만원)×기본세율+2,000만원×14%

② 비교산출세액 : (과세표준−금융소득금액[*1])×기본세율+금융소득[*2]×원천징수세율

* 1. 금융소득금액 : 귀속법인세를 포함하고 종합소득공제와 결손금을 공제하기 전의 금액
 2. 금융소득 : 금융소득금액에서 귀속법인세를 차감한 금액

Memo

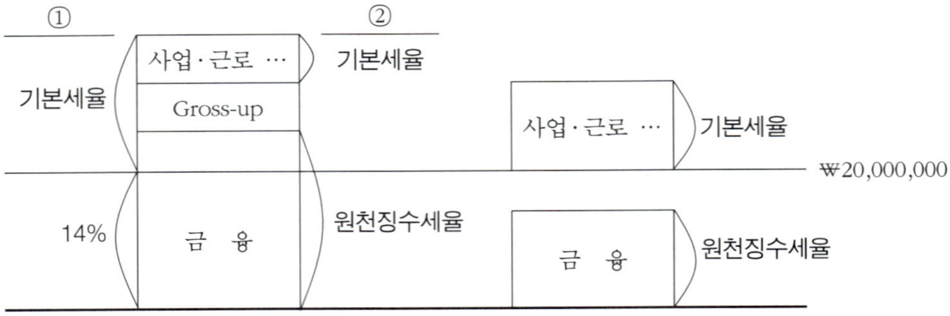

예 제 거주자 甲의 소득 내역이 다음과 같을 때 각 상황별로 거주자 甲의 종합소득결정세액(배당세액공제만 고려할 것)을 계산하시오. 종합소득공제액은 ₩5,860,000이다.

1. 금융소득

(1) 은행예금이자	₩7,000,000
(2) 비영업대금의 이익	2,000,000
(3) 상장법인 A회사 금전배당	26,000,000
(4) 공모부동산투자회사 금전배당	7,000,000
(5) 외국법인으로부터 받은 금전배당(국내에서 원천징수되지 않음)	2,000,000
(6) B회사의 무상증자로 수령한 무상주의 액면가액*	8,000,000
(7) 집합투자기구 이익	5,000,000
	₩57,000,000

* B회사가 자기주식소각이익을 소각일로부터 2년 내에 자본금에 전입함으로써 수령한 무상주임

2. 사업소득

〈상황 1〉 사업소득금액이 ₩7,000,000인 경우

〈상황 2〉 사업소득금액이 ₩15,000,000인 경우

해 답

1. 금융소득 분석

구 분	무조건 종합과세(B)	조건부 종합과세(C)	Gross-up
은행예금이자	–	₩7,000,000	–
비영업대금이익	–	2,000,000	–
A회사 금전배당	–	26,000,000	○
국외배당	₩2,000,000	–	×
B회사 무상주 의제배당	–	8,000,000	×
집합투자기구이익	–	5,000,000	×
합 계	₩2,000,000	₩48,000,000	

B+C=₩50,000,000 > ₩20,000,000 (∴ C : 종합과세)

Memo

2. 결정세액

〈상황 1〉 '일반산출세액 < 비교산출세액' 인 경우(사업소득금액 ₩7,000,000)

금융소득금액 : ₩50,000,000 + ₩26,000,000* × 11% =	₩52,860,000
사업소득금액	7,000,000
종합소득금액	59,860,000
종합소득공제	(−)5,860,000
과세표준	₩54,000,000

* Gross-up 대상금액 : Min[₩30,000,000, ₩26,000,000] = ₩26,000,000

산출세액 = Max[①, ②] = ₩7,288,400

① 일반산출세액 : (₩54,000,000 − ₩20,000,000) × 기본세율 + ₩20,000,000 × 14% = ₩6,640,000

② 비교산출세액 : (₩54,000,000 − ₩52,860,000) × 기본세율 + ₩7,220,000* = ₩7,288,400

* ₩2,000,000 × 25% + ₩46,000,000 × 14% + ₩2,000,000 × 14% = ₩7,220,000

배당세액공제 : 없음

결정세액 : ₩7,288,400

〈상황 2〉 '일반산출세액 > 비교산출세액' 인 경우(사업소득금액 ₩13,000,000)

금융소득금액 : ₩50,000,000 + ₩26,000,000* × 11% =	₩52,860,000
사업소득금액	15,000,000
종합소득금액	67,860,000
종합소득공제	(−)5,860,000
과세표준	₩62,000,000

* Gross-up 대상금액 : Min[₩30,000,000, ₩26,000,000] = ₩26,000,000

산출세액 : Max[①, ②] = ₩7,720,000

① 일반산출세액 : (₩62,000,000 − ₩20,000,000) × 기본세율 + ₩20,000,000 × 14% = ₩7,840,000

② 비교산출세액 : (₩62,000,000 − ₩52,860,000) × 기본세율 + ₩7,220,000* = ₩7,768,400

* ₩2,000,000 × 25% + ₩46,000,000 × 14% + ₩2,000,000 × 14% = ₩7,220,000

배당세액공제 : Min[①, ②] = ₩71,600

① ₩2,860,000

② ₩7,840,000 − ₩7,768,400 = ₩71,600

결정세액 : ₩7,840,000 − ₩71,600 = ₩7,768,400

Memo

※ **산출세액 계산**(단위 : ₩1,000,000)

[Case Ⅰ] 이자소득 10, Gross-up 비대상 배당 15, Gross-up 대상 배당 5

[Case Ⅱ] 이자소득 10, Gross-up 비대상 배당 5, Gross-up 대상 배당 15

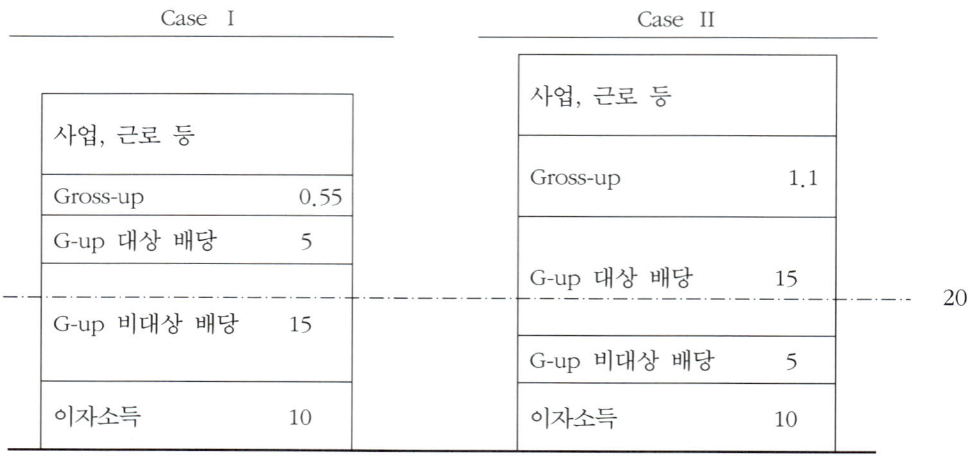

Case Ⅰ	Case Ⅱ
일반산출세액 : (과표−20)×t+20×14%	일반산출세액 : (과표−20)×t+20×14%
비교산출세액 : (과표−30.55)×t+30×원징세율	비교산출세액 : (과표−31.1)×t+30×원징세율

(2) 금융소득에 대한 사업소득 결손금 공제

구 분	사업소득 결손금 공제
14% 세율 적용 금융소득금액	공제 불가
기본세율 적용 금융소득금액	공제금액 선택가능

※ 금융소득금액 ₩100,000,000, 일반사업소득 결손금 △₩10,000,000이 있는 경우

통산 ₩0		통산 ₩6,580,000		통산 ₩10,000,000	
금융소득	₩100,000,000	금융소득	₩100,000,000	금융소득	₩100,000,000
사업소득	△0	사업소득	△4,340,000	사업소득	△10,000,000
종합소득	100,000,000	종합소득	95,660,000	종합소득	90,000,000
소득공제	(5,000,000)	소득공제	(5,000,000)	소득공제	(5,000,000)
과세표준	₩95,000,000	과세표준	₩90,660,000	과세표준	₩85,000,000

산출세액(단위 ₩1,000,000) :

Max[①, ②]=₩15.04	Max[①, ②]=₩14	Max[①, ②]=₩14
① (₩95−₩20)×기본세율 +₩20×14%=₩15.04	① (₩90.66−₩20)×기본세율 +₩20×14%≒₩14	① (₩85−₩20)×기본세율 +₩20×14%=₩12.64
② ~~(₩95−₩100)×기본세율~~ +₩100×14%=₩14	② ~~(₩90.66−₩100)×기본세율~~ +₩100×14%=₩14	② ~~(₩85−₩100)×기본세율~~ +₩100×14%=₩14

Memo

2. 부동산매매업자에 대한 세액계산 특례

구 분	내 용
(1) 요건	부동산매매업을 영위하는 거주자로서 종합소득금액에 양도소득세법상 중과세율이 적용되는 분양권, 비사업용토지, 미등기양도자산 및 특례 중과세율이 적용되는 조정대상지역의 1세대 2주택 이상에 해당하는 주택의 매매차익이 있는 경우
(2) 산출세액	Max[①, ②] ① 과세표준×기본세율 ② (과세표준－주택 등 매매차익*)×기본세율＋(주택 등 매매차익*－양도소득 장기보유특별공제－양도소득기본공제)×양도소득세율 * 주택 등 매매차익 : 주택 등 양도가액－주택 등 취득가액－자본적지출 및 양도비용

3. 분리과세 주택임대소득에 대한 세액 계산의 특례

(1) 분리과세 주택임대소득

해당 과세기간에 주택임대수입금액*(주거용 건물 임대업에서 발생한 총수입금액의 합계액)이 2,000만원 이하인 자의 주택임대소득을 말한다.

* 사업자가 공동사업자인 경우에는 공동사업장에서 발생한 주택임대수입금액의 합계액을 손익분배비율에 의하여 공동사업자에게 분배한 금액을 각 사업자의 주택임대수입금액에 합산한다.

(2) 분리과세 주택임대소득이 있는 거주자의 종합소득 결정세액

종합소득 결정세액 : 다음의 (1) 또는 (2) 중 선택

(1) 분리과세 방식 : ①＋②

① 분리과세 주택임대소득 제외 종합소득 결정세액

② 분리과세 주택임대소득 결정세액

(2) 종합과세 방식 : 분리과세 주택임대소득 합산 종합소득 결정세액

(3) 분리과세 주택임대소득 결정세액

구 분	분리과세 주택임대소득 결정세액
① 등록임대주택*1	(총수입금액－총수입금액×60%－400만원*2)×14%×(1－감면율)*3
② 미등록임대주택	(총수입금액－총수입금액×50%－200만원*2)×14%

*1. 등록임대주택이란 다음의 요건을 모두 충족하는 임대주택을 말한다.

① 민간임대주택에 관한 특별법에 따른 임대사업자등록을 한 자가 임대 중인 민간임대주택에 관한 특별법에 따른 공공지원 민간임대주택, 단기민간임대주택 또는 장기일반민간임대주택일 것

② 소득세법에 따른 사업자등록을 한 사업자의 임대주택

③ 임대보증금 또는 임대료의 연 증가율이 5%를 초과하지 않을 것

2. 분리과세 주택임대소득을 제외한 종합소득금액이 2천만원 이하인 경우에 한하여 차감액을 적용한다.

Memo

3. 소형주택임대사업자가 임대주택을 임대하는 경우 해당 임대사업에서 발생한 소득세에 대하여 다음의 비율을 감면한다.
   ① 임대주택을 1호 임대하는 경우 : 30%(공공지원민간임대주택 · 장기일반민간임대주택은 75%)
   ② 임대주택을 2호 이상 임대하는 경우 : 20%(공공지원민간임대주택 · 장기일반민간임대주택은 50%)

세부사항 임대주택 유형에 따른 사업소득금액 산출방법

1. 과세기간 중 일부 기간 동안 등록임대주택을 임대한 경우 등록임대주택 임대사업에서 발생한 수입금액은 월수로 계산하며, 월수의 계산은 해당 임대기간의 개시일 또는 종료일이 속하는 달이 15일 이상인 경우 1개월로 보아 산입한다.
2. 해당 과세기간 중도에 임대주택을 등록한 경우의 필요경비

필요경비 = 미등록 기간에 발생한 수입금액×50% + 등록 기간에 발생한 수입금액×60%

3. 해당 과세기간 동안 등록임대주택과 미등록임대주택에서 수입금액이 발생한 경우의 차감액

$$\text{차감액} = 200\text{만원} \times \frac{\text{미등록임대주택 수입금액}}{\text{총 주택임대 수입금액}} + 400\text{만원} \times \frac{\text{등록임대주택 수입금액}}{\text{총 주택임대 수입금액}}$$

(4) 기타사항

① 해당 과세기간에 분리과세 주택임대소득이 있는 경우에도 종합소득과세표준 확정신고를 하여야 한다.

② 분리과세 주택임대소득만 있는 사업자의 경우에도 소득세법에 따른 사업자등록을 하여야 한다.

예 제 다음은 거주자 甲(복식부기의무자)의 2023년 종합소득세 신고와 관련된 자료이다. 다음의 자료에서 제시한 상황별로 세부담 최소화를 가정하여 甲의 종합소득결정세액을 계산하시오.

1. 甲의 2023년 귀속 주택임대업 소득 관련 자료는 다음과 같다.
   (1) 총수입금액 : 임대료 ₩12,000,000 + 간주임대료 ₩3,000,000 = ₩15,000,000
   (2) 필요경비 : ₩4,000,000(증빙에 의하여 확인된 금액)
2. 甲의 제조업 사업소득금액은 ₩18,000,000이며, 사업소득금액 이외의 종합소득금액은 없다.
3. 甲의 종합소득공제액은 ₩3,000,000이며, 甲이 세액공제를 위하여 지출한 금액은 없다.
4. 등록임대주택 해당여부
   〈상황 1〉 甲의 임대주택은 등록임대주택에 해당하며, 조세특례제한법상 소형주택임대사업자 세액감면(감면율 : 30%) 적용 대상자이다. 甲의 주택 임대소득을 종합소득과세표준에 합산하여 계산한 종합소득 결정세액은 ₩1,798,000인 것으로 가정한다.
   〈상황 2〉 甲의 임대주택은 등록임대주택에 해당하지 않으며, 甲의 주택 임대소득을 종합소득과세표준에 합산하여 계산한 종합소득 결정세액은 ₩1,970,000인 것으로 가정한다.

Memo

해답

〈상황 1〉 등록임대주택에 해당하는 경우

종합소득금액	₩18,000,000
종합소득공제	(−)3,000,000
과세표준	15,000,000
산출세액	990,000
세액공제	(−)70,000

결정세액 : Min [① ₩920,000 + ₩196,000 = ₩1,116,000, ② ₩1,798,000] = ₩1,116,000

• 주택임대소득 결정세액 : (₩15,000,000 − ₩15,000,000×60% − ₩4,000,000)×14%×(1 − 30%)
= ₩196,000

〈상황 2〉 등록임대주택에 해당하지 않는 경우

종합소득금액	₩18,000,000
종합소득공제	(−)3,000,000
과세표준	15,000,000
산출세액	990,000
세액공제	(−)70,000

결정세액 : Min [① ₩920,000 + ₩770,000 = ₩1,690,000, ② ₩1,970,000] = ₩1,690,000

• 주택임대소득 결정세액 : (₩15,000,000 − ₩15,000,000×50% − ₩2,000,000)×14%
= ₩770,000

4. 분리과세 기타소득에 대한 세액 계산의 특례

(1) 원천징수되지 아니한 위약금과 배상금

계약금이 위약금·배상금으로 대체되는 경우에 해당하여 원천징수되지 아니한 위약금과 배상금을 종합소득 과세표준에 합산하지 아니한 경우 그 합산하지 아니한 기타소득에 대한 결정세액은 해당 기타소득금액에 20%의 세율을 적용하여 계산한 금액으로 한다.

(2) 가상자산소득

가상자산소득에 대한 결정세액은 가상자산 기타소득금액에서 250만원을 뺀 금액에 20%의 세율을 적용하여 계산한 금액으로 한다.

* 해당 과세기간에 분리과세되는 위약금과 배상금 및 가상자산소득이 있는 경우에도 종합소득과세표준 확정신고를 하여야 한다.

Memo

5. 종합과세 사적연금소득에 대한 세액 계산의 특례

(1) 종합과세 사적연금소득

종합과세 사적연금소득은 연금계좌 수령 연금소득 중 다음의 소득 외의 연금소득을 말한다.

① 이연퇴직소득을 연금수령하는 연금소득

② 연금계좌에서 의료 목적 또는 부득이한 인출의 요건을 갖추어 인출하는 연금소득

③ 위 ① 및 ② 외의 연금소득의 합계액이 연 1,200만원 이하인 경우 그 연금소득

(2) 종합과세 사적연금소득이 있는 거주자의 종합소득 결정세액

종합소득 결정세액 : 다음의 (1) 또는 (2) 중 선택

(1) 종합과세 방식 : 종합소득 결정세액

(2) 분리과세 방식 : ①+②

① 종합과세 사적연금소득 이외 종합소득 결정세액

② 종합과세 사적연금소득×15%

7.3 세액감면

$$감면세액=종합소득산출세액\times\frac{감면대상소득금액}{종합소득금액}\times 감면비율$$

7.4 세액공제

※ 소득세법 세액공제

구 분	공 제 액	한 도 액
1. 배당	Gross-up 금액	① 일반산출세액－② 비교산출세액
2. 기장	$산출세액\times\frac{사업소득금액}{종합소득금액}\times 20\%$	₩1,000,000
3. 외국납부	외국납부세액(직접＋의제)	$산출세액\times\frac{국외원천소득금액}{종합소득금액}$
4. 재해손실	공제대상 소득세×재해상실비율	재해상실가액
5. 근로소득	$산출세액\times\frac{근로소득금액}{종합소득금액}\times 55\%(30\%)$	₩740,000, ～ ₩660,000, ～ ₩500,000, ～ ₩200,000
6. 전자계산서	발급건수×200원	₩1,000,000
7. 자녀	15만원, 15만원, 30만원~/30만원, 50만원, 70만원~	종합한도 적용
8. 연금계좌	납입액(600만원, 900만원 한도)×12%(15%)	
9. 특별	보험료, 의료비, 교육비, 기부금 / 표준	

Memo

※ 조세특례제한법 세액공제

구 분	공 제 액	한 도 액
1. 월세	월세액(750만원 한도)×10%(12%)	종합한도 적용
2. 조특법 성실사업자 및 성실신고확인대상사업자	의료비, 교육비, 월세 / 표준	사업소득에 대한 소득세
3. 정치자금 기부금	10만원 이하금액×100/110 10만원 초과금액×15%(25%)* * 3천만원 이내 15%, 3천만원 초과 25%	종합한도 적용
4. 고향사랑 기부금	10만원 이하금액×100/110 10만원 초과금액×15%	종합소득 산출세액
5. 성실신고 확인비용	성실신고확인비용×60%	₩1,200,000
6. 전자신고	2만원	–

1. 배당세액공제 – 배당소득

(1) **공제액** : Gross-up 금액

(2) **한도액** : 일반산출세액 – 비교산출세액

2. 기장세액공제 – 사업소득(간편장부 대상자가 복식기장한 경우)

구 분	간편장부 대상자		복식부기 의무자
	소규모 사업자	중규모 사업자	
기장한 경우	기장세액공제	기장세액공제	–
기장하지 않은 경우	–	가산세 부과	가산세 부과

* 1. 간편장부대상자 : 신규사업자 및 직전연도의 수입금액(사업용 유형자산 양도로 인한 수입금액은 제외)이 업종별로 법 소정금액에 미달하는 사업자. 다만, 전문직사업자(의료업, 변호사업, 공인회계사업, 세무사업 등을 영위하는 자)는 제외.
  2. 소규모사업자의 범위
     ① 해당 과세기간에 신규로 사업을 개시한 자
     ② 직전 과세기간의 사업소득 수입금액(결정·경정에 의해 증가된 수입금액 포함)이 4,800만원에 미달한 자
     ③ 연말정산되는 사업소득만 있는 사업자

(1) **공제액** : $\text{산출세액} \times \dfrac{\text{사업소득금액(복식부기 기장)}}{\text{종합소득금액}} \times 20\%$

* 기장세액공제는 간편장부 대상자가 복식부기로 기장한 경우에 한하여 적용한다.

(2) **한도액** : ₩1,000,000

※ **적용 배제**

① 비치·기장한 장부에 의해 신고해야 할 소득금액의 20% 이상을 누락한 경우

② 기장세액공제와 관련된 장부 및 증명서류를 해당 과세표준확정신고기간 종료일로부터 5년간 보관하지 않은 경우(다만, 천재지변 등 부득이한 사유의 경우는 제외)

Memo

3. 외국납부세액공제 – 종합, 퇴직, 양도소득

(1) **공제액** : 외국납부세액 (직접외국납부세액 + 의제외국납부세액)

(2) **한도액** : 산출세액× $\frac{\text{국외원천소득금액}}{\text{종합소득금액}}$

4. 재해손실세액공제 – 사업소득

(1) **공제액** : 공제대상 소득세×재해상실비율(20% 이상인 경우에 한함)

(2) **한도액** : 재해상실가액

* 재해손실세액공제의 신청기한은 법인세법의 재해손실세액공제 신청기한과 같다.

※ **공제대상 소득세**

① 재해발생 과세기간의 소득세 : (산출세액 – 배당 · 기장 · 외국납부세액공제) × $\frac{\text{사업소득금액}}{\text{종합소득금액}}$

② 재해발생일 현재 부과되지 아니한 소득세와 부과된 소득세로서 미납된 소득세 : 해당 사업소득세

5. 근로소득세액공제 – 근로소득

(1) **공제액**

근로소득산출세액*	공 제 액
130만원 이하	근로소득산출세액×55%
130만원 초과	₩715,000+(근로소득산출세액 – ₩1,300,000)×30%

* 근로소득산출세액 : 종합소득산출세액× $\frac{\text{근로소득금액}}{\text{종합소득금액}}$

(2) **한도액**

총 급 여 액	한 도 액
₩33,000,000 이하	₩740,000
₩33,000,000 초과 ₩70,000,000 이하	Max[①, ②] ① ₩740,000 – (총급여액 – ₩33,000,000)×0.8% ② ₩660,000
₩70,000,000 초과 ₩120,000,000 이하	Max[①, ②] ① ₩660,000 – (총급여액 – ₩70,000,000)×50% ② ₩500,000
₩120,000,000 초과	Max[①, ②] ① ₩500,000 – (총급여액 – ₩120,000,000)×50% ② ₩200,000

Memo

6. 전자계산서 발급 전송에 대한 세액공제

① 대상 : 직전 과세기간의 사업장별 총수입금액이 3억원 미만인 사업자
② 요건 : 전자계산서를 발급하고 그 발급명세를 전송기한까지 국세청장에게 전송한 경우

전자계산서 발급 전송에 대한 세액공제=Min[①발급건수×200원, ②100만원]

7. 자녀세액공제

(1) 기본세액공제

공제대상자녀*의 수	세액공제
1명인 경우	15만원
2명인 경우	30만원
3명 이상인 경우	30만원+(공제대상자녀의 수−2명)×30만원

* 공제대상자녀 : 종합소득이 있는 거주자의 기본공제대상자에 해당하는 자녀(입양자 및 위탁아동을 포함)로서 8세 이상의 사람

(2) 출생 · 입양자녀 세액공제

구 분	세액공제
출산하거나 입양 신고한 공제대상자녀가 첫째인 경우	30만원
출산하거나 입양 신고한 공제대상자녀가 둘째인 경우	50만원
출산하거나 입양 신고한 공제대상자녀가 셋째 이상인 경우	70만원

8. 연금계좌세액공제

(1) 세액공제액

연금계좌세액공제=공제대상 연금계좌 납입액×12%(또는 15%)

* 종합소득금액이 4천만원 이하(근로소득만 있는 경우에는 총급여액 5천 500만원 이하)인 거주자에 대해서는 15%의 공제율 적용

(2) 공제대상 연금계좌 납입액

공제대상액=Min[①, ②]
① 연금계좌 납입액 : 연금저축계좌 납입액+퇴직연금계좌 납입액
② 한도액 : 900만원(연금저축은 600만원)
+개인종합자산관리계좌 전환금액 추가한도 : Min[전환금액×10%, 300만원]

Memo

* 1. 연금계좌 납입액의 범위 : 연금계좌에 납입한 금액 중 다음에 해당하는 금액을 제외한 금액
   ① 퇴직소득의 과세이연규정에 따라 소득세가 원천징수되지 아니한 퇴직소득 등 과세가 이연된 소득
   ② 연금계좌에서 다른 연금계좌로 계약을 이전함으로써 납입되는 금액
  2. 개인종합자산관리계좌의 계약기간이 만료된 날부터 60일 이내에 해당 계좌 잔액의 전부 또는 일부를 연금계좌로 납입한 경우 그 납입한 금액을 전환금액이라고 하며, 전환금액을 납입한 날이 속하는 과세기간의 연금계좌 납입액에 포함한다.

9. 특별세액공제

(1) 기본구조

• 종류 : 보험료, 의료비, 교육비, 기부금 세액공제 및 표준세액공제

구 분	내 용
1. 근로소득이 있는 자	특별소득공제, 특별세액공제 중 항목별공제 (보험료, 의료비, 교육비, 기부금) 월세세액공제 or 표준세액공제(₩130,000)
2. 근로소득이 없는 자	기부금 세액공제 and 표준세액공제(₩70,000*)
3. 사업소득만 있는 자	표준세액공제(₩70,000*)
4. 조특법 성실사업자	의료비, 교육비, 월세세액공제 or 표준세액공제(₩120,000)
5. 성실신고확인대상사업자	의료비, 교육비, 월세세액공제 or 표준세액공제(₩70,000)

* 소득세법 성실사업자는 ₩120,000

(2) 보험료 세액공제

① 세액공제액

보험료 세액공제=a+b
a. 일반 보장성 보험료 : 공제대상 보험료×12%
b. 장애인 전용 보장성 보험료 : 공제대상 보험료×15%

② 공제대상 보험료

구 분	보험료 한도
기본공제대상자를 피보험자로 하는 일반 보장성보험료	100만원
기본공제대상자 중 장애인을 피보험자·수익자로 하는 장애인전용보장성보험료	100만원

Memo

※ 제약조건 비교

구 분		나이제한	소득제한
보험료 세액공제	일반 보장성 보험	○	○
	장애인 전용 보장성 보험	×	○
의료비 세액공제		×	×
교육비 세액공제	부양가족 교육비	×	○
	장애인 특수교육비	×	×
신용카드 등 소득공제		×	○
기부금 세액공제		×	○

(3) 의료비 세액공제

① 세액공제액

> 의료비 세액공제＝공제대상 의료비×[30% 또는 20% 또는 15%]*

* 난임시술비는 30%, 미숙아 등 의료비는 20%, 특정의료비와 일반의료비는 15%

② 공제대상 의료비

> 공제대상 의료비 :
> A. 난임시술비 ＋ B. 미숙아 등 의료비 ＋ C. 특정의료비 ＋ Min[D. 일반의료비－총급여×3%, 700만원]

* 1. 'D. 일반의료비－총급여×3%'에 해당하는 금액이 (－)인 경우 그 금액을 C, B, A에서 순차로 차감한다.
2. A. 난임시술비 : 보자보건법에 따른 보조생식술에 소요된 비용
B. 미숙아 등 의료비 : 미숙아 및 선천성이상아를 위하여 지급한 의료비
C. 특정의료비 : 본인·경로우대자(65세 이상)·장애인·중증질환자, 희귀난치성질환자, 결핵환자를 위한 의료비
D. 기타의료비 : 의료비 중 난임시술비와 미숙아 등 의료비 및 특정의료비를 제외한 의료비

※ 의료비 세액공제액 계산

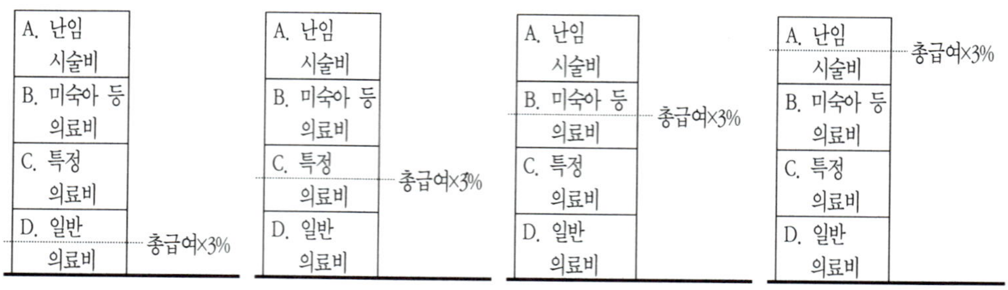

A×30% +B×20% +C×15% +Min[D－총급여×3%, 700만원]×15%	A×30% +B×20% +(C+D－총급여×3%)×15%	A×30% +(B+C+D－총급여×3%)×20%	(A+B+C+D－총급여×3%)×30%

Memo

③ 공제대상 의료비의 범위 : 거주자가 기본공제대상자(나이 및 소득금액의 제한을 받지 않음)를 위하여 지급한 의료비(보험회사로부터 실손의료보험금을 지급받은 경우 그 금액은 제외)

공제대상 의료비	공제대상 제외 의료비
① 진찰 · 진료 · 질병예방을 위하여 의료기관에 지급하는 비용 ② 치료 · 요양을 위한 의약품(한약 포함)을 구입비용 ③ 장애인 보장구 및 의사 · 치과의사 · 한의사 등의 처방에 따라 의료기기를 직접 구입 · 임차하기 위하여 지출한 비용 ④ 시력보정용 안경 또는 콘택트렌즈 구입비용으로서 1명당 연 50만원 이내의 금액 ⑤ 보청기 구입을 위하여 지출한 비용 ⑥ 노인장기요양보험법에 따른 본인 일부부담금 ⑦ 총급여 7천만원 이하인 근로자(성실사업자 등은 사업소득금액 6천만원 이하인 자)가 산후조리원에 지급하는 비용으로서 출산 1회당 200만원 이내의 금액	① 미용 · 성형수술을 위한 비용 ② 건강증진용 의약품 구입비용 ③ 국외 의료기관에 지급한 비용

(4) 교육비 세액공제

① 세액공제액

$$\text{교육비 세액공제} = \text{공제대상 교육비} \times 15\%$$

② 공제대상 교육비

구 분	공제대상 교육비
(1) 본인 교육비	전액(한도 없음)
(2) 기본공제대상자인 배우자 및 부양가족 교육비 * 직계존속 및 수급자를 제외하며 나이의 제한을 받지 않음	① 대학생 : 1명당 900만원 ② 유치원아 · 영유아 · 취학전아동, 초 · 중 · 고등학생 : 1명당 300만원
(3) 기본공제대상자인 장애인을 위한 특수교육비 * 나이 및 소득금액의 제한을 받지 않음	전액(한도 없음)

* 1. 본인 교육비
① 학교 등에 지급한 교육비(국외교육기관에 지급한 교육비 포함)
② 대학(전공대학, 원격대학 및 학위취득과정 포함) 또는 대학원의 1학기 이상에 해당하는 교육과정과 시간제 과정에 등록하여 지급하는 수업료 등
③ 직업능력개발훈련시설에서 실시하는 직업능력개발훈련을 위하여 지급한 수강료(지원금 등을 받는 경우에는 이를 차감한 금액으로 하며, 성실사업자의 경우에는 공제대상에서 제외)
④ 학자금 대출(등록금에 대한 대출에 한정)의 원리금 상환에 지출한 교육비. 다만 다음의 금액은 제외함
- 학자금 대출의 원리금 상환의 연체로 인하여 추가로 지급하는 금액
- 학자금 대출의 원리금 중 감면받거나 면제 받은 금액
- 학자금 대출의 원리금 중 지방자치단체 또는 공공기관 등으로부터 학자금을 지원받아 상환한 금액

2. 배우자 및 부양가족 교육비
학교 등이나 보육시설 등에 지급한 교육비. 단, 다음에 해당하는 금액은 제외한다.
a. 대학원에 지급하는 교육비
b. 배우자 및 부양가족이 학자금 대출을 받아 지급하는 교육비는 제외

Memo

3. 장애인 특수교육비의 범위
장애인의 재활교육을 위하여 사회복지시설 등에 지급하는 특수교육비(장애아동복지지원법에 따라 국가 또는 지방자치단체로부터 지원받는 금액은 제외)

4. 소득세 또는 증여세가 비과세되는 장학금 또는 학자금 등을 받은 경우에는 이를 차감한 금액을 공제대상 교육비로 한다.

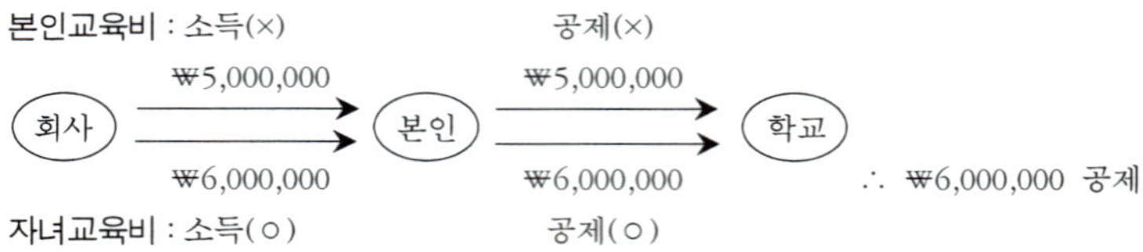

5. 장애인에 대한 장애인특수교육비와 일반교육비는 중복적용이 가능하다.

③ 공제대상 교육비의 범위

a. 학교 또는 보육시설 등에 지급한 수업료 · 입학금 · 보육비용· 수강료 및 그 밖의 공납금
b. 급식을 실시하는 학교, 유치원, 어린이집 등에 지급한 급식비
c. 학교에서 구입한 교과서대금(초 · 중 · 고등학교의 학생만 해당)
d. 교복구입비용(중 · 고등학교의 학생만 해당하며, 학생 1명당 연 50만원 한도)
e. 학교, 유치원, 어린이집 등에서 실시하는 방과후학교 수업료 및 특별활동비(학교, 유치원, 어린이집 등에서 구입한 교재구입비를 포함)
f. 현장체험학습에 지출한 비용(초 · 중 · 고등학교의 학생만 해당하며, 학생 1명당 연 30만원 한도)
g. 고등교육법에 따른 시험의 응시수수료 및 고등교육법에 따른 입학전형료
h. 초등학교 취학전 아동을 위하여 보육시설, 학원 또는 체육시설에 지급한 교육비(1주 1회 이상 월 단위로 실시하는 교습과정에 한함)

참고 특별세액공제시 기본공제대상자 범위
보험료 세액공제 · 의료비 세액공제 · 교육비 세액공제를 적용함에 있어서 과세연도 종료일 이전에 혼인 · 이혼 · 별거 · 취업 등의 사유로 인하여 기본공제대상자에 해당되지 아니하게 되는 종전의 배우자 · 부양가족 · 장애인 또는 경로우대자(65세 이상)를 위하여 이미 지급한 금액이 있는 경우에는 그 사유가 발생한 날까지 지급한 금액을 해당 과세기간의 근로소득세액에서 공제한다.

(5) 기부금 세액공제

① 세액공제액

> 기부금 세액공제＝a＋b
> a. 공제대상 기부금 중 1천만원 이내 금액×15%
> b. 공제대상 기부금 중 1천만원 초과 금액×30%

* 1. 사업소득만 있는 자(연말정산대상 사업소득자는 제외)는 기부금세액공제를 적용하지 아니한다.
2. 기부금 세액공제는 해당 과세기간의 합산과세되는 종합소득산출세액(필요경비에 산입한 기부금이 있는 경우 사업소득에 대한 산출세액은 제외)에서 공제한다.

> 기부금을 필요경비에 산입한 경우 기부금세액공제 한도 : $\text{종합소득산출세액} - \text{종합소득산출세액} \times \dfrac{\text{사업소득금액}}{\text{종합소득금액}}$

Memo

② 공제대상 기부금

> 공제대상 기부금=각 한도 내의 [특례기부금+우리사주조합기부금+일반기부금]
> −사업소득 필요경비산입 기부금

구 분	한 도 액
특례기부금	기준소득금액×100%
우리사주조합기부금	(기준소득금액−특례기부금 공제액)×30%
일반기부금	(기준소득금액−특례·우리사주조합기부금 공제액)×10% +Min[①, ②] ① (기준소득금액−특례·우리사주조합기부금 공제액)×20% ② 종교단체 외에 기부한 금액

* 기준소득금액 : 종합소득금액+사업소득 필요경비산입 기부금−원천징수세율 적용 금융소득금액

③ 기부금의 구분

구 분	종 류	법인 사업자
특례기부금	① 법인세법상 특례기부금	특례기부금
	② 특별재난지역 복구를 위하여 자원봉사한 경우 그 용역의 가액	규정 없음
우리사주조합 기부금	우리사주조합에 지출한 기부금 * 우리사주조합원이 소속된 조합에 지출하는 금액은 제외	전액 손금
일반기부금	① 법인세법상 일반기부금	일반기부금
	② 노동조합비, 교원단체회비, 공무원직장협의회비 ③ 공익법인기부신탁에 신탁한 금액 ④ 기획재정부 장관 지정 기부금 대상 민간단체에 지출한 기부금	규정 없음

세부사항 특별재난지역 자원봉사용역의 가액

> 봉사용역가액=①+②
> ① 봉사일수(총봉사시간÷8시간)×5만원
> ② 직접비용(봉사용역에 부수되어 발생하는 유류비·재료비 등)

* 1. 봉사일수 계산시 소수점 이하의 부분은 1일로 보아 계산하며, 개인사업자의 경우에는 본인의 봉사분에 한한다.
  2. 특별재난지역으로 선포되기 이전에 같은 지역에서 행한 자원봉사용역을 포함한다.

④ 공제대상 기부금의 범위

거주자가 지급한 기부금뿐만 아니라, 기본공제대상자에 해당하는 거주자의 배우자 및 부양가족(나이의 제한을 받지 아니하며, 다른 거주자의 기본공제를 적용받은 자는 제외)이 지급한 기부금도 거주자의 기부금에 포함한다.(우리사주조합기부금은 본인이 지출한 기부금에 한정)

세부사항 기부금 한도초과액의 이월

기부금세액공제시 공제대상기부금의 한도초과액이 발생하는 경우 사업소득의 필요경비에 산입되는 기부금과 동일하게 이월규정을 적용한다.

Memo

(6) 특별세액공제 등의 종합한도액과 한도초과액의 처리

구 분	공 제 액	한 도 액
보험료	보험료 × 12%, 15%	산출세액 $\times \frac{\text{근로소득금액}}{\text{종합소득금액}}$ *1
의료비	의료비 × 15%, 20%, 30%	
교육비	교육비 × 15%	
월 세	월 세 × 15%, 17%	
자녀, 연금계좌, 특별, 정치자금세액공제		산출세액 $\times \frac{\text{종합}-\text{원징세율금융소득금액}}{\text{종합소득금액}}$ *2
세액공제, 세액감면 합계액		산출세액*3

*1. 한도초과액 : 없는 것으로 간주한다.
2. 한도초과액 : 없는 것으로 간주하되, 초과한 금액에 기부금 세액공제액이 포함되어 있는 경우 해당 기부금과 일반기부금 한도액을 초과하여 공제받지 못한 일반기부금은 해당 과세기간의 다음 과세기간의 개시일부터 10년 이내에 끝나는 각 과세기간에 이월하여 세액공제를 적용한다.
3. 한도초과액 : 없는 것으로 간주하고, 그 초과하는 금액을 한도로 연금계좌세액공제를 받지 아니한 것으로 본다.

10. 조세특례제한법에 따른 세액공제

(1) 월세세액공제

구 분	내 용
(1) 공제대상자	무주택 세대의 세대주(세대주가 월세액 세액공제 및 주택자금공제를 받지 아니하는 경우에는 세대의 구성원)로서 해당 과세기간의 총급여액이 7천만원 이하인 근로소득이 있는 근로자(해당 과세기간의 종합소득금액이 6천만원을 초과하는 자는 제외) 및 종합소득금액이 6천만원 이하인 성실사업자 또는 성실신고확인대상사업자로서 성실신고확인서를 제출한 자
(2) 임차주택의 범위	국민주택 규모의 주택이거나 기준시가 4억원 이하인 주택(오피스텔 및 고시원 포함)
(3) 월세액의 계산	임차기간 중 지급하는 월세액의 합계액 $\times \frac{\text{해당과세기간의 임차일수}}{\text{임대차계약기간일수}}$
(4) 세액공제액	월세액 지급액(한도 750만원)×15%(또는 17%*)

* 해당 과세기간의 총급여액이 5천 5백만원 이하인 근로소득이 있는 근로자(해당 과세기간의 종합소득금액이 4천 5백만원을 초과하는 사람은 제외) 및 해당과세기간의 종합소득금액이 4천 5백만원 이하인 사업소득자의 경우에는 12%를 적용한다.

(2) 성실사업사 및 성실신고확인대상 사업자

조세특례제한법상 성실사업자 또는 소득세법상 성실신고확인대상 사업자로서 성실신고확인서를 제출한 자는 의료비 세액공제와 교육비 세액공제를 적용받을 수 있다.

* 의료비세액공제 대상 의료비 계산시 총급여액은 사업소득금액으로 한다.

Memo

(3) 정치자금기부금 세액공제

정치자금기부금 세액공제=①+②

① 공제대상 정치자금기부금*1 중 10만원 이하 금액$\times\frac{100}{110}$

② 공제대상 정치자금기부금*1 중 10만원 초과 금액*2 중 ┌ 3천만원 이내 금액×15%
└ 3천만원 초과 금액×25%

* 1. 공제대상 정치자금 기부금=Min[정치자금기부금, 기준소득금액]
2. 사업자의 경우 공제대상 정치자금기부금 중 10만원을 초과한 금액에 대해서는 이월결손금을 뺀 후의 소득금액의 범위에서 사업소득 필요경비에 산입한다.

(4) 고향사랑 기부금 세액공제

고향사랑 기부금 세액공제

① 10만원 이하의 금액을 기부한 경우 : 고향사랑 기부금$\times\frac{100}{110}$

② 10만원 초과 5백만원 이하의 금액을 기부한 경우 :

$$10만원\times\frac{100}{110}+(고향사랑\ 기부금-10만원)\times15\%$$

* 사업자인 거주자의 경우 10만원 이하의 금액에 대해서는 세액공제를 적용하지만, 10만원을 초과하는 금액에 대해서는 이월결손금을 뺀 후의 소득금액의 범위에서 사업소득 필요경비에 산입한다.

(5) 성실신고 확인비용 세액공제

세액공제액=Min[①, ②]

① 성실신고 확인에 직접 사용한 비용×60%

② 한도 : 120만원

(6) 전자신고 세액공제 : 2만원

※ 특별세액공제 적용대상 비교

구 분		일반사업자	성실사업자		성실신고확인 대상사업자
			소득세법	조특법	
월세세액공제		×	×	○	○
특별세액공제	보험료	×	×	×	×
	의료비	×	×	○	○
	교육비	×	×	○	○
	기부금	×	×	×	×
	표 준	₩70,000	₩120,000	₩120,000*	₩70,000*

* 의료비, 교육비, 월세세액공제 or 표준세액공제

Memo

※ 소득규모에 따른 각종 적용 요건

구 분		총급여액	종합소득금액
부녀자공제 대상			₩30,000,000
청약저축공제/도서등사용분/소상공인공제/산후조리원비용*		₩70,000,000	₩60,000,000*
개인종합자산관리계좌 비과세	₩2,000,000	₩50,000,000	₩38,000,000
	₩4,000,000		
신용카드소득공제 한도액	₩2,500,000+₩2,000,000	₩70,000,000	
	₩3,000,000+₩3,000,000		
소기업·소상공인 공제부금공제 한도액	₩2,000,000		₩100,000,000
	₩3,000,000		₩40,000,000
	₩5,000,000		
연금계좌 세액공제율	12%	₩55,000,000	₩45,000,000
	15%		
월세 세액공제율	—	₩70,000,000	₩60,000,000
	10%	₩55,000,000	₩45,000,000
	12%		

7.5 조세감면의 제한 : 최저한세

사업소득에 대한 소득세를 계산할 때 최저한세 적용대상 조세감면 등을 적용받은 후의 세액(감면후 세액)이 최저한세에 미달하는 경우 그 미달액에 대하여는 조세특례를 배제한다.

> 최저한세 : 최저한세 적용대상인 손금산입·소득공제를 적용하지 않은 경우의 사업소득 산출세액 × 35%(3천만원 초과분 45%)

* 1. 감면전 과세표준 : 감면후 종합소득과세표준+최저한세 대상 손금산입 및 소득공제

2. 감면전 과세표준에 대한 사업소득산출세액 : 감면전과표 산출세액× $\frac{\text{사업소득금액(감면전)}}{\text{종합소득금액(감면전)}}$

세부사항 최저한세 적용대상 소득공제

1. 소기업·소상공인 공제부금에 대한 소득공제
2. 중소기업창업투자조합 출자 등에 대한 소득공제

세부사항 최저한세 적용대상 주요 세액공제

1. 성실사업자에 대한 의료비, 교육비 세액공제(정치자금기부금 세액공제 및 성실신고 확인비용에 대한 세액공제는 최저한세 미적용)
2. 법인세법상 최저한세 적용 대상 세액공제(연구인력개발비세액공제, 투자세액공제 등)

Memo

퇴직소득세

1. 퇴직소득의 범위

(1) 개요

① 공적연금 관련법에 따라 받는 일시금
② 공적연금 관련법에 따라 받는 일시금 퇴직소득을 지급하는 자가 퇴직소득의 일부 또는 전부를 지연하여 지급하면서 지연지급에 대한 이자를 함께 지급하는 경우 해당 이자
③ 사용자 부담금을 기초로 하여 현실적인 퇴직을 원인으로 지급받는 소득
④ 과학기술인공제회법에 따라 지급받는 과학기술발전장려금
⑤ 건설근로자의 고용개선 등에 관한 법률에 따라 지급받는 퇴직공제금

※ 공적연금관련법에 따라 받는 일시금

(1) 국민연금 일시금

과세대상 일시금=Min[①, ②]−과세제외 기여금
① 과세기준일 이후 납입한 기여금·개인부담금(사용자부담분 포함) 누계액과 이에 대한 이자 및 가산이자
② 실제 지급받은 일시금에서 과세기준일 이전에 납입한 기여금·개인부담금을 뺀 금액

(2) 이외의 일시금

$$\text{과세대상 일시금}=\text{과세기간 일시금수령액}\times\frac{\text{과세기준일 이후 기여금 납입월수}}{\text{총 기여금 납입월수}}-\text{과세제외기여금}$$

(2) 퇴직판정의 특례

① 일정한 사유가 발생하였으나 퇴직급여를 실제로 받지 않은 경우에는 퇴직으로 보지 않을 수 있다.
② 계속근로기간 중에 일정한 사유로 퇴직급여를 미리 지급받은 경우(퇴직소득중간지급)에는 그 지급받은 날에 퇴직한 것으로 본다.

현실적 퇴직으로 보지 않는 경우(①의 경우)	현실적 퇴직으로 보는 경우(②의 경우)
• 종업원이 임원이 된 경우 • 합병·분할 등 조직변경, 사업양도 또는 직·간접으로 출자관계에 있는 법인으로의 전출 또는 동일사업자가 경영하는 다른 사업장으로의 전출이 이루어진 경우 • 법인의 상근임원이 비상근임원이 된 경우	• 근로자퇴직급여 보장법에 따른 퇴직금 중간정산사유에 해당하는 경우 • 퇴직연금제도가 폐지되는 경우

Memo

2. 비과세 퇴직소득 : 비과세 근로소득과 함께 규정되어 있음

3. 퇴직소득의 수입시기

구 분	수입시기
(1) 일반적인 퇴직소득	퇴직한 날
(2) 국민연금법에 따라 받는 일시금 및 건설근로자의 고용개선에 관한 법률에 따라 지급받는 퇴직공제금	소득을 지급받는 날 (분할하여 지급받는 경우에는 최초로 지급받은 날)

4. 퇴직소득세의 계산

(1) 퇴직소득금액

① 퇴직급여액의 합계액으로 하며, 필요경비는 인정하지 않는다.

② 임원의 퇴직소득금액 중 다음의 금액은 근로소득으로 본다.

근로소득 해당액 : (1) − (2)

(1) 2012년 이후분 퇴직급여 지급액
: 퇴직급여 합계액−2011년 12월 31일에 퇴직하였다고 가정할 때 지급받을 퇴직급여

(2) 2012년 이후분 퇴직급여의 세법상 한도 : ①+②

① 2019년까지의 한도

$$2019년말부터\ 소급\ 3년간\ 연평균급여 \times 10\% \times \frac{2012년초\text{~}2019년말\ 근무월수}{12} \times 3$$

② 2020년 이후의 한도

$$퇴직일부터\ 소급\ 3년간\ 연평균급여 \times 10\% \times \frac{2020년초\ 이후\ 근무월수}{12} \times 2$$

* 1. 2011년 12월 31일 퇴직을 가정할 때 지급받을 퇴직소득금액은 다음 중 어느 하나의 금액을 선택할 수 있다.

① $퇴직소득금액 \times \frac{2011년\ 12월\ 31일\ 이전\ 근무기간}{전체\ 근무기간}$

② 2011년 12월 31일에 정관 또는 정관의 위임에 따른 임원 퇴직급여지급규정이 있는 법인의 임원의 경우에는 2011년 12월 31일에 퇴직한다고 가정할 때 해당 규정에 따라 지급받을 퇴직소득금액

2. 소급 3년간 연평균급여 계산시 근무기간이 3년 미만인 경우에는 해당 근무기간으로 한다.

3. 총급여 : 다음의 근로소득(비과세소득 제외)을 합산한 금액으로 한다.

a. 근로를 제공함으로써 받는 봉급·급료·보수·세비·임금·상여·수당과 이와 유사한 성질의 급여

b. 법인의 주주총회·사원총회 또는 이에 준하는 의결기관의 결의에 따라 상여로 받는 소득

참고 근로소득 중 인정상여, 퇴직함으로써 받는 소득으로서 퇴직소득에 속하지 아니하는 소득 및 직무발명보상금은 제외한다.

4. 근무기간은 개월 수로 계산하며, 1개월 미만의 기간이 있는 경우에는 이를 1개월로 본다.

비교 법인세법상 임원퇴직금 한도액 : 퇴사 전 1년 총급여×10%×근속연수(월 미만 일수는 절사)

Memo

(2) 퇴직소득산출세액

① 과세표준

> (1) 환산급여＝(퇴직소득금액－근속연수공제)× $\frac{12}{근속연수}$
>
> (2) 퇴직소득과세표준＝환산급여－환산급여공제

a. 근속연수공제

근 속 연 수	근 속 연 수 공 제 액
5년 이하	100만원×근속연수
5년 초과 10년 이하	500만원＋200만원×(근속연수－ 5년)
10년 초과 20년 이하	1,500만원＋250만원×(근속연수－10년)
20년 초과	4,000만원＋300만원×(근속연수－20년)

* 1. 근속연수는 근로를 제공하기 시작한 날 또는 퇴직소득중간지급일의 다음 날부터 퇴직한 날까지로 한다. 다만, 퇴직급여를 산정할 때 근로기간으로 보지 아니한 기간은 근속연수에서 제외한다.
  2. 근속연수 계산시 1년 미만의 기간이 있는 경우에는 이를 1년으로 본다.

b. 환산급여공제

환 산 급 여	환 산 급 여 공 제 액
800만원 이하	환산급여×100%
800만원 초과 7,000만원 이하	800만원＋(환산급여－800만원)×60%
7,000만원 초과 1억원 이하	4,520만원＋(환산급여－7,000만원)×55%
1억원 초과 3억원 이하	6,170만원＋(환산급여－1억원)×45%
3억원 초과	1억5,170만원＋(환산급여－3억원)×35%

② 산출세액

> 퇴직소득산출세액＝퇴직소득과세표준×기본세율× $\frac{근속연수}{12}$

세부사항 퇴직소득세액의 정산

1. 퇴직소득세액 정산대상

퇴직자가 퇴직소득을 지급받을 때 이미 지급받은 다음의 퇴직소득에 대한 원천징수영수증을 원천징수의무자에게 제출하는 경우 원천징수의무자는 퇴직자에게 이미 지급된 퇴직소득과 자기가 지급할 퇴직소득을 합계한 금액에 대하여 정산한 소득세를 원천징수하여야 한다.

① 해당 과세기간에 이미 지급받은 퇴직소득

② 근로제공을 위해 사용자와 체결하는 계약으로서 사용자가 같은 하나의 계약(현실적퇴직의 선택규정에 따라 퇴직으로 보지 아니하는 경우 포함)에서 이미 지급받은 퇴직소득

2. 퇴직소득세의 계산

원천징수의무자가 정산하는 퇴직소득세는 이미 지급된 퇴직소득과 자기가 지급할 퇴직소득을 합계한 금액에 대하여 퇴직소득세액을 계산한 후 이미 지급된 퇴직소득에 대한 세액을 뺀 금액으로 한다.

> (이미 지급된 퇴직소득＋지급할 퇴직소득)산출세액－기 지급된 퇴직소득 산출세액

* 근속연수는 이미 지급된 퇴직소득에 대한 근속연수와 지급할 퇴직소득의 근속연수를 합산한 월수에서 중복되는 기간의 월수를 뺀 월수에 따라 계산한다.

Memo

※ 퇴직소득이 1년에 2회 발생하는 경우

1/1	B사 퇴직	A사 퇴직		12/31	5월
	₩1,000	₩1,500 →	₩2,500		₩2,500
	tax 150	tax 200	tax 400		tax 400
			(−)150		(−)350
			₩250 (i)		₩50 (ii)

* A사에서 퇴직금을 지급할 때 B사 퇴직금을 합하여 정산한 금액을 기준으로 원천징수를 하여야 하며(i), 그렇지 않을 경우 다음 연도 5월에 확정신고(ii)를 하여야 한다.

※ 중간정산 후 퇴직하는 경우

입사	중간정산	퇴사 (i)	(ii)	
	₩1,000	₩1,500	₩2,500	₩2,500
	tax 150	tax 200	tax 400	tax 300
			(−)150	(−)150
			₩250	₩150

* 중간정산자가 향후에 실제 퇴사하는 경우 퇴사시 수령하는 퇴직금만을 대상으로 퇴직소득세액을 계산(i)할 수도 있으며, 중간정산 퇴직금과 퇴사시 수령하는 퇴직금을 합한 금액으로 퇴직소득세액을 계산(ii)할 수도 있다(이 경우 중간정산시 원천징수된 금액은 기납부세액으로 처리한다). 퇴사자는 세부담이 유리한 방법을 선택할 수 있다.

(3) 외국납부세액공제

거주자의 퇴직소득금액에 국외원천소득이 합산되어 있는 경우 그 국외원천소득에 대한 외국납부세액에 대하여 외국납부세액공제를 적용한다. 이 경우 종합소득의 경우와 달리 한도초과액에 대해서는 이월공제를 적용하지 않는다.

5. 퇴직소득에 대한 과세방법

(1) 원천징수 : 결정세액

퇴직소득은 결정세액을 원천징수하고 다른 소득과 합산하지도 않으므로 원천징수가 적절히 수행되면 다음 연도 5월에 확정신고의 의무가 면제된다. 결국 퇴직소득에 대한 원천징수는 완납적 원천징수의 성격을 띠게 된다.

Memo

(2) 원천징수하지 않는 이연퇴직소득

① 과세이연 요건

거주자의 퇴직소득이 다음의 어느 하나에 해당하는 경우에는 해당 퇴직소득에 대한 소득세를 연금외수령하기 전까지 원천징수하지 아니한다. 이 경우 소득세가 이미 원천징수된 경우 해당 거주자는 원천징수세액에 대한 환급을 신청할 수 있다.

a. 퇴직일 현재 연금계좌에 있거나 연금계좌로 지급되는 경우

b. 지급받은 날부터 60일 이내에 연금계좌에 입금되는 경우

② 이연퇴직소득세

이연퇴직소득세란 과세이연규정에 따라 원천징수하지 아니하거나 환급하는 퇴직소득세를 말하며, 다음의 산식에 따라 계산한 금액으로 한다.

$$\text{이연퇴직소득세} = \text{퇴직소득산출세액} \times \frac{\text{연금계좌로 지급 또는 입금된 금액}}{\text{퇴직소득금액}}$$

* 환급하는 경우의 퇴직소득금액은 원천징수세액을 뺀 금액으로 한다.

③ 원천징수세액

이연퇴직소득을 연금외수령하는 경우 원천징수의무자는 다음의 산식에 따라 계산한 이연퇴직소득세를 원천징수하여야 한다.

$$\text{원천징수세액} = \frac{\text{연금외수령당시}}{\text{이연퇴직소득세}} \times \frac{\text{연금외수령한 이연퇴직소득}}{\text{연금외수령 당시 이연퇴직소득}}$$

* $\frac{\text{연금외수령당시}}{\text{이연퇴직소득세}} = \frac{\text{이연퇴직소득세}}{\text{누계액}} - \frac{\text{이연퇴직소득세}}{\text{누계액}} \times \frac{\text{인출퇴직소득누계액}}{\text{이연퇴직소득누계액}}$

Memo

종합·퇴직소득세의 납세절차

9.1 과세기간 중도의 신고·납부·결정 및 징수

1. 중간예납

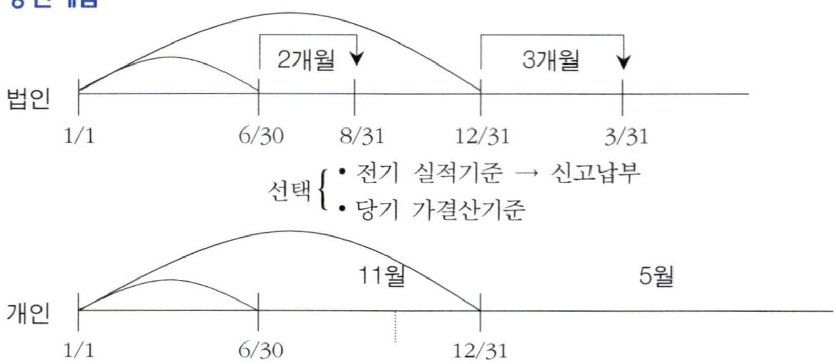

- 전기 실적기준 … 원칙 → 고지납부
- 당기 가결산기준 … 예외

* 당기가결산 기준으로 중간예납세액을 계산하여야 하는 경우
  ① 전년도에 납부하였거나 납부할 세액이 없는 자 중 복식부기의무자로서 해당 과세기간 중간예납기간 중 사업소득이 있는 거주자
  ② 중간예납추계액이 중간예납기준액의 30%에 미달하여 신고납부를 선택한 거주자

구 분	법인세법	소득세법
(1) 중간예납대상자	모든 법인	사업소득이 있는 자
(2) 중간예납기간	사업연도 개시일부터 6개월간	1월 1일부터 6월 30일까지
(3) 계산 및 납부방법	직전연도 납부실적기준 또는 당해연도 중간예납기간실적기준 중 한 가지를 선택하여 신고납부	① 원칙 : 직전연도 납부실적 기준 고지납부 ② 예외 : 당해연도 중간예납기간실적 기준 신고납부
(4) 납부기한	중간예납기간 종료일부터 2개월	11월 30일
(5) 신규사업개시자	중간예납의무 없음	중간예납의무 없음
(6) 소액부징수	중소기업으로서 전기실적기준 세액이 50만원 미만인 경우 납부하지 않음	50만원 미만인 경우 징수하지 않음

Memo

2. 토지 등 매매차익 예정신고와 납부

부동산매매업자는 토지 등(토지·건물)의 매매차익과 그 세액을 매매일이 속하는 달의 말일부터 2개월이 되는 날까지 신고납부하여야 한다. → 양도소득세 예정신고 준용
한편 토지 등의 매매차익이 없거나 매매차손이 발생한 때에도 신고는 하여야 한다.

3. 원천징수

(1) **원천징수 의무자** : 국내에서 거주자나 비거주자에게 원천징수대상 소득을 지급하는 자

* 원천징수대상 사업소득을 지급하는 자는 법인과 개인사업자에 한정한다.

(2) **원천징수대상** : 이자, 배당, 사업(일부), 근로, 연금, 기타, 퇴직소득

* 법인세법상 원천징수대상 소득 : 이자소득, 투자신탁의 이익

<table>
<tr><th colspan="2">구 분</th><th>원천징수</th><th>분리과세</th><th>연말정산</th></tr>
<tr><td colspan="2">이자소득</td><td>○</td><td rowspan="2">① 무조건 분리과세
② 조건부 종합과세 대상이 분리과세 되는 경우</td><td>×</td></tr>
<tr><td colspan="2">배당소득</td><td>○</td><td>×</td></tr>
<tr><td rowspan="2">사업소득</td><td>일반</td><td>× (일부 ○*)</td><td>×</td><td>보험모집인 등</td></tr>
<tr><td>임대</td><td>×</td><td>소규모 주택임대소득</td><td>×</td></tr>
<tr><td colspan="2">근로소득</td><td>○</td><td>일용근로소득</td><td>상용근로소득</td></tr>
<tr><td colspan="2">연금소득</td><td>○</td><td>사적연금소득 중
① 무조건 분리과세
② 1,200만원 이하 선택적 분리과세</td><td>공적연금소득</td></tr>
<tr><td colspan="2">기타소득</td><td>○</td><td>① 무조건 분리과세
② 기타소득금액 300만원 이하 선택적 분리과세</td><td>종교인 소득</td></tr>
<tr><td colspan="2">퇴직소득</td><td>○</td><td>×</td><td>×</td></tr>
<tr><td colspan="2">양도소득</td><td>×</td><td>×</td><td>×</td></tr>
</table>

* 사업소득 중 원천징수 대상 : 부가가치세 면세대상인 인적용역의 제공

(3) **원천징수의 배제**

① 소득세가 과세되지 않거나(비과세 또는 과세최저한) 면제되는 소득을 지급하는 경우
② 이미 발생된 원천징수대상소득이 지급되지 않음으로써 소득세가 원천징수되지 않은 상태에서 이미 종합소득에 합산되어 종합소득세가 과세된 경우

(4) **원천징수의 시기** : 원천징수 대상 소득을 지급할 때

Memo

(5) **원천징수세액의 납부** : 징수일이 속하는 달의 다음 달 10일까지 납부

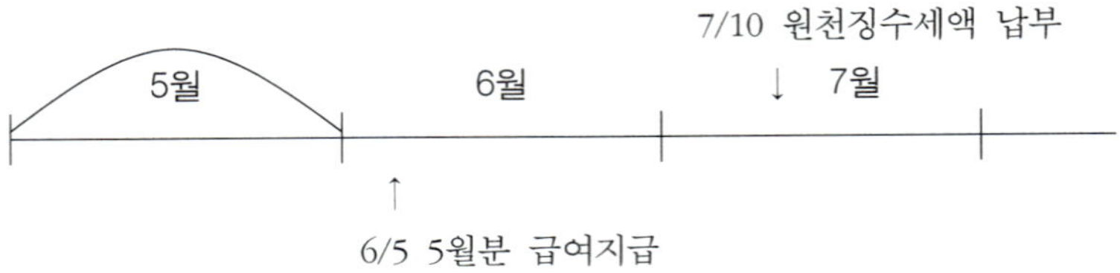

* 반기별 납부 대상자는 징수일이 속하는 반기의 마지막 달의 다음 달 10일까지 납부

보론 지급시기 의제

구　분	지급시기의 의제
(1) 이자소득	① 금융기관의 중개어음, 표지어음의 이자와 할인액 : 할인매출일* * 지급받는자가 할인매출일에 원천징수하기를 선택한 경우에 한한다. ② 동업기업과세특례에 따라 배분받은 이자소득 : 과세기간 종료 후 3월이 되는 날 ③ 위 ①, ②이외의 이자소득 : 총수입금액의 수입시기
(2) 배당소득	① 미지급된 잉여금 처분에 의한 배당소득 : 처분결의일로부터 3월이 되는 날* * 11월 1일부터 12월 31일 사이에 처분 결정된 미지급배당소득은 익년 2월 말일 ② 의제배당 : 총수입금액의 수입시기 ③ 출자공동사업자 배당 및 동업기업과세특례에 따라 배분받은 배당소득 : 과세기간 종료 후 3월이 되는 날 ④ 위 ①, ②, ③ 이외의 배당소득 : 총수입금액의 수입시기
(3) 연말정산대상 사업소득	① 미지급된 사업소득(1월 ~ 11월분) : 12월 31일 ② 미지급된 사업소득(12월분) : 다음 연도 2월 말일
(4) 근로소득	① 미지급된 근로소득(1월 ~ 11월분) : 12월 31일 ② 미지급된 근로소득(12월분) : 다음 연도 2월 말일 ③ 미지급된 잉여금 처분에 의한 근로소득 : 처분결의일로부터 3월이 되는 날* * 11월 1일부터 12월 31일 사이에 처분결정된 미지급 근로소득은 다음 연도 2월 말일
(5) 기타소득	동업기업과세특례에 따라 배분받은 소득 : 과세기간 종료 후 3월이 되는 날
(6) 퇴직소득	① 미지급된 퇴직소득(1월 ~ 11월분) : 12월 31일 ② 미지급된 퇴직소득(12월분) : 다음 연도 2월 말일 * 공적연금 관련법에 따라 받는 일시금에 대하여는 지급시기의제규정을 적용하지 않는다.
(7) 인정배당, 인정상여, 인정기타소득	① 법인이 신고한 경우 : 법인세 신고일 또는 수정신고일 ② 정부가 법인의 소득금액을 결정·경정한 경우 : 소득금액변동통지서 수령일

Memo

※ 근로소득의 원천징수 지급시기 의제

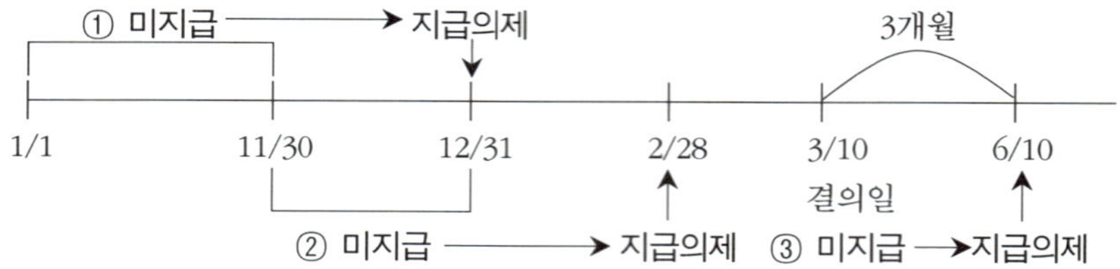

4. 납세조합의 징수

농·축·수산물 판매업자, 노점상인, 국외 근로소득이 있는 자는 납세조합을 조직할 수 있으며, 납세조합은 조합원의 사업소득 또는 국외근로소득에 대한 소득세를 징수하여 다음 달 10일까지 납부한다.

5. 수시부과

거주자가 과세기간 중에 소득세 포탈의 우려가 있다고 인정되는 경우에 수시로 그 거주자에 대한 소득세를 부과할 수 있다.

9.2 사업장 현황신고와 확인

※ **사업자** : 해당 과세기간의 다음 연도 2월 10일까지 사업장 현황신고

구 분	부가가치세 과세사업자	부가가치세 면세사업자
개 인	×	○
법 인	×	×

9.3 과세표준확정신고와 납부

1. 과세표준확정신고

(1) **확정신고 기간** : 과세기간의 다음 연도 5월 1일부터 5월 31일까지

Memo

(2) 과세표준 확정신고의 예외

구 분	대 상 자
(1) 연말정산대상소득만 있는 경우	① 연말정산대상 사업소득만 있는 자 ② 근로소득만 있는 자 ③ 공적연금소득만 있는 자 ④ 원천징수되는 기타소득으로서 종교인소득만 있는 자
(2) 퇴직소득만 있는 경우	⑤ 퇴직소득만 있는 자
(3) 연말정산대상소득과 퇴직소득만 있는 경우	⑥ 위 ①, ⑤의 소득만 있는 자 ⑦ 위 ②, ⑤의 소득만 있는 자 ⑧ 위 ③, ⑤의 소득만 있는 자 ⑨ 위 ④, ⑤의 소득만 있는 자
(4) 분리과세소득만 있는 경우	⑩ 분리과세이자소득 · 분리과세배당소득 · 분리과세연금소득 및 분리과세기타소득(원천징수되지 않은 위약금 · 배상금 및 가상자산소득 제외)만 있는 자
(5) 연말정산대상소득, 퇴직소득 및 분리과세소득만 있는 경우	⑪ 위 ①～⑨에 해당하는 자로서 분리과세이자소득 · 분리과세배당소득 · 분리과세연금소득 및 분리과세기타소득(원천징수되지 않은 위약금 · 배상금 및 가상자산소득 제외)이 있는 자
(6) 기 타	⑫ 원천징수 제외대상 근로소득 또는 원천징수 제외대상퇴직소득이 있는 자로서 납세조합에 가입한 자 ⑬ 소득세를 수시부과한 후 추가로 발생한 소득이 없는 자

(3) 과세표준확정신고의 특례

구 분	확정신고기한
(1) 사망한 경우	상속개시일이 속하는 달의 말일부터 6개월 되는 날
(2) 거주자가 국외이전을 위하여 출국하는 경우	출국일 전날까지

※ 인정상여 · 인정배당 · 인정기타소득에 대한 추가자진신고납부

납세의무자의 종합소득 과세표준 확정신고기한 경과 후 법인이 과세표준을 신고하거나 법인세 과세표준의 결정 · 경정 등으로 배당 · 상여 · 기타소득의 소득처분이 발생하여 납세의무자의 소득금액에 변동이 생긴 경우에는 당해 법인이 소득금액변동통지서를 받은 날(법인이 신고함으로써 소득금액의 변동이 발생한 경우에는 당해 법인의 신고기일)이 속하는 달의 다음 다음 달 말일 까지 추가신고한 경우에는 확정신고기한 내에 신고한 것으로 보며, 추가신고기한까지 세액을 납부한 경우에는 확정신고납부기한까지 납부한 것으로 본다.

Memo

2. 확정신고납부

(1) 납부할 세액의 계산

확정신고납부할 세액은 종합(또는 퇴직)소득세액에서 공제·감면세액과 기납부세액을 차감하여 계산한다.

(2) 분납

납부할 세액이 1천만원을 초과하는 경우 납부기한이 지난 후 2개월 이내에 분납할 수 있다.

구　분	분납할 수 있는 금액
① 납부할세액이 2천만원 이하인 경우	1천만원을 초과하는 금액
② 납부할세액이 2천만원을 초과하는 경우	납부할세액의 50% 이하 금액

3. 성실신고확인제도

해당 과세기간의 수입금액이 일정 규모 이상인 개인사업자에 대하여 종합소득세 신고시 세무사 등이 작성한 성실신고확인서를 의무적으로 제출하도록 하는 제도

(1) 성실신고확인서 제출에 따른 특례

① 확정신고기한 연장 : 5월 1일부터 6월 30일까지

② 세액공제 : 의료비 세액공제, 교육비 세액공제 및 월세세액공제 허용

③ 성실신고 확인비용 세액공제 : Min[성실신고 확인에 직접 사용한 비용×60%, 120만원]

(2) 성실신고확인서 미제출에 따른 제재

① 성실신고확인서 미제출 가산세 : Max[a, b]

a. $\text{종합소득산출세액} \times \dfrac{\text{사업소득금액}}{\text{종합소득금액}} \times 5\%$

b. $\text{사업소득 총수입금액} \times \dfrac{2}{10{,}000}$

② 수시선정에 의한 세무조사 : 세무공무원은 정기선정에 의한 조사 외에 납세자가 성실신고확인서의 제출의무를 이행하지 않은 경우에는 세무조사를 할 수 있다.

Memo

9.4 결정·경정 및 징수·환급

1. 결정·경정의 개요

(1) **결정** : 납세의무를 처음으로 확정하는 처분

납세지 관할세무서장은 과세표준확정신고를 하여야 할 자가 그 신고를 하지 않은 경우에는 과세표준확정신고기일부터 1년 이내에 이를 결정하여야 한다.

(2) **경정** : 이미 확정된 납세의무를 변경하는 처분

2. 결정·경정의 방법

(1) **원칙** : 실지조사결정·경정(장부 및 증명서류를 근거로 함)

(2) **예외** : 추계조사결정·경정

구 분	단순경비율법	기준경비율법
대상자	다음의 사업자로서 해당 과세기간의 수입금액이 간편장부대상자 기준에 해당하는 자 ① 직전과세기간의 수입금액이 단순경비율 대상자 기준에 미달하는 자 ② 신규사업자	단순경비율법 적용대상자 이외의 자
가산세	무기장가산세 부과(소규모사업자 제외)	무기장가산세 부과(소규모사업자 제외)
추계소득금액	수입금액−수입금액×단순경비율	Min[①, ②] ① 수입금액−주요경비*1 −(수입금액×기준경비율*2) ② 단순경비율 적용 소득금액×2.8*3

* 1. 주요경비 : 매입비용(유형·무형자산 매입비용 제외), 유형·무형자산 임차료, 인건비 중 증명서류로서 입증되는 금액
2. 복식부기의무자는 기준경비율의 1/2을 곱하여 계산한다.
3. 복식부기의무자는 단순경비율 적용 소득금액에 대한 배수를 '3.4'로 한다.

※ 기준경비율 적용대상자는 단순경비율을 적용할 수 없지만, 단순경비율 적용대상자는 기준경비율과 단순경비율을 선택하여 소득금액을 계산할 수 있다.

세부사항 추계에 의한 소득금액 계산시 고려할 기타사항

1. 수입금액에 포함하는 항목
   ① 당해 사업과 관련하여 국가·지방자치단체로부터 지급받은 보조금 또는 장려금
   ② 당해 사업과 관련하여 동업자단체 또는 거래처로부터 지급받은 보조금 또는 장려금
   ③ 부가가치세법에 따른 신용카드매출전표 등 발행 세액공제액
   ④ 복식부기의무자의 사업용 유형자산 양도가액
2. 총수입금액에 산입할 충당금·준비금 등이 있는 자에 대한 소득금액을 추계결정 또는 경정하는 때에는 추계소득금액에 해당 과세기간의 총수입금액에 산입할 충당금·준비금 등을 가산한다.

Memo

〈추계신고〉

1. 개인사업자는 기준경비율법 혹은 단순경비율법에 의한 추계신고도 가능하다.
   → 장부기장에 의한 신고와 추계신고 중 선택 가능
2. 추계신고하는 경우 간편장부 대상자로서 소규모사업자에 해당하지 않는 한 무기장 가산세가 부과된다.

3. 징수와 환급

납세지 관할세무서장은 중간예납추계액을 신고·납부하여야 할 자 또는 소득세를 확정신고납부하여야 할 자가 해당 세액의 전부 또는 일부를 납부하지 않은 경우에는 그 미납된 부분의 소득세를 국세징수법에 따라 징수한다.

9.5 가산세

1. 무기장 가산세

$$\text{무기장가산세(소규모사업자 제외)} = \text{산출세액} \times \frac{\text{무기장·미달기장 소득금액}}{\text{종합소득금액}} \times 20\%$$

비교 기장세액공제 $= \text{산출세액} \times \frac{\text{기장된 소득금액}}{\text{종합소득금액}} \times 20\%$

2. 무신고가산세 및 과소신고가산세(신고관련 가산세)

구 분	내 용
(1) 무신고가산세 (① 또는 ②)	① 일반적인 경우 : Max[a, b] a. 무신고 납부세액 × 20% b. 수입금액$\times\frac{7}{10,000}$ (복식부기의무자만 적용) ② 부정행위에 해당하는 경우 : Max[a, b] a. 무신고 납부세액 × 40%(역외거래에서의 부정행위인 경우 60%) b. 수입금액$\times\frac{14}{10,000}$ (복식부기의무자만 적용)
(2) 과소신고가산세 (①+②)	① 일반과소신고가산세 : 일반과소신고납부세액×10% ② 부정과소신고가산세 : Max[a, b] a. 부정과소신고납부세액×40%(역외거래에서의 부정행위인 경우 60%) b. 부정과소신고 수입금액$\times\frac{14}{10,000}$(복식부기의무자만 적용)

* 신고관련 가산세에 대한 세부적인 내용은 법인세법의 경우와 같다.

Memo

3. 납부지연가산세

납부지연가산세 : (1)+(2)

(1) 지연이자 부분 : 미납부 · 과소납부세액(또는 초과환급세액)×기간× $\frac{2.2}{10,000}$

(2) 체납제재 부분 : 미납부 · 과소납부세액×3%

* 납부관련 가산세에 대한 세부적인 내용은 법인세법의 경우와 같다.

4. 기타의 가산세

종 류	가 산 세 액	비 고
(1) 증명불비가산세	적격증명서류 미수취금액(필요경비 산입액)×2%	소규모사업자 및 소득금액이 추계되는 자 제외
(2) 원천징수 등 납부지연가산세	미납부 · 미달납부세액×Min[3%+기간[*1]× $\frac{2.2}{10,000}$, 50%[*2]] * 1. 기간 : 납부기한 다음날부터 납부일까지의 일수(납부고지일부터 납부고지서상 납부기한까지의 기간은 제외) 2. 납부기한 다음날부터 납부고지일까지는 총한도율을 10%로 한다.	원천징수세액 또는 납세조합의 납부의무 미이행시 적용
(3) 성실신고확인서 미제출가산세	Max[①, ②] ① 종합소득산출세액× $\frac{사업소득금액}{종합소득금액}$ ×5% ② 사업소득 총수입금액× $\frac{2}{10,000}$	

Memo

양도소득세

10.1 양도소득의 개념과 범위

1. 양도소득의 개념

2. 과세대상자산의 범위

A. 토지, 건물

B. 부동산에 관한 권리

(1) 부동산을 이용할 수 있는 권리(지상권, 전세권, 등기된 부동산임차권)
(2) 부동산을 취득할 수 있는 권리(아파트 분양권, 토지상환채권·주택상환사채 등)

C. 기타자산

(1) 특정주식 (A), (B)

구 분	특정주식(A)	특정주식(B)
① 법인요건	$\frac{\text{부동산 등}^*}{\text{총자산}} \geq 50\%$	$\frac{\text{부동산 등}^*}{\text{총자산}} \geq 80\%$
	–	골프장·스키장·휴양콘도미니엄·전문휴양시설업 등 영위
② 주주요건	보유지분율 > 50% (특수관계인 포함)	–
③ 양도요건	양도지분율 ≥ 50% (특수관계인 포함, 3년 소급)	

* 부동산 등 : 토지·건물, 부동산에 관한 권리

특정주식 (A)

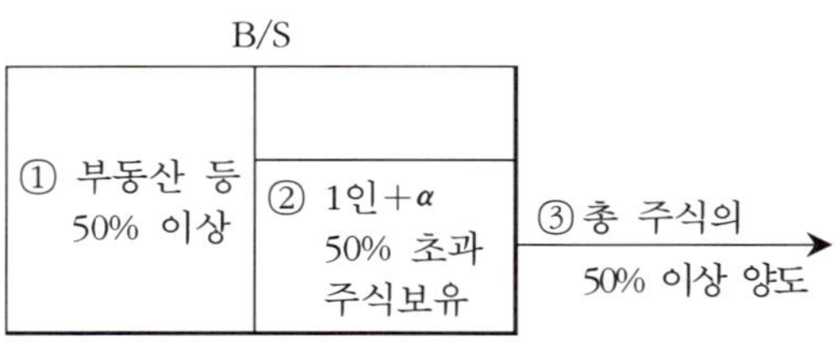

특정주식 (B)

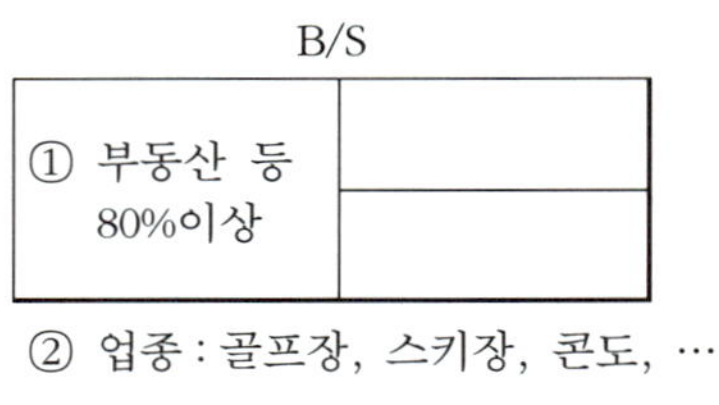

Memo

(2) 특정시설물 이용권(골프회원권, 콘도회원권 등)

(3) 사업에 사용하는 토지·건물·부동산에 관한 권리와 함께 양도하는 영업권

(4) 토지·건물과 함께 양도하는 이축권

* 이축권 가액을 별도로 평가하여 신고하는 경우는 기타소득으로 과세한다.

D. 주식

(1) 국내주식

1) 상장주식 : ① 장외 거래, ② 대주주 양도인 경우에 한하여 과세

* 대주주의 판정

대주주란 주주 1인 및 그의 특수관계인(주식 등의 양도일이 속하는 사업연도의 직전사업연도 종료일 현재 특수관계에 있는 자) 주주의 소유주식과 합산하여 주식 등의 양도일이 속하는 사업연도의 직전 사업연도 종료일 현재 다음의 지분비율 기준과 시가총액 기준 중 어느 한 가지를 충족하는 주주 1인 및 그의 특수관계인 주주이다. 이 경우 직전 사업연도 종료일 현재 지분율 기준에 미달하였으나 그 후 주식 등을 취득함으로써 지분율 기준을 충족하게 되는 때에는 그 취득일 이후의 주주 1인 및 그의 특수관계인 주주를 포함한다.

구 분	지분율 기준	시가총액 기준
유가증권시장상장법인	1% 이상	10억원 이상
코스닥시장상장법인	2% 이상	10억원 이상
코넥스시장상장법인	4% 이상	10억원 이상
일반비상장법인	4% 이상	10억원 이상
프리보드 벤처기업(비상장)	4% 이상	40억원 이상

2) 비상장주식

* 다음에 해당하는 주식은 과세대상에서 제외한다.

① 대주주가 아닌 자가 한국금융투자협회가 행하는 장외매매거래에 의하여(K−OTC) 양도하는 중소기업 및 중견기업의 주식

② 장외주식 호가중개시장(Free Board)에서 벤처기업의 주식을 대주주가 아닌 자가 양도하는 주식

(2) 국외주식

① 외국법인이 발행한 주식(국내에 상장된 주식과 기타자산에 해당하는 주식은 제외)

② 내국법인이 발행한 주식(국외 예탁기관이 발행한 증권예탁증권 포함)으로서 해외 증권시장에 상장된 주식

E. 파생상품

(1) 장내파생상품 : 장내파생상품으로서 증권시장 또는 이와 유사한 시장으로서 외국에 있는 시장을 대표하는 종목을 기준으로 산출된 지수(해당 지수의 변동성을 기준으로 산출된 지수를 포함한다)를 기초자산으로 하는 상품

(2) 차액결제거래(CFD) 파생상품 : 장외파생상품으로서 법정 요건을 갖춘 파생상품

(3) 주식워런트증권(ELW) : 당사자 일방의 의사표시에 따라 위 (1)에 따른 지수의 수치의 변동과 연계하여 미리 정하여진 방법에 따라 주권의 매매나 금전을 수수하는 거래를 성립시킬 수 있는 권리를 표시하는 증권

(4) 해외 파생상품 : 해외 파생상품시장에서 거래되는 파생상품

(5) 장외파생상품 : 장외파생상품으로서 경제적 실질이 위 (1)의 장내파생상품과 동일한 상품

Memo

F. 신탁 수익권

신탁의 이익을 받을 권리. 다만, 신탁 수익권의 양도를 통하여 신탁재산에 대한 지배·통제권이 사실상 이전되는 경우는 신탁재산 자체의 양도로 본다.

* 자본시장과 금융투자업에 관한 법률에 따른 수익권 또는 수익증권 등 일부 수익권은 제외한다.

※ 세 율

<table>
<tr><th colspan="2">구 분</th><th>세 율</th></tr>
<tr><td rowspan="3">1그룹</td><td>A. 토지, 건물</td><td rowspan="2">기본세율 (6% ~ 45%)
• 미등기 : 70%
• 분양권 : 60%
• 1년 미만 보유 : 50%(주택, 조합원입주권 및 분양권은 70%)
• 2년 미만 보유 : 40%(주택, 조합원입주권 및 분양권은 60%)
• 비사업용 토지 : 기본세율+10%p
• 조정대상지역 내 1세대 2주택* : 기본세율+20%p
• 조정대상지역 내 1세대 3주택* 이상 : 기본세율+30%p
* 조합원입주권 또는 분양권 포함</td></tr>
<tr><td>B. 부동산에 관한 권리</td></tr>
<tr><td>C. 기타자산</td><td>기본세율 (6% ~ 45%)
• 비사업용토지 과다보유법인 주식 : 기본세율+10%p</td></tr>
<tr><td>2그룹</td><td>D. 주식</td><td>• 국내주식
<table><tr><th>구 분</th><th>중소기업 주식</th><th>비중소기업 주식</th></tr><tr><td>일반주주</td><td>10%</td><td>20%</td></tr><tr><td>대주주</td><td colspan="2">3억원 이하분 20%, 3억원 초과분 25%</td></tr></table>* 비중소기업 주식으로서 대주주가 1년 미만 보유한 주식 : 30%
• 국외주식 : 중소기업 주식 10%, 비중소기업 주식 20%</td></tr>
<tr><td>3그룹</td><td>E. 파생상품</td><td>10%</td></tr>
<tr><td>4그룹</td><td>F. 신탁 수익권</td><td>3억원 이하분 20%, 3억원 초과분 25%</td></tr>
</table>

* 1. 하나의 자산이 2 이상의 세율에 해당할 때에는 해당 세율을 적용하여 계산한 양도소득 산출세액 중 큰 것을 그 세액으로 한다.
  2. '기본세율+10%p'란 다음과 같이 세율을 적용하는 것을 말한다.

양도소득 과세표준	산출세액
1,400만원 이하	과세표준×16%
1,400만원 초과 5,000만원 이하	224만원+(과세표준−1,400만원)×25%
5,000만원 초과 8,800만원 이하	1,124만원+(과세표준−5,000만원)×34%
8,800만원 초과 1억 5,000만원 이하	2,416만원+(과세표준−8,800만원)×45%
1억 5,000만원 초과 3억원 이하	5,206만원+(과세표준−1억 5,000만원)×48%
3억원초과 5억원 이하	1억 2,406만원+(과세표준−3억원)×50%
5억원 초과 10억원 이하	2억 2,406만원+(과세표준−5억원)×52%
10억원 초과	4억 8,406만원+(과세표준−10억원)×55%

Memo

3. 양도의 개념과 범위

(1) 양도의 개념

- 양도 : 자산에 대한 등기 또는 등록과 관계없이 그 자산을 유상을 사실상 이전하는 것
  … 매도, 교환, 현물출자, 경매, 수용, 대물변제, 부담부증여시 채무인계

(2) 양도로 보지 않는 경우

1) 도시개발법 등에 의한 환지처분 또는 보류지로 충당

2) 다음의 요건을 모두 충족하는 토지 교환
   ① 토지 이용상 불합리한 지상 경계를 합리적으로 바꾸기 위하여 측량·수로조사 및 지적에 관한 법률이나 그 밖의 법률에 따라 토지를 분할하여 교환할 것
   ② 위 ①에 따라 분할된 토지 전체 면적이 분할 전 토지 전체 면적의 20%를 초과하지 않을 것

3) 신탁재산의 이전 : 위탁자와 수탁자 간 신임관계에 기하여 위탁자의 자산에 신탁이 설정되고 그 신탁재산의 소유권이 수탁자에게 이전된 경우로서 위탁자가 신탁 설정을 해지하거나 신탁의 수익자를 변경할 수 있는 등 신탁재산을 실질적으로 지배하고 소유하는 것으로 볼 수 있는 경우

4) 양도담보 : 양도담보의 실질은 양도가 아닌 담보에 해당함

5) 기타
   ① 법원 확정판결에 의한 신탁해지를 원인으로 하는 소유권 이전 등기
   ② 매매원인 무효의 소에 의해 매매사실이 원인무효로 판시되어 환원되는 경우
   ③ 공동소유 토지를 소유지분별로 분할하는 경우
   (공유지분이 변경되는 경우 변경되는 부분은 양도에 해당함)
   ④ 이혼으로 인하여 혼인 중에 형성된 부부공동재산을 민법에 따라 재분할하는 경우
   ⑤ 소유자산을 경매·공매로 인하여 자기가 재취득하는 경우

10.2 비과세 양도소득

1. 개요

(1) 1세대 1주택의 양도로 인하여 발생하는 소득

(2) 파산선고에 의한 처분으로 인하여 발생하는 소득

(3) 농지의 교환 또는 분합으로 인하여 발생하는 소득

Memo

2. 1세대 1주택의 양도소득에 대한 비과세

(1) **1세대 요건**(1세대 : 거주자 및 배우자가 동일 주소·거소에서 생계를 같이 하는 가족집단)

※ 예외 : 다음의 경우는 배우자가 없어도 1세대 구성 인정

① 당해 거주자의 연령이 30세 이상인 경우

② 종합소득, 퇴직소득, 양도소득이 있는 경우(독립된 생계를 유지할 수 있는 정도)

③ 배우자가 사망하거나 이혼한 경우

(2) **1주택 보유 요건** : 양도일 현재 국내에 1주택만을 보유

※ 예외

① 일시적 2주택 : 종전 주택을 취득한 날부터 1년 이상 지난 후 신규 주택을 취득하고 그 신규 주택을 취득한 날부터 3년 이내에 종전 주택을 양도하는 경우 1주택으로 인정

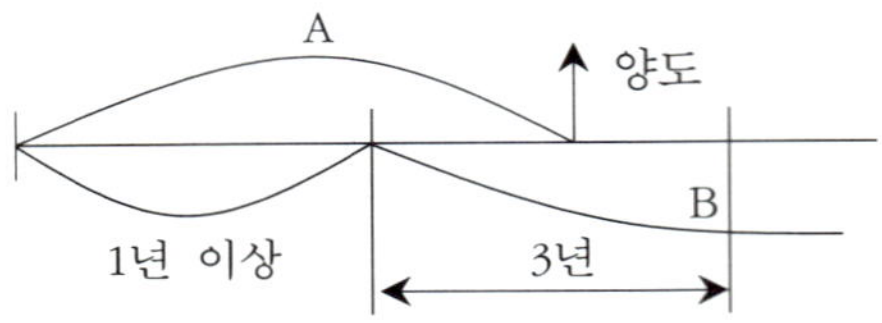

② 혼인 및 직계존속(60세 이상)의 동거봉양

a. 1주택을 보유하는 자가 1주택을 보유하는 자와 혼인함으로써 1세대가 2주택을 보유하게 되는 경우 또는 1주택을 보유하고 있는 60세 이상의 직계존속을 동거봉양하는 무주택자가 1주택을 보유하는 자와 혼인함으로써 1세대가 2주택을 보유하게 되는 경우

→ 혼인한 날부터 5년 이내에 먼저 양도하는 주택은 1주택으로 인정

b. 1주택을 보유하고 있는 60세 이상의 직계존속(직계존속 중 어느 한 사람이 60세 미만인 경우와 배우자의 직계존속 포함)을 동거봉양하기 위하여 세대를 합침으로써 1세대가 2주택을 보유하게 되는 경우

→ 세대를 합친 날부터 10년 이내에 먼저 양도하는 주택은 1주택으로 인정

③ 상속주택, 문화재주택, 농어촌주택, 실수요 목적(취학·질병요양·근무상 형편·기타 부득이한 사유)의 지방소재주택과 일반주택을 국내에 각각 1개씩 소유하고 있는 1세대가 일반주택을 양도하는 경우 1주택으로 인정

* 실수요 목적 지방소재주택은 부득이한 사유가 해소된 날부터 3년 이내에 일반주택을 양도하는 경우에 한함

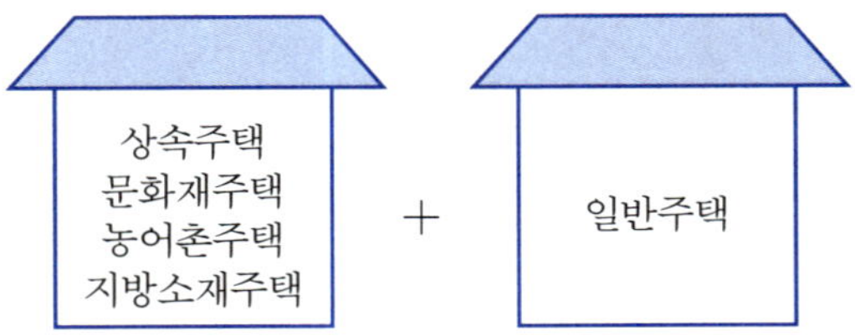

Memo

(3) 2년 이상 보유 요건

구 분	보유기간 및 거주기간의 요건
① 일반 주택	2년 이상 보유
② 취득 당시 조정대상지역에 있는 주택	2년 이상 보유 + 그 보유기간 중 2년 이상 거주

※ 예외

① 5년 이상 세대전원이 거주한 건설임대주택 또는 공공매입임대주택

② 공공사업용으로 수용된 경우

③ 1년 이상 거주한 주택을 취학·질병요양·근무상 형편으로 양도하는 경우

④ 1주택 보유자가 해외이주 및 1년 이상 계속 국외거주를 필요로 하는 취학·근무상 형편으로 인해 출국일로부터 2년 이내에 양도하는 경우

세부사항 1세대 1주택 판단

1. 2개 이상의 주택을 같은 날에 양도하는 경우에는 해당 거주자가 선택하는 순서에 따라 주택을 양도한 것으로 본다.
2. 1세대가 소유하는 주택수를 계산할 때 여러사람이 공동으로 1주택을 소유한 경우 소득세법에서 특별한 규정이 있는 것을 제외하고는 공동소유자 각자가 그 주택을 소유한 것으로 본다.
3. 거주기간 또는 보유기간을 계산함에 있어서 다음의 기간은 통산하여 계산한다.
   ① 거주하거나 보유하는 중에 소실·도괴·노후 등으로 인하여 멸실되어 재건축한 주택의 경우 그 멸실된 주택과 재건축한 주택에 대한 거주기간 및 보유기간
   ② 비거주자가 해당 주택에서 3년 이상 계속 보유 및 거주한 상태에서 거주자로 전환된 경우 그 주택에 대한 거주기간 및 보유기간(단, 동 주택의 1세대 1주택 비과세 보유기간 요건은 3년으로 한다)
   ③ 상속받은 주택으로서 상속인과 피상속인이 상속개시 당시 동일세대인 경우 상속개시 전에 상속인과 피상속인이 동일세대로서 보유한 기간

3. 농지의 양도소득에 대한 비과세

4. 미등기양도자산에 대한 비과세 배제

Memo

10.3 취득 · 양도시기와 기준시가

1. 취득 · 양도시기

구 분	취득시기 및 양도시기
(1) 원칙	대금청산일
(2) 대금청산 전에 소유권 등기한 경우	등기접수일
(3) 대금청산일이 분명하지 않는 경우	등기접수일 · 명의개서일
(4) 장기할부조건의 경우	소유권이전등기(등록 · 명의개서) 접수일 · 인도일 또는 사용수익일 중 빠른 날
(5) 자가건축물	사용검사필증 발급일 · 사실상 사용일 · 사용승인일 중 빠른 날
(6) 상속 또는 증여받은 자산	그 상속이 개시된 날 또는 증여를 받은 날
(7) 특정주식(A)	주주 1인과 기타주주(특수관계인)가 당해 법인의 주식 등의 합계액의 50% 이상 양도하는 날

2. 기준시가

(1) 토지와 건물

① 토지 : 개별공시지가

② 주택 : 공동주택가격 및 개별주택가격

(2) 주식의 기준시가

① 상장주식 : 양도 · 취득일 이전 1개월간 공표된 매일의 최종시세가액의 평균액

② 비상장주식 : 순손익가치와 순자산가치의 3 : 2 가중평균(부동산 과다법인은 2 : 3)

※ 주식에 있어서 기준시가와 상증세법 평가방법의 비교

구 분	상증세법상 평가방법	소득세법상 기준시가
(1) 상장주식	평가기준일 전 · 후 각 2개월 종가평균	양도일 · 취득일 이전 1개월 종가평균
(2) 비상장주식	$\frac{주당순손익}{환원율} \times \frac{3}{5} + \frac{순자산가액}{발행주식수} \times \frac{2}{5}$	
주당순손익	직전 3개년 순손익액 가중평균(3:2:1)	직전 과세기간 순손익액
순자산가액	평가기준일 현재 상증세법상 평가액	직전 과세기간 종료일 장부가 (토지는 기준시가)
(3) 할증평가	최대주주 보유주식 20% 할증	없 음

Memo

10.4 양도소득과세표준의 계산

	양 도 가 액
(−)	취 득 가 액
(−)	기타의 필요경비
	양 도 차 익
(−)	장기보유특별공제
	양도소득금액
(−)	양도소득기본공제
	과 세 표 준
×	세 율
	산 출 세 액

1. 양도가액과 취득가액의 산정

(1) 양도가액

구 분		양 도 가 액
① 일반적인 경우		자산을 양도하고 받은 실제 수령가액
② 저가양도	a. 특수관계인	시가
	b. 이외의 자	~~정상가액~~ 거래가액
③ 고가양도	a. 특수관계에 있는 법인	거래가액 − 소득처분된 가액 ⇨ 시가
	b. 이외의 자	거래가액 − 증여가액
④ 토지 및 건물 등을 일괄양도하여 양도가액의 구분이 불분명한 경우		안분계산 (부가가치세법의 과세표준 안분규정 준용)

(2) 취득가액

구 분		취 득 가 액
① 일반적인 경우		자산의 취득에 실제 소요된 금액
② 고가매입	a. 특수관계인	시가
	b. 이외의 자	~~정상가액~~ 거래가액
③ 저가매입	a. 특수관계에 있는 법인	거래가액 + 소득처분된 가액 ⇨ 시가
	b. 이외의 자	거래가액 + 증여가액
④ 토지 및 건물 등을 일괄취득하여 취득가액의 구분이 불분명한 경우		안분계산 (부가가치세법의 과세표준 안분규정 준용)

Memo

⑤ 장기할부조건으로 취득한 경우	명목가액
⑥ 현재가치할인차금상각액과 감가상각비를 사업소득의 필요경비로 산입하였거나 산입할 금액이 있는 경우	취득가액에서 해당금액을 차감
⑦ 상속 또는 증여받은 자산의 경우	상속개시일 또는 증여일 현재 상속세 및 증여세법의 규정에 의하여 평가한 가액
⑧ 주식매수선택권의 경우	주식매수선택권을 행사한 당시의 시가

※ 고가양도

1. 특수관계법인에게 고가양도한 경우

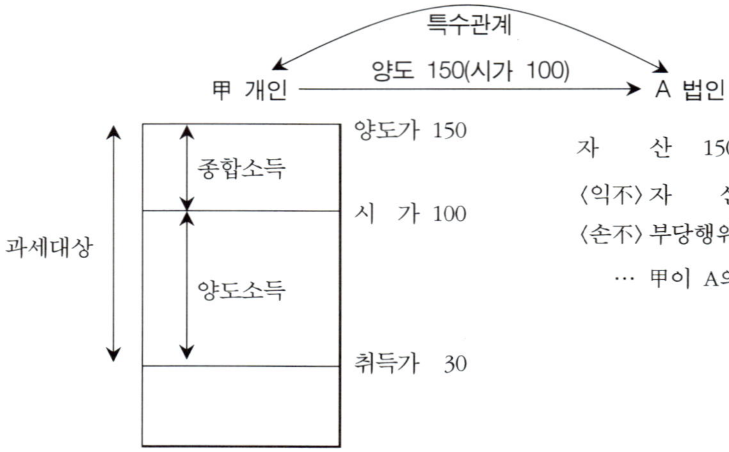

자　　산　150 / 현　　금　150

〈익不〉자　　산　50(△유보)

〈손不〉부당행위　50(상여)

… 甲이 A의 임원인 경우 가정

※ 실제 양도가액은 150이지만 100을 양도가액으로 하여 양도차익을 계산한다.

2. 이외의 자에게 고가양도한 경우

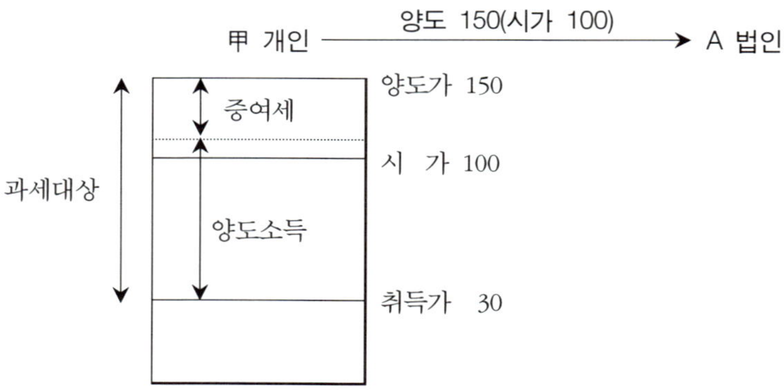

※ 실제 양도가액은 150이지만 (150－증여재산가액)을 양도가액으로 하여 양도차익을 계산한다.

Memo

2. 양도차익의 계산

(1) 기타 필요경비의 산정방법

취득가액의 적용	기타 필요경비
① 실지거래가액을 취득가액으로 한 경우	자본적지출 및 양도비용
② 매매사례가액 · 감정가액 · 환산취득가액 · 기준시가를 취득가액으로 한 경우	필요경비개산공제

(2) 자본적지출 및 양도비용의 범위

자본적지출*	양 도 비 용
① 당해 자산의 가치를 증가시키거나 내용연수를 연장시키는 지출 ② 소유권 확보를 위하여 직접 소요된 소송비용 · 화해비용 등	① 자산을 양도하기 위하여 직접 지출한 비용 (증권거래세, 양도세 신고서 · 계약서 작성비용, 공증비용, 인지대, 소개비 등) ② 토지 · 건물 취득시 법령에 따라 매입한 국 · 공채를 만기 전에 양도함으로써 발생하는 매각차손 * 금융기관 등 외의 자에게 양도한 경우에는 동일한 날에 금융기관 등에 양도함으로써 발생하는 매각차손을 한도로 함

* 적격증빙을 구비한 경우에 한하여 인정함

(3) 필요경비개산공제

구 분	필요경비개산공제
(1) 토지와 건물	취득당시의 기준시가 × 3% (미등기 양도자산 : 0.3%)
(2) 부동산에 관한 권리 ① 부동산을 이용할 수 있는 권리	취득당시의 기준시가 × 7%
② 부동산을 취득할 수 있는 권리 (3) 기타자산 (4) 주식	취득당시의 기준시가 × 1%

※ 양도차익의 계산구조

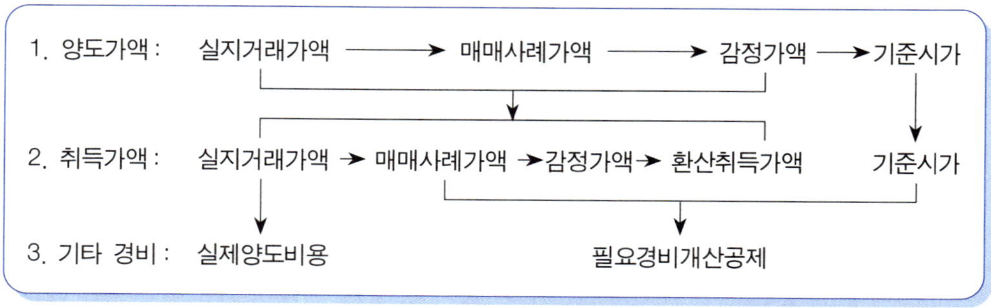

Memo

(1) 취득가액으로 환산취득가액을 적용한 경우로서 환산취득가액과 필요경비개산공제의 합계액이 자본적지출 및 양도비용의 합계액보다 적은 경우에는 자본적지출 및 양도비용의 합계액을 필요경비로 할 수 있다.

(2) 취득가액으로 실지거래가액, 매매사례가액, 감정가액, 환산취득가액 및 기준시가를 적용하는 경우로서 양도자산 보유기간에 그 자산에 대한 감가상각비로서 각 과세기간의 사업소득금액을 계산하는 경우 필요경비에 산입하였거나 산입할 금액이 있을 때에는 이를 취득가액에서 차감한다.

(3) 주식에 대해서는 다음과 같이 일부 금액의 적용을 배제한다.

구 분	상장주식	비상장주식
매매사례가액	×	○
감정가액	×	×

(4) 매매사례가액 등의 산정방법은 다음과 같다.

구 분	산 정 방 법
매매사례가액	양도일 또는 취득일 전후 각 3개월 이내에 해당 자산과 동일성 또는 유사성이 있는 자산의 매매사례가 있는 경우 그 가액
감정가액	양도일 또는 취득일 전후 각 3개월 이내에 당해 자산에 대하여 2 이상의 감정평가법인 등이 평가한 것으로서 신빙성이 있는 것으로 인정되는 감정가액(감정평가기준일이 양도일 또는 취득일 전후 각 3개월 이내인 것에 한한다)이 있는 경우에는 그 감정가액의 평균액
환산취득가액	양도가액$\times\dfrac{\text{취득당시 기준시가}}{\text{양도당시 기준시가}}$

3. 장기보유특별공제와 양도소득기본공제

(1) 장기보유특별공제

① 대상자산 : 토지 · 건물 및 조합원입주권(조합원으로부터 취득한 것은 제외)

단, 다음에 해당하는 자산은 적용 배제

a. 미등기양도자산

b. 조정대상지역에 있는 주택으로서 1세대 2주택 이상에 해당하는 주택

② 공제금액 : 대상자산의 양도차익 × 공제율

Memo

③ 공제율

기 간	일반 자산	1세대 1주택	
	보유기간	보유기간	거주기간
2년 이상 3년 미만	–	–	8%
3년 이상 4년 미만	6%	12%	12%
4년 이상 5년 미만	8%	16%	16%
5년 이상 6년 미만	10%	20%	20%
6년 이상 7년 미만	12%	24%	24%
7년 이상 8년 미만	14%	28%	28%
8년 이상 9년 미만	16%	32%	32%
9년 이상 10년 미만	18%	36%	36%
10년 이상 11년 미만	20%	40%	40%
11년 이상 12년 미만	22%		
12년 이상 13년 미만	24%		
13년 이상 14년 미만	26%		
14년 이상 15년 미만	28%		
15년 이상	30%		

* 1. 1세대 1주택 : 1세대가 양도일 현재 국내에 1주택(1세대 1주택 비과세 규정 적용시 2주택을 보유한 경우 등에도 1주택으로 보는 주택을 포함)을 보유하고 보유기간 중 거주기간이 2년 이상인 것

2. 보유기간은 해당 자산의 취득일부터 양도기간까지의 기간으로 하되, 아래의 경우는 취득일을 다음과 같이 정한다.
   ① 배우자·직계존비속간 증여재산에 대한 이월과세규정이 적용되는 경우 : 증여한 배우자 또는 직계존비속이 해당 자산을 취득한 날
   ② 가업상속재산에 대한 이월과세가 적용되는 경우로서 가업상속공제가 적용된 비율에 해당하는 자산의 경우 : 피상속인이 해당 자산을 취득한 날

(2) 양도소득기본공제

① 그룹별로 각각 250만원 공제(미등기 양도자산은 제외)

② 감면소득이 있는 경우 감면소득 이외의 양도소득에서 먼저 공제하고 감면소득 이외의 양도소득금액 중에서는 먼저 양도한 자산의 양도소득금액에서 공제

10.5 양도소득금액계산 특례

1. 양도차손의 공제

다음 순서에 따라 같은 그룹 내 다른 자산의 양도소득금액에서 순차적으로 공제

① 양도차손이 발생한 자산과 같은 세율을 적용받는 자산의 양도소득금액

② 양도차손이 발생한 자산과 다른 세율을 적용받는 자산의 양도소득금액(다른 세율을 적용받는 자산이 2 이상인 경우에는 양도소득금액의 비율로 안분)

Memo

2. 배우자 · 직계존비속간 증여재산에 대한 이월과세

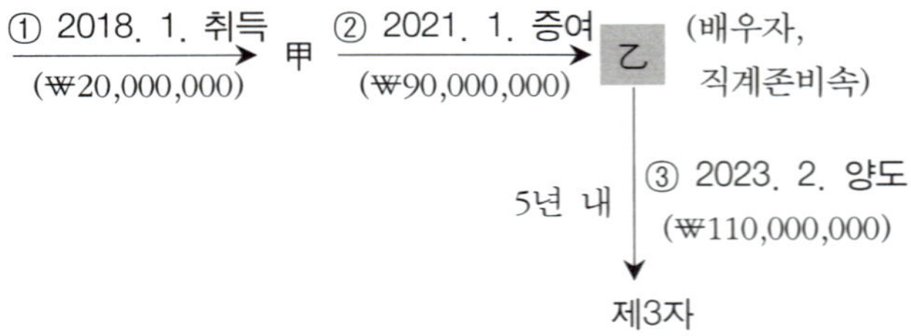

- 대상자산 : 토지 · 건물, 부동산을 취득할 수 있는 권리, 시설물이용권
- 乙의 양도차익 계산시 취득시기와 취득가액은 甲의 취득당시를 기준으로 계산

(1) 개념

거주자가 양도일로부터 소급하여 10년 이내(등기부상의 소유기간에 의함)에 배우자(양도당시 혼인관계가 소멸된 경우 포함하되 사망으로 혼인관계가 소멸된 경우는 제외한다) 또는 직계존비속으로부터 증여받은 토지 · 건물, 부동산을 취득할 수 있는 권리, 시설물이용권을 양도함에 따른 양도차익을 계산함에 있어서 취득가액은 그 자산을 증여한 배우자 또는 직계존비속의 취득당시를 기준으로 계산한다.

(2) 증여세의 처리

이월과세가 적용되는 경우 거주자가 증여받은 자산에 대하여 납부하였거나 납부할 증여세 상당액이 있는 경우에는 양도차익 계산시 기타 필요경비에 산입한다.

(3) 이월과세가 적용되지 않는 경우

① 사업인정고시일부터 소급하여 2년 이전에 증여받은 경우로서 공익사업을 위한 토지 등의 취득 및 보상에 관한 법률이나 그 밖의 법률에 따라 협의매수 또는 수용된 경우

② 이월과세규정을 적용할 경우 1세대 1주택 비과세 규정을 적용받는 양도에 해당하게 되는 경우(1세대 1주택 비과세 요건을 충족한 고가주택 포함)

③ 이월과세규정을 적용하여 계산한 양도소득 결정세액이 이월과세규정을 적용하지 아니하고 계산한 양도소득 결정세액보다 적은 경우

3. 부당행위계산의 부인(증여 후 양도행위의 부인)

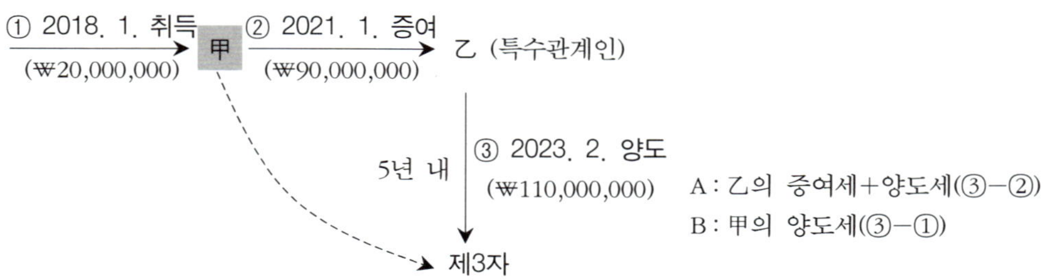

Memo

- 대상자산 : 모든 양도자산(양도소득세 과세 대상)
- A < B : 부당행위계산부인 → 甲에게 양도세를 부과하고 乙이 납부한 증여세는 환급
- A > B : 거래 인정

(1) 개념

거주자가 특수관계인(증여재산에 대한 이월과세 규정을 적용받는 배우자 및 직계존비속의 경우는 제외)에게 자산을 증여한 후 그 자산을 증여받은 자가 그 증여일부터 10년 이내에 다시 타인에게 양도한 경우로서 증여받은 자의 증여세[*1]와 양도소득세[*2]를 합한 세액이 증여자가 직접 양도하는 경우로 보아 계산한 양도소득세[*2]보다 적은 경우에는 증여자가 그 자산을 직접 양도한 것으로 본다. 다만, 양도소득이 해당 수증자에게 실질적으로 귀속된 경우에는 그러하지 아니하다.

* 1. 상속세 및 증여세법에 따른 산출세액에서 공제·감면세액을 뺀 세액을 말한다.
2. 양도소득세법에 따른 산출세액에서 공제·감면세액을 뺀 결정세액을 말한다.

(2) 증여세의 처리

우회양도에 대한 부당행위계산의 부인 규정에 따라 증여자에게 양도소득세가 과세되는 경우에는 당초 증여받은 자산에 대해서는 상속세 및 증여세법의 규정에도 불구하고 증여세를 부과하지 아니한다.

(3) 연대납세의무

당해 양도소득에 대하여는 증여자와 증여받은 자가 연대하여 납세의무를 진다.

※ 이월과세와 우회양도에 대한 부당행위계산부인 비교

구 분		이월과세규정	우회양도의 부인규정
(1) 요건	① 증여자와의 관계	배우자 또는 직계존비속	특수관계인(이월과세에 해당하는 경우는 제외)
	② 적용대상자산	토지·건물, 부동산을 취득할 수 있는 권리, 시설물이용권	제한 없음
	③ 증여일 ~ 양도일	10년 이내	10년 이내
(2) 납세의무자		수증받은 배우자·직계존비속	당초 증여자
(3) 연대납세의무		없음	수증자는 연대납세의무 있음
(4) 증여세의 처리		필요경비로 공제 * 필요경비개산공제 적용시에도 추가하여 필요경비로 공제	증여세 부과 취소 * 부과취소된 증여세는 수증자에게 환급
(5) 보유기간		증여자가 양도자산을 취득한 날부터 양도한 날까지	증여자가 양도자산을 취득한 날부터 양도한 날까지

Memo

세부사항 가업상속재산에 대한 이월과세

상속세 및 증여세법상 가업상속공제가 적용된 자산의 양도차익을 계산할 때는 전술한 필요경비(취득가액 및 기타필요경비)규정을 적용한다. 다만, 취득가액은 다음의 금액을 합한 금액으로 한다.

① 피상속인의 취득가액 × 가업상속공제적용률*

② 상속개시일 현재 해당 자산가액 × (1 − 가업상속공제적용률)

$$* \text{가업상속공제적용률} = \frac{\text{가업상속공제액}}{\text{가업상속재산가액}}$$

예 부친이 취득한(취득가액 300억원) 자산을 상속받아(상속재산가액 500억원, 가업상속공제 200억원) 보유하다가 이를 양도한(양도가액 600억원) 경우의 양도차익

양도가액 :		600억원
취득가액 :	300억원×40% + 500억원×60% =	420억원
양도차익 :		180억원

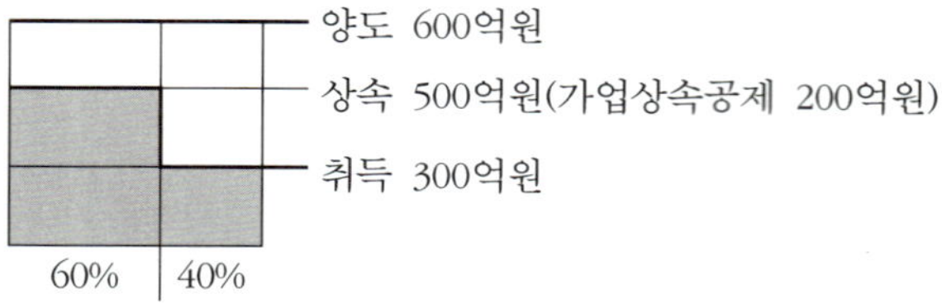

* 가업상속공제적용률 : 200억원/500억원 = 40%

4. 1세대 1주택에 해당하는 고가주택 등의 양도소득금액 계산

1세대 1주택 비과세요건을 충족한 고가주택 및 조합원입주권의 양도소득금액은 다음과 같이 계산한다.

$$\text{(1) 고가주택 등의 양도차익} = \text{양도차익} \times \frac{\text{양도가액} - \text{12억원}}{\text{양도가액}}$$

(2) 고가주택 등의 장기보유특별공제 = 고가주택 등의 양도차익 × 공제율

※ **고가주택** : 실지거래가액이 12억원을 초과하는 주택

예제 다음은 홍길동 씨가 양도한 아파트(등기 자산임)에 관한 자료이다. 해당 아파트가 1세대 2주택 이상인 경우와 1세대 1주택 비과세 요건을 충족한 경우로 나누어 양도소득금액을 계산하시오. 단, 조정대상지역에 해당하지는 않음.

1. 취득 및 양도에 관한 자료(보유기간 동안 거주함)

	일 자	기준시가	실지거래가액
양 도	2023. 2. 10.	₩1,400,000,000	₩2,000,000,000
취 득	2018. 1. 10.	875,000,000	미확인

2. 취득·양도 당시 매매사례가액·감정가액은 확인되지 않으며 자본적지출 및 양도비용의 합계액은 ₩32,000,000이다.

Memo

해답

	1세대 2주택 이상		1세대 1주택
양도가액	₩2,000,000,000		
취득가액	(−)1,250,000,000[*1]		
필요경비개산공제	(−)26,250,000[*2]		
양도차익	723,750,000	→	₩289,500,000[*4]
장기보유특별공제	(−)72,375,000[*3]		(−)115,800,000[*5]
양도소득금액	₩651,375,000		₩173,700,000

* 1. 환산취득가액 : $₩2,000,000,000 \times \frac{₩875,000,000}{₩1,400,000,000} = ₩1,250,000,000$

2. 필요경비개산공제 : ₩875,000,000×3%=₩26,250,000
3. 장기보유특별공제 : ₩723,750,000×10%=₩72,375,000
4. 양도차익환산 : $₩723,750,000 \times \frac{₩2,000,000,000 - ₩1,200,000,000}{₩2,000,000,000} = ₩289,500,000$
5. 장기보유특별공제 : ₩289,500,000 × (20%+20%) = ₩115,800,000

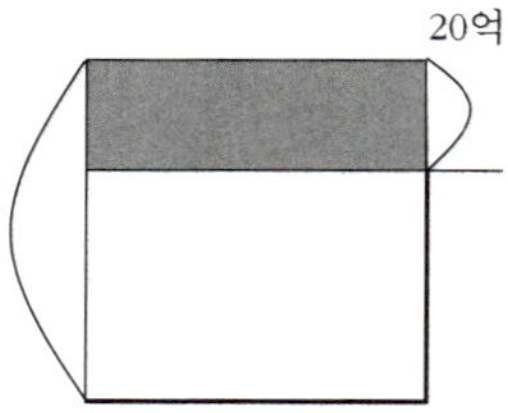

$$양도차익 \times \frac{양도가액 - 12억}{양도가액}$$

5. 부담부증여에 의한 양도가액과 취득가액

$$(1)\ 양도가액 = 양도\ 당시\ 해당\ 자산가액^{*1} \times \frac{채무액}{증여가액^{*1}}$$

$$(2)\ 취득가액 = 취득\ 당시\ 해당\ 자산가액^{*2} \times \frac{채무액}{증여가액^{*1}}$$

* 1. 양도 당시 해당 자산가액 및 증여가액 : 상속세 및 증여세법에 의한 평가액(증여일 현재의 시가로 하되, 시가를 산정하기 어려운 경우 보충적 평가방법 적용)을 적용한다.

2. 취득 당시 해당 자산가액 : 양도차익계산시 적용되는 취득가액의 규정을 준용한다. 이 경우 양도 당시 해당 자산가액을 상속세 및 증여세법상 부동산의 보충적 평가방법에 따라 산정한 경우에는 취득 당시 해당 자산가액도 기준시가로 한다.

예제 다음 자료를 토대로 거주자 甲의 양도소득과세표준을 계산하시오.

1. 甲은 2017년 1월 10일에 토지를 취득하고(등기함) 해당 토지를 담보로 2억원을 차입하였다. 그 후 조카인 乙은 2023년 9월 10일에 차입금을 인수하는 조건으로 해당 토지를 증여받았다.
2. 토지의 취득가액은 ₩450,000,000, 증여당시가액은 ₩600,000,000(상증세법에 따른 시가), 기타 필요경비는 ₩9,000,000이다.

Memo

해 답

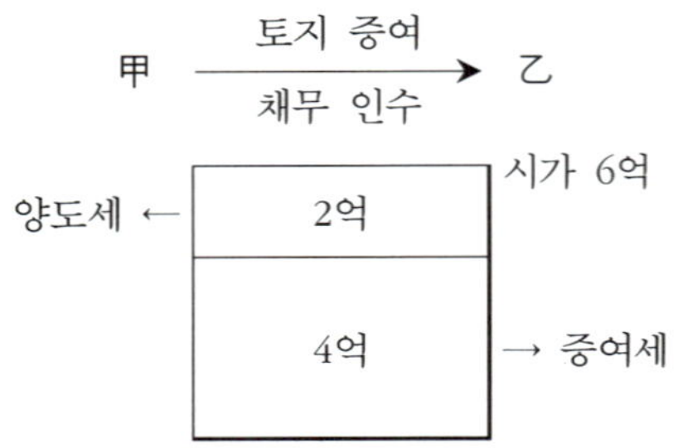

양도가액 :	₩600,000,000 × 2억/6억 =	₩200,000,000
취득가액 :	₩450,000,000 × 2억/6억 =	(−)150,000,000
기타경비 :	₩9,000,000 × 2억/6억 =	(−)3,000,000
양도차익 :		47,000,000
장기보유특별공제 :	₩47,000,000×12%=	(−)5,640,000
양도소득금액 :		41,360,000
양도소득기본공제 :		(−)2,500,000
과세표준		₩38,860,000

10.6 양도소득세액의 계산

1. 양도소득산출세액

• 산출세액 계산시 보유기간은 당해 자산의 취득일로부터 양도일까지의 기간으로 한되, 상속받은 자산의 보유기간은 피상속인의 취득일부터 기산한다.

* 장기보유특별공제액을 계산할 때에는 상속개시일을 보유기간 기산일로 함

※ 산출세액계산의 특례

해당 과세기간에 1그룹 자산을 2 이상 양도하는 경우 양도소득 산출세액은 다음과 같이 계산한다.

> 산출세액=Max[①, ②]
> ① 해당 과세기간의 양도소득과세표준 합계액에 대하여 기본세율을 적용하여 계산한 양도소득 산출세액
> ② 자산별 양도소득 산출세액 합계액

Memo

※ 부동산 매매업자의 세액계산 특례

> 산출세액 : Max[①, ②]
> ① 종합소득 과세표준×종합소득 세율
> ② (종합소득 과세표준－주택 등 매매차익)×종합소득 세율
> ＋(주택 등 매매차익－장기보유특별공제－양도소득기본공제)×양도소득 세율

2. 세액감면

(1) 개요

(2) 미등기 양도자산에 대한 감면배제

(3) 매매계약서 허위 기재에 따른 비과세 또는 감면의 제한

토지, 건물 및 부동산에 관한 권리를 매매하는 거래당사자가 매매계약서의 거래가액을 실지거래가액과 다르게 적은 경우에는 해당 자산에 대하여 다음과 같이 소득세법 또는 조세특례제한법의 양도소득세 비과세·감면 규정을 적용한다.

구 분	비과세·감면 적용
(1) 비과세규정을 적용받을 경우	• 비과세받았거나 받을 세액－Min[①, ②] ① 비과세하지 않을 경우 양도소득산출세액 ② 매매계약서의 거래가액과 실지거래가액과의 차액
(2) 감면규정을 적용받을 경우	• 감면받았거나 받을 세액－Min[①, ②] ① 감면받았거나 받을 경우 해당 감면세액 ② 매매계약서의 거래가액과 실지거래가액과의 차액

※ 미등기 양도자산에 대한 제재규정

① 비과세 적용배제
② 필요경비개산공제 축소 적용
③ 장기보유특별공제 및 양도소득기본공제 적용배제
④ 70% 최고세율 적용
⑤ 세액감면 적용배제

Memo

10.7 양도소득세액의 납세절차

1. 양도소득과세표준 예정신고와 납부

(1) 개요

과세대상자산(국외주식 및 3그룹 자산은 제외)을 양도한 거주자는 양도소득과세표준을 다음의 구분에 따른 기간 내에 납세지관할세무서장에게 신고하여야 하며, 양도차익이 없거나 결손금이 발생한 경우에도 신고는 하여야 한다.

① 1그룹 자산 및 4그룹 자산(③제외) : 양도일이 속하는 달의 말일부터 2월

② 2그룹 자산(③제외) : 양도일이 속하는 반기의 말일부터 2월

③ 부담부증여의 채무액에 해당하는 부분으로서 양도로 보는 경우 : 양도일이 속하는 달의 말일부터 3개월

(2) 예정신고산출세액의 계산

$$\text{예정신고산출세액} = \left(\text{양도차익} - \begin{matrix}\text{장기보유}\\\text{특별공제}\end{matrix} - \begin{matrix}\text{양도소득}\\\text{기본공제}\end{matrix}\right) \times \text{양도소득세율}$$

* 해당 과세기간에 누진세율적용대상자산에 대한 예정신고를 2회 이상 하는 경우로서 이미 신고한 양도소득금액과 합산하여 신고하려는 경우에는 다음의 구분에 따른 금액을 제2회 이후 신고하는 예정신고산출세액으로 한다.

① 기본세율 적용대산 자산의 경우

$$\begin{matrix}\text{예정신고}\\\text{산출세액}\end{matrix} = \left(\begin{matrix}\text{이미 신고한}\\\text{양도소득금액}\end{matrix} + \begin{matrix}\text{2회 이후 신고하는}\\\text{양도소득금액}\end{matrix} - \text{양도소득기본공제}\right) \times \text{기본세율} - \begin{matrix}\text{이미 신고한}\\\text{예정신고산출세액}\end{matrix}$$

② '기본세율+10%' 적용대산 자산의 경우

$$\begin{matrix}\text{예정신고}\\\text{산출세액}\end{matrix} = \left(\begin{matrix}\text{이미 신고한}\\\text{양도소득금액}\end{matrix} + \begin{matrix}\text{2회 이후 신고하는}\\\text{양도소득금액}\end{matrix} - \text{양도소득기본공제}\right) \times \text{'기본세율+10\%'세율} - \begin{matrix}\text{이미 신고한}\\\text{예정신고산출세액}\end{matrix}$$

③ 20%·25% 세율 적용대상 주식 및 20%·25% 세율 적용대상 신탁수익권

$$\begin{matrix}\text{예정신고}\\\text{산출세액}\end{matrix} = \left(\begin{matrix}\text{이미 신고한}\\\text{양도소득금액}\end{matrix} + \begin{matrix}\text{2회 이후 신고하는}\\\text{양도소득금액}\end{matrix} - \text{양도소득기본공제}\right) \times \text{'20\% 또는 25\%'세율} - \begin{matrix}\text{이미 신고한}\\\text{예정신고산출세액}\end{matrix}$$

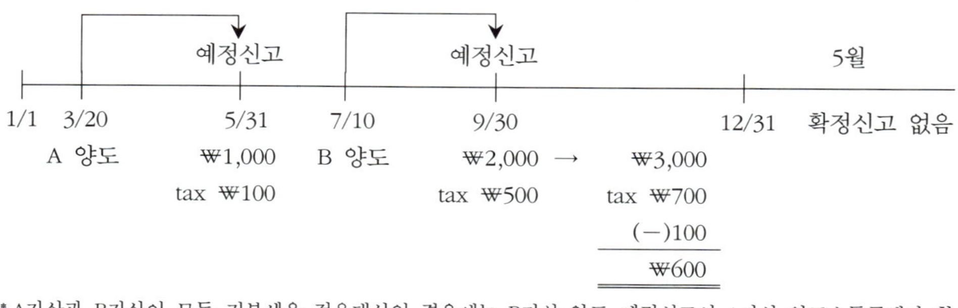

* A자산과 B자산이 모두 기본세율 적용대상인 경우에는 B자산 양도 예정신고시 A자산 양도소득금액과 합산하여 예정신고를 하여야 한다.

Memo

2. 양도소득과세표준의 확정신고와 납부

(1) 양도소득과세표준 확정신고

① 해당 과세기간의 양도소득금액이 있는 거주자는 그 양도소득과세표준을 다음 연도 5월 1일부터 5월 31일까지 납세지관할세무서장에게 신고하여야 한다.

* 과세표준확정신고는 해당 과세기간의 과세표준이 없거나 결손금이 있는 경우에도 하여야 한다.

② 예정신고를 한 자는 확정신고를 하지 않아도 무방하다. 그러나 해당 과세기간에 기본세율 적용대상자산에 대한 예정신고를 2회 이상 한 자가 이미 신고한 양도소득금액과 합산하여 예정신고를 하지 않은 경우에는 과세표준확정신고를 하여야 한다.

(2) 확정신고납부

자진납부할세액이 1천만원을 초과하는 경우에는 종합소득세와 동일한 방법으로 납부기한 경과 후 2개월 이내에 분납할 수 있다.

세부사항 감정가액 또는 환산취득가액 적용 가산세

거주자가 건물을 신축 또는 증축(증축의 경우 바닥면적 합계가 $85m^2$를 초과하는 경우에 한정)하고 그 신축한 건물의 취득일 또는 증축일부터 5년 이내에 해당 건물을 양도하는 경우로서 감정가액 또는 환산취득가액을 취득가액으로 하는 경우에는 다음의 금액을 가산세로 부과한다.

> 가산세 = 건물의 감정가액 또는 환산취득가액 × 5%

10.8 국외자산 양도에 대한 양도소득세

1. 납세의무자와 과세대상

<table>
<tr><th>구 분</th><th>내 용</th></tr>
<tr><td>(1) 납세의무자</td><td>5년 이상 국내에 주소 또는 거소를 둔 거주자</td></tr>
<tr><td>(2) 양도소득의 범위</td><td>해당 과세기간에 국외에 있는 자산을 양도함으로써 발생하는 다음의 소득(다만, 다음의 소득이 국외에서 외화를 차입하여 취득한 자산을 양도하여 발생하는 소득으로서 환율변동으로 인하여 외화차입금으로부터 발생하는 환차익을 포함하고 있는 경우에는 해당 환차익을 양도소득의 범위에서 제외)
<table>
<tr><th>구 분</th><th>대 상 자 산</th></tr>
<tr><td>1그룹</td><td>① 토지 또는 건물
② 부동산에 관한 권리*(미등기 양도자산 포함)
* 지상권, 전세권, 부동산임차권 및 부동산을 취득할 수 있는 권리
③ 기타자산</td></tr>
</table>
</td></tr>
</table>

Memo

2. 양도소득세의 계산

구 분	내 용
(1) 양도가액과 취득가액 적용순위	1순위 : 실지거래가액 2순위 : 양도 또는 취득당시의 현황을 반영한 시가 3순위 : 보충적 평가방법
(2) 과세표준의 계산	필요경비개산공제 및 장기보유특별공제 미적용(양도소득기본공제는 적용)
(3) 양도차익 외화환산	양도가액 및 필요경비를 수령하거나 지출한 날의 기준환율 또는 재정환율에 의하여 계산
(4) 세 율	기본세율
(5) 외국납부세액공제	세액공제와 필요경비산입 방법 중 선택 가능
(6) 국내자산 양도소득세 준용배제	① 양도의 정의 ② 미등기 양도자산에 대한 비과세·감면의 배제 ③ 배우자·직계존비속간 증여자산에 대한 이월과세 ④ 기준시가의 산정 ⑤ 장기보유특별공제

10.9 거주자의 국외전출시 국내주식 등에 대한 양도소득세 과세특례

1. 납세의무자와 과세대상

다음의 요건을 모두 갖추어 출국하는 거주자(국외전출자)는 출국 당시 소유한 국내주식등의 평가이익에 대하여 소득세를 납부할 의무가 있다.

① 출국일 10년 전부터 출국일까지의 기간 중 국내에 주소나 거소를 둔 기간의 합계가 5년 이상일 것

② 출국일이 속하는 연도의 직전 연도 종료일 현재 소유하고 있는 주식등의 비율·시가총액 등을 고려하여 양도소득세에서 정하는 대주주에 해당할 것

※ 양도소득세 과세대상 국내주식등에는 특정주식(A)와 특정주식(B)를 포함한다.

2. 과세표준의 계산

(1) 양도가액과 취득가액의 산정

구 분	내 용
양도가액	출국일 당시의 시가*(국외 전출자의 출국일 당시 해당 주식 등의 거래가액)
필요경비	일반적인 국내자산 양도소득의 필요경비 계산규정에 따름
양도소득기본공제	연 250만원

Memo

* 출국일 당시의 시가를 산정하기 어려울 때에는 다음의 방법에 따른다.
  ① 상장주식 등 : 기준시가
  ② 비상장주식 등 : 다음의 방법을 순차로 적용하여 계산한 가액
    a. 출국일 전후 각 3개월 이내에 해당 주식의 매매사례가액
    b. 기준시가

(2) 과세표준의 계산

	양 도 가 액
−	필 요 경 비
	양 도 소 득 금 액
−	양도소득기본공제
	양도소득과세표준

국외전출자 국내주식등의 양도소득과세표준은 종합소득, 퇴직소득 및 일반적인 국내자산 양도소득과세표준과 구분하여 계산한다.

3. 양도소득세액의 계산

(1) 산출세액

양도소득과세표준	산출세액
3억원 이하	과세표준×20%
3억원 초과	6,000만원+(3억원 초과액×25%)

(2) 세액공제

1) 조정공제

국외전출자가 출국한 후 국외전출자 국내주식등을 실제 양도한 경우로서 실제 양도가액이 간주 양도가액(과세표준 계산시 적용된 양도가액)보다 낮은 때에는 다음의 조정공제액을 산출세액에서 공제한다.

> 조정공제액 = (간주 양도가액 − 실제 양도가액) × 20%(또는 25%)

2) 외국납부세액공제

국외전출자가 출국한 후 국외전출자 국내주식등을 실제로 양도하여 해당 자산의 양도소득에 대하여 외국정부(지방자치단체를 포함)에 세액을 납부하였거나 납부할 것이 있는 때에는 다음의 금액을 산출세액에서 공제한다.

> 외국납부세액공제=Min[①, ②]
>
> ① 공제대상 : 외국정부에 납부한 세액 $\times \frac{\text{Min[간주 양도가액, 실제 양도가액]} - \text{필요경비}}{\text{실제 양도가액} - \text{필요경비}}$
>
> ② 한도 : 산출세액−조정공제액

Memo

다만, 다음의 어느 하나에 해당하는 경우에는 외국납부세액공제를 적용하지 아니한다.

① 외국정부가 산출세액에 대하여 외국납부세액공제를 허용하는 경우

② 외국정부가 국외전출자 국내주식등의 취득가액을 간주 양도가액으로 조정하여 주는 경우

3) 비거주자의 국내원천소득 세액공제

국외전출자가 출국한 후 국외전출자 국내주식등을 실제로 양도하여 비거주자의 국내원천소득으로 국내에서 과세되는 경우에는 다음의 금액을 산출세액에서 공제한다.

> 세액공제=Min[①, ②]
> ① 국내에서 과세된 세액=Min[실제양도가액× 10%, (실제양도가액－필요경비)× 20%]
> ② 한도액 : 산출세액－조정공제액

이처럼 비거주자의 국내원천소득 세액공제를 하는 경우에는 외국납부세액공제를 적용하지 아니한다.

4. 납세절차

(1) 신고·납부

1) **납세관리인과 주식보유현황 신고** : 국외전출자는 국내주식등의 양도소득에 대한 납세관리인과 국외전출자 국내주식등의 보유현황(신고일 전날 기준)을 출국일 전날까지 납세지 관할 세무서장에게 신고하여야 한다.

2) **과세표준 신고 및 납부** : 국외전출자는 양도소득과세표준을 출국일이 속하는 달의 말일부터 3개월 이내(납세관리인을 신고한 경우에는 양도소득과세표준 확정신고 기간 내)에 납세지 관할 세무서장에게 신고하고 차감납부세액을 납부하여야 한다.

3) **경정청구** : 조정공제, 외국납부세액공제 및 비거주자의 국내원천소득 세액공제를 적용받으려는 자는 국외전출자 국내주식등을 실제 양도한 날부터 2년 이내에 대통령령으로 정하는 바에 따라 납세지 관할 세무서장에게 경정을 청구할 수 있다.

(2) 납부유예

① 국외전출자는 다음의 요건을 모두 충족하는 경우에는 납부규정에도 불구하고 출국일부터 국외전출자 국내주식등을 실제로 양도할 때까지 납세지 관할 세무서장에게 양도소득세 납부의 유예를 신청하여 납부를 유예받을 수 있다.

a. 국세징수법 규정에 따른 납세담보를 제공할 것

b. 납세관리인을 납세지 관할 세무서장에게 신고할 것

② 납부를 유예받은 국외전출자는 출국일부터 5년(국외전출자의 국외유학에 해당하는 경우에는 10년) 이내에 국외전출자 국내주식등을 양도하지 아니한 경우에는 출국일부터 5년이 되는 날이 속하는 달의 말일부터 3개월 이내에 국외전출자 국내주식등에 대한 양도소득세를 납부하여야 한다.

Memo

③ 납부를 유예받은 국외전출자는 국외전출자 국내주식 등을 실제 양도한 경우 양도일이 속하는 달의 말일부터 3개월 이내에 국외전출자 국내주식 등에 대한 양도소득세를 납부하여야 한다.

④ 납부를 유예받은 국외전출자는 국외전출자 국내주식 등에 대한 양도소득세를 납부할 때 납부유예를 받은 기간에 대한 이자상당액을 가산하여 납부하여야 한다.

(3) 재전입 등에 따른 환급 등

① 국외전출자(아래 c의 경우에는 상속인을 말함)는 다음의 어느 하나에 해당하는 사유가 발생한 경우 그 사유가 발생한 날부터 1년 이내에 납세지 관할 세무서장에게 납부한 세액의 환급을 신청하거나 납부유예 중인 세액의 취소를 신청하여야 한다.

a. 국외전출자가 출국일부터 5년 이내에 국외전출자 국내주식등을 양도하지 아니하고 국내에 다시 입국하여 거주자가 되는 경우

b. 국외전출자가 출국일부터 5년 이내에 국외전출자 국내주식등을 거주자에게 증여한 경우

c. 국외전출자의 상속인이 국외전출자의 출국일부터 5년 이내에 국외전출자 국내주식등을 상속받은 경우

② 납세지 관할 세무서장은 상기 ①에 따른 신청을 받은 경우 지체 없이 국외전출자가 납부한 세액을 환급하거나 납부유예 중인 세액을 취소하여야 한다.

③ 상기 ①에 해당하여 국외전출자가 납부한 세액을 환급하는 경우 보유현황 무신고·과소신고 가산세는 환급하지 아니한다.

④ 국외전출자가 납부한 세액을 환급하는 경우에는 국세기본법 규정에도 불구하고 국세환급금에 국세환급가산금을 가산하지 아니한다.

| 사례 |

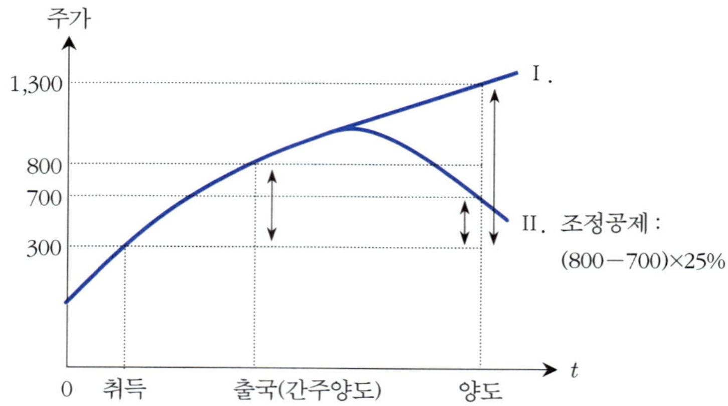

I. 외국납부세액공제 : Min[①, ②]

① 외국납부세액$\times\dfrac{800-300}{1{,}300-300}$

② 산출세액

II. 외국납부세액공제 : Min[①, ②]

① 외국납부세액$\times\dfrac{700-300}{700-300}$

② 산출세액−조정공제

Memo

비거주자와 외국법인의 납세의무

※ 법인세법 – 비영리법인에 대한 법인세

1. 수익사업의 범위

① 사업소득(통계청장 고시 한국표준산업분류에 의한 각 사업 중 수익이 발생하는 사업)

* 축산업, 농업(조경수 식재 및 관리서비스업 제외), 연구 및 개발업, 교육서비스업 중 유치원·학교·평생교육시설을 경영하는 사업, 법 소정 사회복지사업 등 일정 사업은 제외

② 이자소득 및 배당소득

③ 유형자산 및 무형자산의 처분으로 인한 수입

* 해당 자산 처분일 현재 3년 이상 계속하여 고유목적사업에 직접 사용한 자산의 처분수입은 제외한다. 이 경우 해당 자산의 유지·관리 등을 위한 관람료·입장료 수입 등 부수수익이 있는 경우에도 이를 고유목적사업에 직접사용한 자산으로 보며, 수익사업에 속하는 자산을 고유목적사업에 전입한 후 처분하는 경우에는 전입 시 시가로 평가한 가액을 그 자산의 취득가액으로 하여 과세대상에서 제외할 처분수입을 계산한다.

④ 소득세법상 양도소득세가 과세되는 부동산에 관한 권리 및 기타자산의 양도로 인한 수입

⑤ 주식·신주인수권 또는 출자지분의 양도로 인한 수입

⑥ 채권 등을 매도함에 따른 매매익(매각익에서 매각손을 차감한 금액)

2. 비영리법인에 대한 과세특례

(1) 고유목적사업준비금의 손금산입

비영리내국법인은 고유목적사업준비금을 설정할 수 있다.

* 고유목적사업준비금은 원칙적으로 결산조정사항이지만 외부감사를 받는 비영리내국법인의 경우에는 예외적으로 잉여금처분에 의한 신고조정을 허용한다.

(2) 이자소득에 대한 신고 특례

비영리내국법인은 원천징수된 이자소득(비영업대금의 이익을 제외하고, 투자신탁의 이익을 포함한다)에 대하여는 과세표준신고를 하지 않을 수 있다.

* 과세표준 신고를 하지 아니한 이자소득은 각 사업연도의 소득금액계산에 있어서 이를 포함하지 아니하며 수정신고, 기한 후 신고 또는 경정 등에 의하여 과세표준에 포함시킬 수 없다.

(3) 자산양도소득에 대한 신고 특례

비영리내국법인(사업소득에 해당하는 수익사업을 영위하는 비영리내국법인은 제외)이 소득세법상 양도소득세 과세대상 자산의 양도로 인한 소득이 있는 경우에는 과세표준신고를 하지 않을 수 있다. 이 경우 해당 소득에 대하여는 소득세법상 양도소득세의 규정을 준용하여 산출한 세액을 법인세로 하여 예정신고 및 자진납부를 하여야 한다.

Memo

(4) 기타의 특례

사업소득과 채권매매익에 해당하는 수익사업을 영위하지 않는 비영리내국법인은 기장의무가 없으며 과세표준신고를 하는 경우 재무상태표·손익계산서·이익잉여금처분계산서(또는 결손금처리계산서) 및 세무조정계산서를 첨부하지 않은 경우에도 무신고로 보지 않는다. 또한 기장의무를 지는 비영리법인도 무기장가산세는 적용받지 않는다.

참고 비영리법인의 상속세 및 증여세 납세의무

외부로부터 재산을 상속받거나 증여받은 경우 발생하는 자산수증이익이 영리법인에게는 법인세법상 익금 항목이므로 이에 대해 법인세가 과세된다. 따라서 영리법인은 상속세나 증여세의 납세의무가 없다. 그러나, 해당 자산수증이익이 비영리법인에게는 법인세법상 과세대상인 수익사업에 해당하지 않기 때문에 이에 대해 상속세나 증여세의 납세의무가 있다.

3. 구분경리(손익계산서 항목)

구 분		안분계산방법
(1) 공통익금		수입금액(또는 매출액)에 비례하여 안분계산
(2) 공통손금	업종이 동일한 경우	수입금액(또는 매출액)에 비례하여 안분계산
	업종이 다른 경우	개별손금액에 비례하여 안분계산

※ 소득세법 및 법인세법 – 비거주자와 외국법인

11.1 국내원천소득

구 분	국내원천소득의 범위
(1) 이자소득 (2) 배당소득 (3) 부동산소득 (4) 선박 등 임대소득 (5) 사업소득 (6) 인적용역소득 (7) 부동산등양도소득 (8) 사용료소득 (9) 유가증권양도소득 (10) 기타소득	외국법인과 비거주자 동일
(11) 근로소득 (12) 연금소득 (13) 퇴직소득	비거주자에게만 존재함

Memo

11.2 국내사업장

1. 국내사업장의 개념과 범위

(1) 국내사업장의 개념

국내사업장이란 외국법인이 국내에서 사업의 전부 또는 일부를 수행하는 고정된 장소를 말한다.

(2) 국내사업장에 해당하는 장소와 특정 활동 장소

국내사업장에 해당하는 장소	특정 활동 장소
(1) 지점·사무소 또는 영업소 (2) 상점 그 밖의 고정된 판매사업장 (3) 작업장·공장 또는 창고 (4) 6개월을 초과하여 존속하는 건설장소, 건설·조립·설치공사의 현장 또는 이와 관련되는 감독활동을 수행하는 장소 (5) 고용인을 통하여 용역을 제공하는 장소로서 다음 중 어느 하나에 해당하는 장소 ① 용역의 제공이 계속되는 12개월 기간 중 합계 6개월을 초과하는 기간 동안 용역이 수행되는 장소 ② 용역의 제공이 계속되는 12개월 기간 중 합계 6개월을 초과하지 않는 경우로서 유사한 종류의 용역이 2년 이상 계속적·반복적으로 수행되는 장소 (6) 광산·채석장 또는 해저천연자원이나 그 밖의 천연자원의 탐사 및 채취장소	(1) 자산의 단순한 구입만을 위하여 사용하는 일정한 장소 (2) 판매를 목적으로 하지 않는 자산의 저장이나 보관만을 위하여 사용하는 일정한 장소 (3) 광고·선전·정보수집 및 제공·시장조사, 그 밖에 이와 유사한 활동만을 위하여 사용하는 일정한 장소 (4) 자기의 자산을 타인으로 하여금 가공할 목적으로만 사용하는 일정한 장소

① 특정 활동 장소가 외국법인의 사업 수행상 예비적 또는 보조적인 성격을 가진 활동을 하기 위하여 사용되는 경우에는 국내사업장에 포함되지 아니한다.

② 특정 활동 장소가 다음 중 어느 하나에 해당하는 경우에는 국내사업장에 포함한다.

a. 외국법인 또는 특수관계인이 특정 활동 장소와 같은 장소 또는 국내의 다른 장소에서 국내사업장을 두고 사업을 수행하고, 특정 활동 장소에서 수행하는 활동과 해당 국내사업장에서 수행하는 활동이 상호 보완적인 경우

b. 외국법인 또는 특수관계인이 특정 활동 장소와 같은 장소 또는 국내의 다른 장소에서 상호 보완적인 활동을 수행하고 각각의 활동을 결합한 전체적인 활동이 사업 활동에 비추어 예비적 또는 보조적인 성격을 가진 활동에 해당하지 아니하는 경우

Memo

2. 의제국내사업장

비거주자 또는 외국법인이 고정된 장소를 가지고 있지 않은 경우에도 종속대리인*을 두고 사업을 경영하는 때에는 그 종속대리인의 사업장 소재지(사업장이 없는 경우에는 주소지 또는 거소지)에 국내사업장을 둔 것으로 본다.

* 종속대리인 : 다음 중 어느 하나에 해당하는 자 또는 이에 준하는 자
  1. 국내에서 그 외국법인을 위하여 다음 중 어느 하나에 해당하는 계약('외국법인 명의 계약등')을 체결할 권한을 가지고 그 권한을 반복적으로 행사하는 자
     - 외국법인 명의의 계약
     - 외국법인 소유 자산의 소유권 이전 또는 소유권이나 사용권을 갖는 자산의 사용권 허락을 위한 계약
     - 외국법인의 용역제공을 위한 계약
  2. 국내에서 그 외국법인을 위하여 외국법인 명의 계약등을 체결할 권한을 가지고 있지 아니하더라도 계약을 체결하는 과정에서 중요한 역할(외국법인이 계약의 중요사항을 변경하지 아니하고 계약을 체결하는 경우로 한정한다)을 반복적으로 수행하는 자

11.3 과세방법

1. 외국법인

구 분	과 세 방 법
(1) 국내사업장 귀속소득 또는 부동산소득	내국법인 규정을 준용하여 국내원천소득을 종합하여 과세
(2) 이외의 소득	국내원천소득을 소득별로 분리과세

* 외국법인의 국내사업장이 존재하더라도 국내사업장과 실질적으로 관련되지 않거나 국내사업장에 귀속되지 않는 소득은 분리과세 대상이다(부동산소득 제외). 분리과세하는 경우에는 원천징수로써 과세를 종결하지만 예외적으로 부동산등양도소득에 대해서는 예납적 원천징수를 하고 신고납부 분리과세한다.

2. 비거주자

구 분		과 세 방 법
(1) 종합소득	① 국내사업장 또는 부동산소득이 있는 경우	국내원천소득을 종합하여 과세하되, 국내사업장과 실질적으로 관련되지 않거나 그 국내사업장에 귀속되지 않는 소득(부동산·근로·퇴직·양도소득은 제외)에 대하여는 소득별로 원천징수 후 분리과세한다.
	② 국내사업장 및 부동산 소득이 없는 경우	국내원천소득을 소득별로 원천징수 후 분리과세한다. 다만, 근로소득은 거주자와 동일한 방법으로 원천징수한다.
(2) 퇴직소득·부동산등양도소득		거주자와 동일한 방법으로 분류과세한다. 다만, 양도소득은 국내사업장이 없는 경우 또는 국내사업장과 실질적으로 관련되지 아니하거나 그 국내사업장에 귀속되지 않는 경우에는 예납적 원천징수를 하여야 한다.

Memo

11.4 지점세

지점세(branch tax)란 외국법인(비영리외국법인은 제외)의 국내사업장(지점)에 대하여 우리나라와 외국법인의 거주지국과 체결한 조세조약의 규정에 따라 일반법인세에 추가하여 과세하는 부가세를 말한다.

11.5 조세조약에 대한 과세특례

외국법인의 소득에 대한 과세는 조세조약의 대상이 된다. 조세조약이란 '소득 및 자본에 관한 조세의 이중과세회피 및 탈세방지를 위한 협약'으로서 우리나라와 외국 간에 조세와 관련하여 체결된 협약을 말한다. 이러한 조세조약은 국내법과 같은 효력을 지니므로 조세조약과 국내법이 상충되는 경우에는 조세조약이 우선적으로 적용되고 특별히 규정되지 않은 부분에 대해서는 국내법이 적용된다.

Memo

법인세법

소득세법

부가가치세법

상속세 및 증여세법

국세기본법

부가가치세법

부가가치세의 기초이론

〈전단계세액공제법의 개념〉

▶ 일반적인 경우

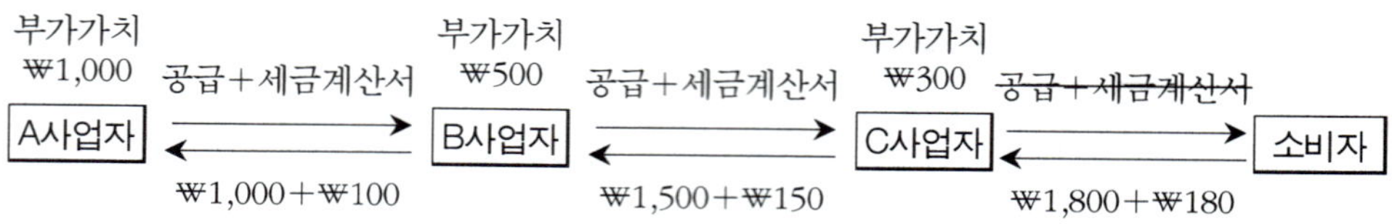

A 사업자	
매출세액	₩100
매입세액	－
납부세액	₩100

B 사업자	
매출세액	₩150
매입세액	(－)100
납부세액	₩50

C 사업자	
매출세액	₩180
매입세액	(－)150
납부세액	₩30

	A	B	C
〈매입〉	－	(차) 매입 1,000 선급금 100 (대) 현금 1,100	(차) 매입 1,500 선급금 150 (대) 현금 1,650
〈매출〉	(차) 현금 1,100 (대) 매출 1,000 예수금 100	(차) 현금 1,650 (대) 매출 1,500 예수금 150	(차) 현금 1,980 (대) 매출 1,800 예수금 180
〈납부〉	(차) 예수금 100 (대) 현금 100	(차) 예수금 150 (대) 선급금 100 현금 50	(차) 예수금 180 (대) 선급금 150 현금 30

Memo

▶ C 사업자가 영세율인 경우

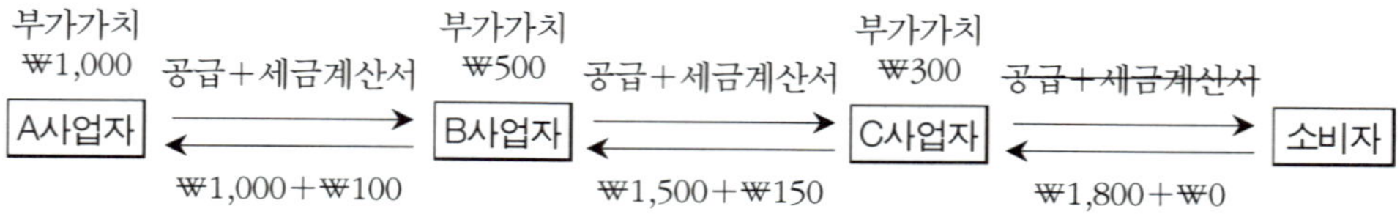

A 사업자		B 사업자		C 사업자	
매출세액	₩100	매출세액	₩150	매출세액	₩0
매입세액	–	매입세액	(–)100	매입세액	(–)150
납부세액	₩100	납부세액	₩50	납부세액	△₩150

	A 사업자	B 사업자	C 사업자
〈매입〉	–	(차) 매입 1,000 선급금 100 (대) 현금 1,100	(차) 매입 1,500 선급금 150 (대) 현금 1,650
〈매출〉	(차) 현금 1,100 (대) 매출 1,000 예수금 100	(차) 현금 1,650 (대) 매출 1,500 예수금 150	(차) 현금 1,800 (대) 매출 1,800
〈납부〉	(차) 예수금 100 (대) 현금 100	(차) 예수금 150 (대) 선급금 100 현금 50	(차) 현금 150 (대) 선급금 150

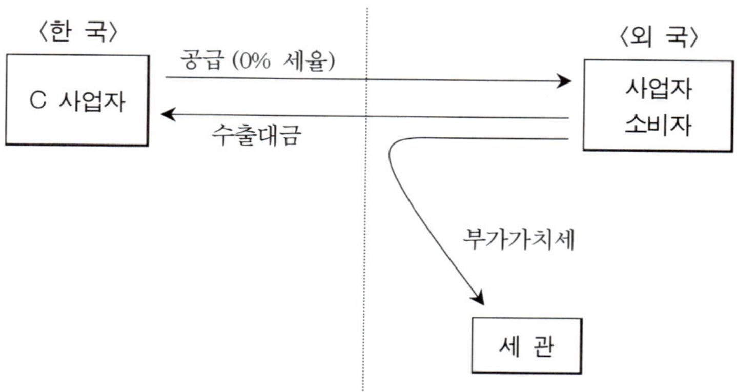

Memo

C 사업자가 면세인 경우

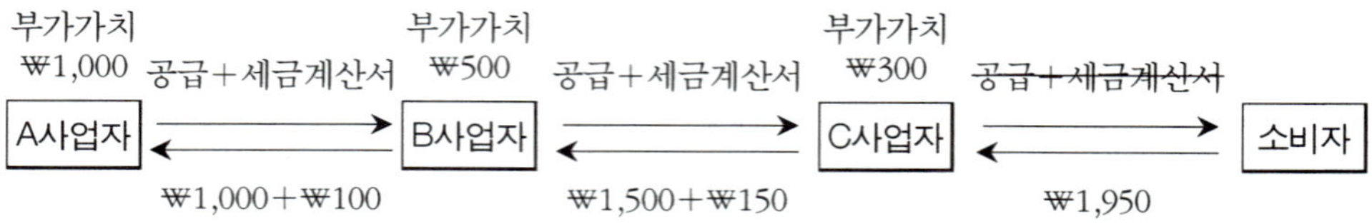

A 사업자		B 사업자		C 사업자
매출세액	₩100	매출세액	₩150	
매입세액	–	매입세액	(–)100	–
납부세액	₩100	납부세액	₩50	

구분	A 사업자	B 사업자	C 사업자
〈매입〉	–	(차) 매입 1,000 선급금 100 (대) 현금 1,100	(차) 매입 1,650 (대) 현금 1,650
〈매출〉	(차) 현금 1,100 (대) 매출 1,000 예수금 100	(차) 현금 1,650 (대) 매출 1,500 예수금 150	(차) 현금 1,950 (대) 매출 1,950
〈납부〉	(차) 예수금 100 (대) 현금 100	(차) 예수금 150 (대) 선급금 100 현금 50	–

※ 영세율과 면세제도의 비교

구 분	영 세 율	면 세
(1) 제도의 취지	소비지국 과세원칙의 구현	조세부담의 역진성 완화
(2) 부가가치세법상 의무	제반의무를 수행하여야 함	제반의무를 수행하지 않음
(3) 면세의 정도	완전면세	부분면세
(4) 대상 거래	수출거래	기초생활필수품

Memo

부가가치세법 총칙

2.1 납세의무자

다음에 해당하는 자로서 개인, 법인(국가·지방자치단체와 지방자치단체조합 포함), 법인격이 없는 사단·재단 또는 그 밖의 단체는 부가가치세를 납부할 의무가 있다.

과 세 대 상	납 세 의 무 자
(1) 재화의 공급	사업자(공급하는 사업자)
(2) 용역의 공급	
(3) 재화의 수입	재화를 수입하는 자(사업자 여부와 관계 없음)

1. 재화·용역의 공급에 대한 납세의무자 : 사업자

(1) 사업자의 개념

구 분	내 용
① 재화·용역의 공급	재화·용역의 공급자로서 행위 또는 거래의 사실상 귀속자
② 사업성(계속·반복성)	사업형태를 갖추고 계속·반복적인 의사로 재화나 용역을 공급
③ 독립성	인적 독립성 및 물적 독립성
④ 영리목적성 불필요	영리목적 유무와 무관하므로 국가·지방자치단체 등도 사업자에 포함

(2) 사업자의 분류

- 사업자
  - 과세사업자
    - 일반과세자 ─ 납세의무 있음
    - 간이과세자 ─ 납세의무 있음
  - 면세사업자 ─ 납세의무 없음

2. 재화의 수입에 대한 납세의무자 : 재화를 수입하는 자(비사업자 포함)

재화를 수입하는 자는 관세법에 따라 관세를 신고납부하는 경우 재화의 수입에 대한 부가가치세를 함께 신고납부하여야 한다.

Memo

2.2 신탁 관련 부가가치세 납세의무자

본래 납세의무자	보충적 납세의무
(1) 원칙 : 수탁자	수익자의 제2차 납세의무 (수탁자가 납부해야 하는 부가가치세를 신탁재산으로 충당하여도 부족한 경우)
(2) 예외 : 위탁자	수탁자의 물적납세의무 (위탁자의 다른 재산에 대하여 강제징수를 하여도 징수부족한 경우)

Ⅰ. 본래 납세의무자

1. 원칙적인 납세의무자 : 수탁자

신탁재산과 관련된 재화 또는 용역을 공급하는 때에는 신탁법에 따른 수탁자가 신탁재산별로 각각 별도의 납세의무자로서 부가가치세를 납부할 의무가 있다. 이 경우 수탁자는 해당 신탁재산을 사업장으로 보아 사업자등록을 신청해야 한다.

* 공동수탁자의 연대납세의무 : 수탁자가 납세의무자가 되는 신탁재산에 둘 이상의 수탁자가 있는 경우 공동수탁자는 부가가치세를 연대하여 납부할 의무가 있다.

2. 예외적인 납세의무자 : 위탁자

다음 중 어느 하나에 해당하는 경우에는 신탁법에 따른 위탁자가 부가가치세를 납부할 의무가 있다.

① 신탁재산과 관련된 재화·용역을 위탁자 명의로 공급하는 경우
② 위탁자가 신탁재산을 실질 지배·통제하는 경우로서 다음의 어느 하나에 해당하는 경우
  a. 수탁자가 위탁자로부터 부동산(부동산 관련 권리 포함)을 수탁받아 부동산개발사업을 목적으로 하는 신탁계약을 체결한 경우로서 그 신탁계약에 의한 부동산개발사업비의 조달의무를 수탁자가 부담하지 아니하는 경우
    * 수탁자가 재개발사업·재건축사업 등의 사업시행자인 경우는 제외(수탁자를 납세의무자로 함)
  b. 수탁자가 재개발사업·재건축사업 등의 사업대행자인 경우
  c. 수탁자가 위탁자의 지시로 위탁자와 특수관계에 있는 자에게 신탁재산 관련 재화나 용역을 공급하는 경우

Memo

II. 신탁 관련 보충적 납세의무

1. 신탁 관련 수익자의 제2차 납세의무

(1) 개념

수탁자가 납부해야 하는 부가가치세를 신탁재산으로 충당하여도 부족한 경우에는 그 신탁의 수익자는 그 부족한 금액에 대하여 제2차 납세의무를 진다.

(2) 성립요건과 효과

1) 성립요건

① 주된 납세의무자 : 수탁자

② 제2차 납세의무자 : 수익자

③ 대상 부가가치세

a. 신탁 설정일 이후에 법정기일이 도래하는 부가가치세로서 신탁재산 관련된 것

b. 위 a의 금액에 대한 강제징수 과정에서 발생한 강제징수비

④ 징수부족액 발생 : 수탁자가 납부해야 할 부가가치세를 신탁재산으로 충당해도 부족한 경우에 해당해야 한다.

2) **효과** : 요건이 충족되면 그 신탁의 수익자는 지급받은 수익과 귀속된 재산의 가액을 합한 금액을 한도로 하여 그 부족한 금액에 대하여 납부할 의무를 진다.

(3) 납부특례

수탁자 관할 세무서장은 수익자로부터 수탁자의 부가가치세 등을 징수하려면 납부고지서를 수익자에게 발급해야 한다. 이 경우 수익자 관할 세무서장과 수탁자에게 그 사실을 통지하여야 한다.

2. 신탁 관련 수탁자의 물적납세의무

(1) 개념

부가가치세를 납부해야 하는 위탁자가 부가가치세 등을 체납한 경우로서 그 위탁자의 다른 재산에 대하여 강제징수를 하여도 징수할 금액에 미치지 못할 때에는 해당 신탁재산의 수탁자는 그 신탁재산으로서 위탁자의 부가가치세 등을 납부할 의무가 있다.

(2) 성립요건과 효과

1) 성립요건

① 위탁자가 부가가치세 납세의무자인 경우에 해당해야 한다.

② 납세의무자인 위탁자가 다음 중 어느 하나에 해당하는 금액을 체납해야 한다.

a. 신탁 설정일 이후에 법정기일이 도래하는 부가가치세로서 신탁재산 관련된 것

b. 위 a의 금액에 대한 강제징수 과정에서 발생한 강제징수비

Memo

③ 신탁재산과 관련하여 발생한 부가가치세 등을 체납한 위탁자의 다른 재산에 대하여 강제징수를 하여도 징수할 금액에 미치지 못하는 경우에 해당해야 한다.

2) **효과** : 요건이 충족되면 위탁자가 체납한 부가가치세 등에 대해서 수탁자에게 물적납세의무가 성립한다. 수탁자가 납부고지서의 기한까지 이를 납부하지 않으면 신탁재산에 대해서 압류 등의 강제징수를 집행하여 부가가치세 등을 징수하게 된다.

(3) 납부특례

위탁자 관할 세무서장은 수탁자로부터 위탁자의 부가가치세 등을 징수하려면 납부고지서를 수탁자에게 발급하여야 한다. 이 경우 수탁자 관할 세무서장과 위탁자에게 그 사실을 통지하여야 한다.

고지가 있은 후 위탁자가 신탁의 이익을 받을 권리를 포기 또는 이전하거나 신탁재산을 양도하는 등의 경우에도 고지된 부분에 대한 납세의무에는 영향을 미치지 아니한다.

2.3 과세기간

1. 일반적인 경우

① 제1기 : 1월 1일 ~ 6월 30일
② 제2기 : 7월 1일 ~ 12월 31일

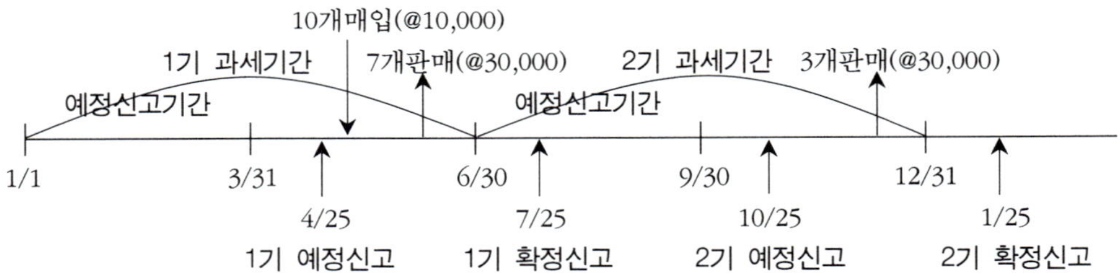

	1기		2기	
	이익	VAT	이익	VAT
매 출	₩210,000	₩21,000	₩90,000	₩9,000
매출원가	(−)70,000	(−)10,000	(−)30,000	−
이 익	₩140,000	₩11,000	₩60,000	₩9,000

2. 예외적인 경우

① 신규사업자 : 사업개시일(개시전 등록의 경우 등록신청일) ~ 당해 과세기간 종료일
② 폐업자 : 당해 과세기간 개시일 ~ 폐업일

Memo

2.4 납세지

※ 사업장별 과세원칙

i) 사업자등록
ii) 세금계산서 발급·수취
iii) 부가가치세 신고·납부

⇨ 사업장별로 각각 수행

1. 사업장

(1) 사업장의 개념과 판정기준

구 분	사 업 장
(1) 광 업	광업사무소의 소재지
(2) 제조업	최종 제품을 완성하는 장소(따로 제품의 포장만을 하거나 용기에 충전만을 하는 장소, 저유소는 제외)
(3) 건설업·운수업·부동산매매업	① 법인 : 법인의 등기부상 소재지(등기부상 지점소재지 포함) ② 개인 : 업무총괄장소
(4) 부동산임대업	부동산의 등기부상 소재지
(5) 비거주자 또는 외국법인의 경우	법인세법 및 소득세법상의 국내사업장
(6) 무인자동판매기를 통하여 재화·용역을 공급하는 사업	사업에 관한 업무를 총괄하는 장소
(7) 사업장을 설치하지 아니한 경우	사업자의 주소 또는 거소

* 상기 사업장 이외의 장소도 사업장으로 등록할 수 있으나, 무인자동판매기를 통하여 재화·용역을 공급하는 사업의 경우에는 그러하지 아니하다.

(2) 직매장, 하치장 및 임시사업장

구 분	개 념	사업장 해당 여부
(1) 직매장	직접 판매하기 위하여 특별히 판매시설을 갖춘 장소	사업장에 해당함
(2) 하치장	재화의 보관·관리시설만을 갖춘 장소로서 판매행위가 이루어지지 않는 장소	사업장이 아님
(3) 임시사업장	각종 경기대회·박람회 등의 행사가 개최되는 장소에 임시로 개설한 장소	기존사업장에 포함

* 임시사업장을 개설하려는 자는 임시사업장 개설신고서를 임시사업장의 사업개시일부터 10일 이내에 임시사업장 관할세무서에 제출하여야 한다. 다만, 임시사업장 설치기간이 10일 이내인 경우에는 해당 신고를 하지 않을 수 있다.

Memo

2. 주사업장 총괄납부 및 사업자단위과세

(1) 효력

<table>
<tr><th>구 분</th><th>주사업장 총괄납부</th><th>사업자단위과세</th></tr>
<tr><td>(1) 사업자등록</td><td rowspan="5">사업장별 적용</td><td rowspan="6">사업자단위과세적용사업장에서 일괄적용</td></tr>
<tr><td>(2) 세금계산서의 발급 및 수취</td></tr>
<tr><td>(3) 과세표준 및 세액 계산</td></tr>
<tr><td>(4) 신고</td></tr>
<tr><td>(5) 결정·경정 및 징수</td></tr>
<tr><td>(6) 납부·환급</td><td>주된 사업장에서 일괄 적용</td></tr>
</table>

(2) 기타사항

구 분	주사업장 총괄납부	사업자단위과세
(1) 주된 사업장 또는 총괄사업장	• 법인 : 본점 또는 지점 • 개인 : 주된 사무소	• 법인 : 본점 • 개인 : 주된 사무소
(2) 신청 및 등록	① 신규사업자 : 사업자등록증을 받은 날부터 20일 이내 ② 계속사업자 : 과세기간 개시 20일 전까지	① 신규사업자 : 사업개시일부터 20일 이내 ② 사업장별로 등록한 사업자 : 과세기간 개시 20일 전까지
(3) 변경	일정 사유발생시 변경신청	일정 사유발생시 사업자등록 정정
(4) 포기신고	과세기간 개시 20일 전	과세기간 개시 20일 전
(5) 포기의 제한	없음	없음

* 사업장이 하나이나 추가로 사업장을 개설하면서 해당 과세기간부터 주사업장총괄납부 또는 사업자단위과세를 적용받으려는 경우에는 추가 사업장의 개시일부터 20일 이내에 신청하여야 한다.

2.5 사업자등록

※ 사업자등록

구 분	법인세법 / 소득세법	부가가치세법
과세사업자	~~○~~ ×	○
면세사업자	○	×

Memo

1. 사업자등록의 신청

(1) **사업장 단위 등록(원칙)** : 사업장마다 사업개시일로부터 20일 이내에 등록
※ 신규로 사업을 개시하는 자는 사업개시일 이전이라도 등록 가능

(2) **사업자 단위 등록(예외)** : 사업장이 둘 이상인 사업자(사업장이 하나이나 추가로 사업장을 개설하려는 사업자 포함)는 사업자 단위로 등록 가능

* 사업장 단위로 등록한 사업자가 사업자단위과세 사업자로 변경하려면 적용받으려는 과세기간 개시 20일 전까지 변경등록을 신청하여야 한다. 사업장이 하나인 사업자가 추가로 사업장을 개설하면서 해당 과세기간부터 사업자단위과세를 적용받으려는 경우에는 추가 사업장의 개시일부터 20일 이내에 변경등록을 신청하여야 한다.

2. 사업자등록증 발급

(1) **발급기한** : 신청일부터 2일 이내(5일 이내에서 연장 가능)

(2) **등록거부** : 사업개시전 등록신청에 한하여 등록거부 가능

(3) **직권등록** : 사업자등록 신청이 없는 경우 조사하여 직권등록 가능

3. 사업자등록의 사후관리

(1) **사업자등록의 정정** : 등록정정 신고일 당일 또는 2일 이내에 사업자등록증 재발급

(2) **휴업·폐업신고** : 사업자등록의 말소
사업개시 전에 등록한 자가 사실상 사업을 개시하지 않게 되는 경우 폐업의제

* 사실상 사업을 시작하지 아니하게 되는 경우
1. 사업자등록 후 정당한 사유 없이 6개월 이상 사업을 개시하지 않은 경우
2. 부도발생, 고액체납 등으로 인해 도산하여 소재 불명인 경우
3. 인·허가 취소 또는 그 밖의 사유로 사업수행이 불가능하여 사실상 폐업상태에 있는 경우
4. 정당한 사유 없이 계속하여 2개 과세기간 이상 부가가치세 신고를 하지 않은 자로서 사실상 폐업상태에 있는 경우
5. 그 밖의 사유로 사실상 사업을 시작하지 아니하는 경우

4. 사업자등록과 관련된 협력의무의 해태에 대한 제재

(1) **매입세액 불공제**

사업자등록신청을 하기 전의 매입세액은 불공제(공급시기가 속하는 과세기간이 끝난 후 20일 이내에 등록 신청한 경우 그 과세기간 내의 매입세액은 공제 허용)

(2) **미등록·허위등록 가산세 부과**

※ **부가가치세 납세의무** : 다음 사항과 관계 없이 납세의무는 존재
① 사업자의 사업자등록 여부
② 공급시 부가가치세의 거래징수 여부
③ 거래상대방의 사업자형태

Memo

과세거래

3.1 과세거래 일반

※ 부가가치세 과세대상

부가가치 → 재화의 공급 ┐ 사업자
용역의 공급 ┘
재화의 수입 – 사업자 여부와 무관
~~용역의 수입~~

1. 재화의 공급

(1) 재화 : 물건이나 권리

구 분	내 용
물건	① 상품·제품·원료·기계·건물 등 모든 유체물 ② 전기, 가스, 열 등 관리할 수 있는 자연력
권리	광업권, 특허권, 저작권 등 물건 외에 재산적 가치가 있는 모든 것

* 재화에 해당하지 않는 경우
① 재산적 가치가 없는 유체물과 무체물
② 수표·어음 등의 화폐대용증권과 주식·채권 등의 유가증권

(2) 재화의 공급 : 계약·법률상 모든 원인에 의해 재화를 인도 또는 양도하는 것

구 분	내 용
① 매매계약	현금판매·외상판매·할부판매·장기할부판매·조건부 및 기한부판매·위탁판매 기타 매매계약에 의하여 재화를 인도 또는 양도하는 것
② 가공계약	자기가 주요자재의 전부 또는 일부를 부담하고 상대방으로부터 인도받은 재화에 공작을 가하여 새로운 재화를 만드는 가공계약에 의하여 재화를 인도하는 것
③ 교환계약	재화의 인도대가로서 다른 재화를 인도받거나 용역을 제공받는 교환계약에 의하여 재화를 인도 또는 양도하는 것
④ 기타	경매·수용·현물출자 기타 계약상 또는 법률상의 원인에 의하여 재화를 인도 또는 양도하는 것

Memo

2. 용역의 공급

(1) 용역 : 재화 외의 재산가치가 있는 모든 역무와 그 밖의 행위

* 1. 건설업, 숙박 및 음식점업, 부동산업 및 임대업은 용역의 범위에 해당한다.
  2. 임대업 중에서 전·답·과수원·목장용지·임야 또는 염전 임대업 및 공익사업과 관련하여 지역권·지상권(지하 또는 공중에 설정된 권리 포함)을 설정하거나 대여하는 사업은 제외한다.

(2) 용역의 공급 : 계약·법률상 모든 원인에 의해 역무를 제공하거나 재화·시설물 또는 권리를 사용하게 하는 것

구 분	내 용	
① 역무의 제공	인적용역의 제공	고용관계에 따른 근로제공은 제외
② 시설물, 권리 등 재화를 사용하게 하는 것	물적용역의 제공	전·답·과수원·목장용지·임야 또는 염전임대업은 제외
	권리의 대여	산업상·상업상 또는 과학상의 지식·경험 또는 숙련 정보의 제공 포함

비교

구 분	재화의 공급	용역의 공급
부동산 관련 업종	부동산 매매업	부동산 임대업, 부동산업, 건설업
위탁가공업	주요 자재의 전부 또는 일부를 부담하고 가공하는 경우*	주요 자재의 전부 또는 일부를 부담하지 않고 가공만 하는 경우
권리의 양도와 대여	권리의 양도	권리의 대여

* 건설업의 경우는 건설업자가 건설자재의 전부 또는 일부를 부담하는 경우에도 용역의 공급으로 본다.

3. 재화의 수입

다음의 물품을 국내에 반입하는 것(보세구역을 거치는 것은 보세구역에서 반입하는 것)

① 외국에서부터 국내에 도착한 물품으로서 수입신고가 수리되기 전의 것

② 수출신고가 수리된 물품(선적되지 않은 물품을 보세구역에서 반입하는 경우는 제외)

※ 보세구역을 통한 거래의 과세여부

구 분		과세여부
(1) 외국 → 보세구역		과세대상 아님
(2) 보세구역 → 보세구역 외의 국내장소	① 관세 과세분	재화의 수입
	② 이외의 경우	국내 과세거래 (재화 또는 용역의 공급)
(3) 보세구역 외의 국내장소 → 보세구역		
(4) 보세구역 → 보세구역		

Memo

3.2 재화공급의 특례

1. 재화의 공급의제

(1) 자기생산, 취득재화

자기생산·취득재화란 사업자가 자기의 과세사업과 관련하여 생산하거나 취득한 재화로서 다음의 어느 하나에 해당하는 재화를 말한다.

① 매입세액이 공제된 재화

② 재화의 공급으로 보지 않는 사업양도로 취득한 재화로서 사업양도자가 재화를 공급받을 때 매출세액에서 매입세액을 공제받은 재화

③ 내국신용장 또는 구매확인서에 의해 재화를 공급받아 영세율을 적용받는 재화

구 분	내 용
(1) 면세사업에의 전용	자기의 사업과 관련하여 생산하거나 취득한 재화를 면세사업을 위하여 사용하거나 소비하는 것
(2) 비영업용 소형승용차로 전용 또는 그 유지에 전용	① 사업자가 자기생산·취득재화를 비영업용소형승용차로 사용 또는 소비하거나 비영업용소형승용차의 유지를 위하여 사용 또는 소비하는 것 ② 소형승용차의 매입세액이 공제되는 업종의 사업을 경영하는 사업자가 자기생산·취득재화 중 소형승용차 및 그 소형차의 유지를 위한 재화를 해당 업종에 직접 영업으로 사용하지 아니하고 다른 용도로 사용하는 것 * 소형승용차의 매입세액이 공제되는 업종 : 운수업, 자동차판매업, 자동차임대업, 운전학원업, 경비업(기계경비업의 출동차량에 한정)과 이와 유사한 업종
(3) 개인적 공급	사업자가 자기의 사업과 관련하여 생산하거나 취득한 재화를 자기나 그 직원의 개인적인 목적 또는 기타의 목적으로 사용·소비하는 것 * 실비변상·복지후생적인 목적으로 사용인에게 무상·저가로 공급하는 다음 경우는 제외 1. 작업복·작업모·작업화 제공 2. 직장연예 및 직장문화와 관련된 재화의 제공 3. 다음의 어느 하나를 제공하는 경우(항목별로 1명당 연간 10만원 한도) a. 경조사와 관련된 재화 b. 설날·추석, 창립기념일 및 생일 등과 관련된 재화
(4) 사업상 증여	사업자가 자기의 사업과 관련하여 생산하거나 취득한 재화를 자기의 고객이나 불특정 다수인에게 증여하는 것 * 다음의 경우에는 사업상 증여에 해당하지 않는다. 1. 주된 거래인 재화의 공급대가에 포함된 증정품 2. 무상으로 다른 사업자에게 인도 또는 양도하는 견본품(유상 양도 견본품은 제외) 3. 광고선전용으로 불특정 다수인에게 배포하는 광고선전물 4. 특별재난지역에 무상공급하는 물품 5. 자기적립마일리지 등으로만 전부를 결제받고 공급하는 재화

Memo

(5) 폐업시 잔존재화	사업자가 사업을 폐지하는 때에 잔존하는 재화 * 다음의 경우에는 폐업시 잔존재화로서 과세하지 않는다. 1. 사업자가 사업의 종류를 변경한 경우 변경전 사업에 대한 잔존재화 2. 동일사업장내에서 2 이상의 사업을 겸영하는 사업자가 그 중 일부 사업을 폐지하는 경우 해당 폐지한 사업과 관련된 재고재화 3. 개인사업자 2인이 공동사업을 영위할 목적으로 한 사업자의 사업장을 다른 사업자의 사업장에 통합하여 공동명의로 사업을 영위하는 경우에 통합으로 인하여 폐지된 사업장의 재고재화 4. 폐업일 현재 수입신고(통관)되지 아니한 미도착재화 5. 사업자가 직매장을 폐지하고 자기의 다른 사업장으로 이전하는 경우 해당 직매장의 재고재화

※ 면세 전용(轉用) 사례

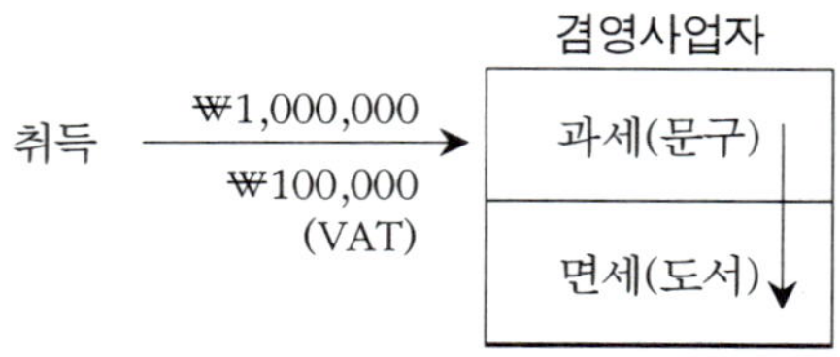

* 매입세액 ₩100,000을 환급받은 후 해당 재화를 면세사업에 사용하는 경우 이를 재화의 공급으로 의제하여 과세

- 택시운수업에 사용하던 정비기계를 시내버스 사업에 전용하여 사용하는 경우
- 문구류 사업부의 비품을 도서판매 사업부에 전용하여 사용하는 경우

※ 비영업용 소형승용차 또는 그 유지에의 전용 사례

- 자동차 제조기업이 판매용 소형승용차를 임직원의 업무용으로 사용하는 경우
- 자동차부품 제조기업이 판매용 부품을 임직원의 업무용 소형승용차의 수선에 사용하는 경우
- 정유회사가 판매용 유류를 업무용 소형승용차에 주유하는 경우

(2) 판매목적 타사업장 반출(직매장 반출)

2 이상의 사업장이 있는 사업자가 자기사업과 관련하여 생산 또는 취득한 재화를 타인에게 직접 판매할 목적으로 다른 사업장에 반출하는 것. 판매목적이어야 하며 전시, 진열목적인 경우는 해당하지 않는다.

① 취지 : 납부시기와 환급시기 일치(유동성 확보)
② 과세표준 : 원가(사내 대체가격)
③ 세금계산서 발급의무 있음

구　분	공급의제 여부	세금계산서 발급
(1) 일반적인 경우	○	○[*1]
(2) 주사업장총괄납부·사업자단위과세 적용	×	×[*2]

* 1. 세금계산서 미발급시 가산세 부과
  2. 주사업장총괄납부사업자가 세금계산서를 발급하는 경우 효력 인정(공급으로 의제)

Memo

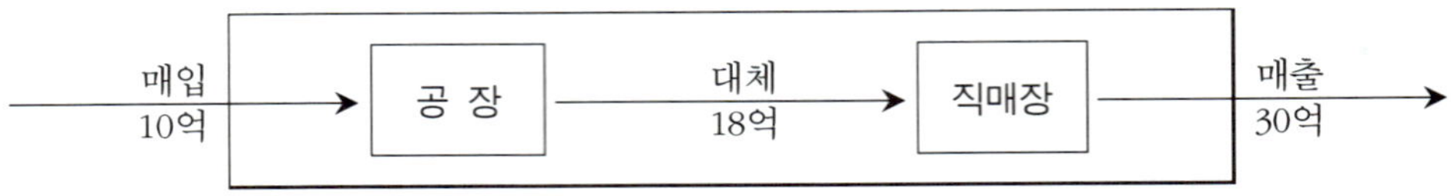

	공급의제(×)	공급의제(○)	공급의제(×)	공급의제(○)
매 출 세 액	–	1.8억	3.0억	3.0억
매 입 세 액	1.0억	1.0억	–	1.8억
납 부 세 액	△1.0억	0.8억	3.0억	1.2억

※ 당초 매입세액이 불공제된 재화의 공급의제 해당 여부

구 분	공급의제 여부
(1) 면세사업에의 전용	×
(2) 비영업용소형승용차와 그 유지에 전용	×
(3) 개인적 공급	×
(4) 사업상 증여	×
(5) 폐업시 잔존재화	×
(6) 판매목적 타사업장 반출	○

* 사업의 양도에 의하여 사업양수자가 양수한 자산으로서 사업양도자가 매입세액을 공제 받은 재화는 당초 매입세액이 공제된 재화로 보아 공급의제 규정을 적용한다.

2. 재화의 공급으로 보지 않는 경우

(1) 사업 양도 : 사업장별로 그 사업에 관한 모든 권리와 의무를 포괄적으로 승계하는 것
단, 사업양수자가 사업양도자로부터 부가가치세를 징수하여 대리납부한 경우에는 재화의 공급으로 본다.

구 분	재화의 공급	세금계산서 발급
① 일반적인 경우	×	×(양수자 매입세액 공제 불가)
② 사업양수자가 대리납부한 경우	○	○(양수자 매입세액 공제 가능)

(2) 그 밖의 재화의 공급으로 보지 않는 특례

1) **담보제공** : 질권·저당권 또는 양도담보의 목적으로 동산·부동산·부동산상 권리를 제공하는 것

2) **조세의 물납** : 사업용 자산을 상속세 및 증여세법, 지방세법에 따라 물납하는 것

3) **법률에 따른 공매·강제경매** : 국세징수법에 따른 공매 및 민사집행법에 따른 경매에 따라 재화를 인도하거나 양도하는 것

Memo

4) **법률에 따른 수용** : 법률에 따른 수용절차에 있어서 수용대상인 재화의 소유자가 수용된 재화의 대가를 받는 것

5) **법률상 매도청구에 따른 이전** : 도시 및 주거환경정비법에 따른 사업시행자의 매도청구에 따라 재화를 인도하거나 양도하는 것은 재화의 공급으로 보지 아니한다.

6) **신탁재산 이전** : 신탁재산의 소유권 이전으로서 다음의 어느 하나에 해당하는 것은 재화의 공급으로 보지 않는다.
① 위탁자로부터 수탁자에게 신탁재산을 이전하는 경우
② 신탁의 종료로 인하여 수탁자로부터 위탁자에게 신탁재산을 이전하는 경우
③ 수탁자가 변경되어 새로운 수탁자에게 신탁재산을 이전하는 경우

3.3 용역공급의 특례

1. 용역의 공급의제

(1) **원칙** : 이론상으로는 용역에 대해서도 공급의제 규정을 적용할 수 있으나, 현재 용역의 공급의제에 대해서는 규정이 없다. 따라서 용역의 자가공급이나 무상공급은 과세거래에 해당하지 않는다.

(2) **예외** : 사업자가 특수관계인에게 사업용 부동산을 무상임대하는 경우는 이를 과세대상으로 하며 이 경우 과세표준은 제공된 임대용역의 시가로 한다.

2. 용역의 공급으로 보지 않는 경우

고용관계에 의하여 근로를 제공하는 것은 용역의 공급으로 보지 아니한다.

3.4 부수재화 또는 용역

1. 주된 거래에 부수되는 재화·용역

주된 거래와 이에 부수되는 재화·용역은 동일한 하나의 거래로 본다. 따라서 주된 거래에 부수되는 재화·용역에 대하여 별도로 세금계산서를 발급하거나 공급시기를 판단하거나 과세표준을 계산할 필요가 없으며 과세·면세의 판단도 주된 거래를 따른다.

Memo

2. 주된 사업에 부수되는 거래

주된 사업에 부수되는 거래는 그 자체로서 독립된 거래이므로 공급시기가 독자적으로 존재하며 세금계산서를 별도로 발급하고 과세표준도 별도로 계산한다. 그러나 이를 별도의 사업으로 보지는 않으며 주된 사업의 일부분으로 취급한다.

(1) **일시·우발적 공급** : 주된 사업에 따라 과세여부 판단(단, 부수거래 자체가 면세대상인 경우에는 주된 사업과 관계없이 면세)

구 분		과세여부	비 고
제조업자(과세사업자)	공장 건물 매각	과 세	공장 매각을 제조업의 일부로 보아 과세 (단, 토지는 면세재화이므로 면세)
	공장 토지 매각	면 세	
금융업자(면세사업자)	지점 건물 매각	면 세	지점 매각을 금융업의 일부로 보아 면세
	지점 토지 매각	면 세	

(2) **부산물** : 주산물의 과세 여부에 따라 과세여부 판단(주산물 판매와 동일하게 취급)

3.5 재화 또는 용역의 공급시기

※ 공급시기 : 과세기간 귀속 결정 / 세금계산서 발급시기

1. 재화의 공급시기

구 분	공급시기
① 현금판매·외상판매·할부판매의 경우	재화가 인도되거나 이용가능하게 되는 때
② 장기할부판매·중간지급조건부 공급·완성도기준지급 공급·공급단위를 구획할 수 없는 재화를 계속적으로 공급하는 경우	대가의 각 부분을 받기로 한 때
③ 재화의 공급의제의 경우	재화가 사용·소비되는 때 (폐업시 잔존재화의 경우 폐업하는 때)
④ 반환조건부·동의조건부 기타 조건부 및 기한부 판매의 경우	조건이 성취되거나 기한이 경과되어 판매가 확정되는 때
⑤ 상품권 등을 판매하고 그 후 당해 상품권 등에 의하여 현물과 교환하는 경우	재화가 실제로 인도되는 때
⑥ 재화의 공급으로 보는 가공의 경우	가공된 재화를 인도하는 때
⑦ 무인판매기를 이용하여 재화를 공급하는 경우	무인판매기에서 현금을 인취하는 때

Memo

⑧ 수출의 경우 a. 내국물품의 국외반출 및 중계무역방식의 수출 b. 원양어업 및 위탁판매수출 c. 위탁가공무역방식의 수출 및 외국인도수출	 수출재화의 선적일 또는 기적일 수출재화의 공급가액이 확정되는 때 외국에서 당해 재화가 인도되는 때
⑨ 수입재화를 보세구역 내에서 보세구역 외의 국내에 공급하는 경우	수입신고수리일
⑩ 기타의 경우	재화가 인도되거나 인도가능한 때

* 중간지급조건부 공급 및 완성도기준지급 공급의 경우 재화가 인도되거나 이용가능하게 되는 날 이후에 받기로 한 대가의 부분에 대해서는 재화가 인도되거나 이용가능하게 되는 날을 공급시기로 본다.

※ **장기할부판매** : 재화를 공급하고 대가를 월부 기타 부불방법에 따라 받는 거래 중 다음의 요건을 충족한 거래

① 2회 이상으로 분할하여 대가를 받을 것

② 당해 재화의 인도일의 다음날부터 최종의 부불금의 지급기일까지의 기간이 1년 이상인 것

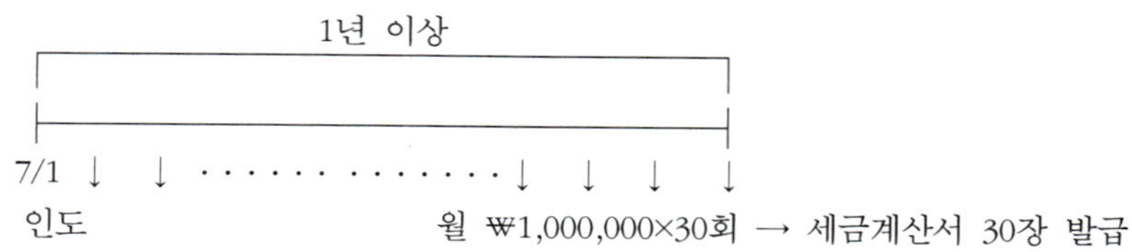

※ **중간지급조건부 공급** : 다음의 요건을 충족한 거래

① 재화의 인도일 또는 이용가능일 이전에 계약금 이외의 대가를 분할 지급(계약금을 포함하여 3회 이상 분할)

② 계약금을 받기로 한 날 다음날부터 재화를 인도하는 날, 재화를 이용가능하게 하는 날 또는 용역의 제공을 완료하는 날까지의 기간이 6개월 이상인 것

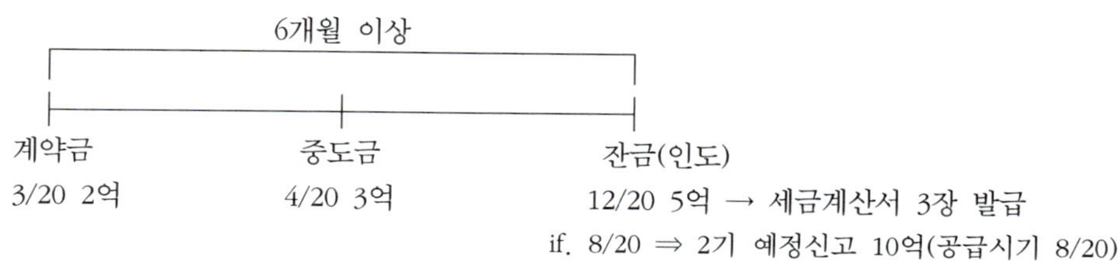

※ **폐업 전에 공급한 재화의 공급시기 특례**

폐업 전에 공급한 재화의 공급시기가 폐업일 이후에 도래하는 경우에는 그 폐업일을 공급시기로 본다.

Memo

2. 용역의 공급시기

구 분	공급시기
① 통상적인 공급의 경우	역무의 제공이 완료되는 때
② 장기할부·중간지급조건부 공급·완성도기준지급 공급·공급단위를 구획할 수 없는 용역을 계속적으로 공급하는 경우	대가의 각 부분을 받기로 한 때
③ 간주임대료	예정신고기간 또는 과세기간의 종료일
④ 2 과세기간 이상에 걸쳐 부동산임대용역을 공급하고 그 대가를 선불 또는 후불로 받는 경우	
⑤ 특정 용역[*]을 2 이상의 과세기간에 걸쳐 계속적으로 제공하고 그 대가를 선불로 받는 경우	
⑥ 위의 기준을 적용할 수 없는 경우	역무의 제공이 완료되고 그 공급가액이 확정되는 때

* 1. 헬스클럽장 등 스포츠센터를 운영하는 사업자가 연회비를 미리 받고 회원들에게 시설을 이용하게 하는 것
2. 상표권 사용계약을 할 때 사용대가 전액을 일시불로 받고 상표권을 사용하게 하는 것
3. 노인복지시설(유료인 경우에만 해당한다)을 설치·운영하는 사업자가 그 시설을 분양받은 자로부터 입주 후 수영장·헬스클럽장 등을 이용하게 하는 것
4. 중간지급조건부 공급 및 완성도기준지급 공급의 경우 역무의 제공이 완료되는 날 이후에 받기로 한 대가의 부분에 대해서는 역무의 제공이 완료되는 날을 공급시기로 본다.

※ 위탁가공

A ← 甲 9/25 완성
10/10 인도 (주요 자재 부담 ○)
→ 재화의 공급
• 공급시기 : 10/10(재화 인도일)

B ← 甲 9/28 완성
10/5 인도 (주요 자재 부담 ×)
→ 용역의 공급
• 공급시기 : 9/28(역무제공 완료일)

※ 폐업 전에 공급한 용역의 공급시기 특례

폐업 전에 공급한 용역의 공급시기가 폐업일 이후에 도래하는 경우에는 그 폐업일을 공급시기로 본다.

3. 선발급 세금계산서 공급시기의 특례

(1) 원칙(공급시기 전에 받은 대가에 대한 발급)

본래의 공급시기 전에 대가의 전부 또는 일부를 받고 그 받은 대가에 대하여 세금계산서 또는 영수증을 발급하면 그 발급하는 때를 공급시기로 본다.

Memo

(2) 예외(발급 후 대가수령)

① 본래의 공급시기 전에 세금계산서를 발급하고 7일 이내에 대가를 받으면 그 발급하는 때를 공급시기로 본다.

② 다음 중 어느 하나에 해당하는 경우에는 본래의 공급시기 전에 세금계산서를 발급하고 7일이 지난 후 대가를 받더라도 그 발급하는 때를 공급시기로 본다.

a. 거래 당사자 간의 계약서·약정서 등에 대금 청구시기(세금계산서 발급일을 말함)와 지급시기를 따로 적고, 대금 청구시기와 지급시기 사이의 기간이 30일 이내인 경우

b. 재화·용역의 공급시기가 세금계산서 발급일이 속하는 과세기간 내(공급받는 자가 조기환급을 받은 경우에는 세금계산서 발급일부터 30일 이내)에 도래하는 경우

(3) 장기할부판매 등의 특례(대가수령 무관)

① 장기할부판매(재화 또는 용역)

② 전력이나 그 밖에 공급단위를 구획할 수 없는 재화를 계속적으로 공급하는 경우

③ 공급단위를 구획할 수 없는 용역을 계속적으로 공급하는 경우

3.6 재화 또는 용역의 공급장소

구 분		공급장소
재 화	① 재화의 이동이 필요한 경우	재화의 이동이 시작되는 장소
	② 재화의 이동이 필요하지 않은 경우	재화의 공급시기에 재화가 있는 장소
용 역	① 일반적인 경우	역무가 제공되거나 재화·시설물 또는 권리가 사용되는 장소
	② 국내외에 걸쳐 용역이 제공되는 국제운송의 경우에 사업자가 비거주자 또는 외국법인인 때	여객이 탑승하거나 화물이 적재되는 장소
	③ 국외사업자가 국내에 전자적 용역을 공급하는 경우	용역을 공급받는 자의 사업장 소재지, 주소지 또는 거소지

Memo

제 4 절

영세율과 면세

4.1 영세율

1. 영세율 적용대상자 : 과세사업자

2. 영세율 적용대상거래

(1) 재화의 수출

1) 본래의 수출

① 내국물품(대한민국 선박에 의해 채집되거나 잡힌 수산물 포함)을 외국으로 반출하는 것

② 국내 사업장에서 계약과 대가수령 등 거래가 이루어지는 것으로서 중계무역 방식의 수출, 위탁판매수출, 외국인도수출, 위탁가공무역 방식의 수출 및 일정한 원료 등의 국외반출

* 대금결제방식이나 대가의 수반여부와 무관하게 영세율을 적용한다. 따라서 재화를 국외로 무상으로 반출하는 경우에도 영세율을 적용한다. 다만, 견본품을 무상으로 반출하는 경우는 재화의 공급으로 보지 않는다.

※ 대행위탁수출 : 수출품 생산업자가 수출업자와 수출대행계약을 체결하여 수출업자의 명의로 수출하는 경우 수출품 생산업자가 외국으로 반출하는 재화는 영세율 적용

* 단 수출업자의 수출대행수수료는 10% 과세

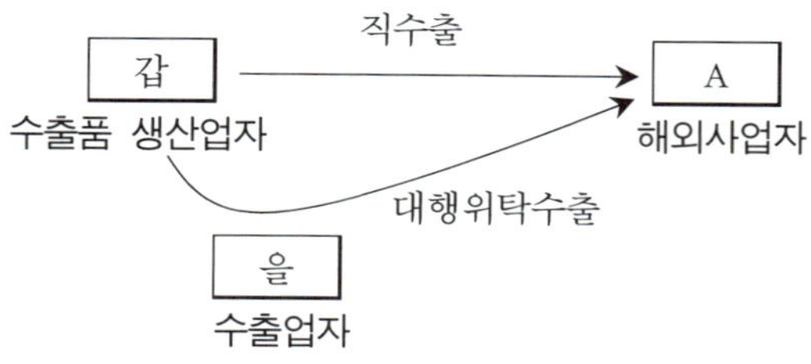

2) 재화의 수출에 포함되는 것

① 내국신용장(Local L/C) 또는 구매확인서에 의한 공급

※ Local L/C
- 세금계산서 발급의무 있음
- 과세기간 종료 후 25일 이내에 개설되는 경우에도 영세율 적용

Memo

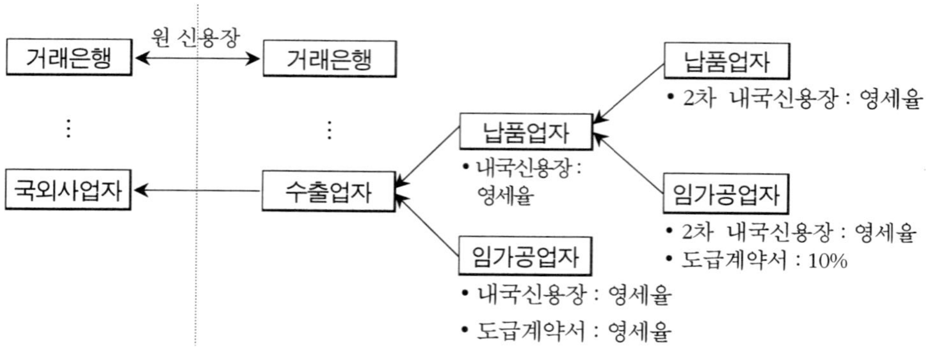

② 한국국제협력단, 한국국제보건의료재단 및 대한적십자사에 대외 무상원조용으로 공급하는 재화

③ 수탁가공무역
㉠ 국외 비거주자 등과 직접계약
㉡ 대금을 외국환은행에서 원화로 받을 것
㉢ 지정하는 국내 다른 사업자에게 인도할 것
㉣ 국내 다른 사업자가 해당 재화를 그대로 반출하거나 제조·가공 후 반출할 것

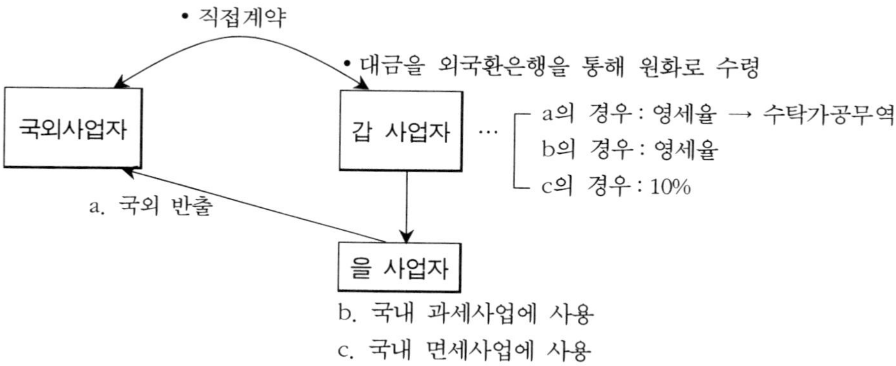

(2) 용역의 국외공급

거주자 또는 내국법인이 제공하는 용역의 장소가 국외인 경우에는 거래상대방 및 대금결제 방법에 상관없이 영세율 적용

Memo

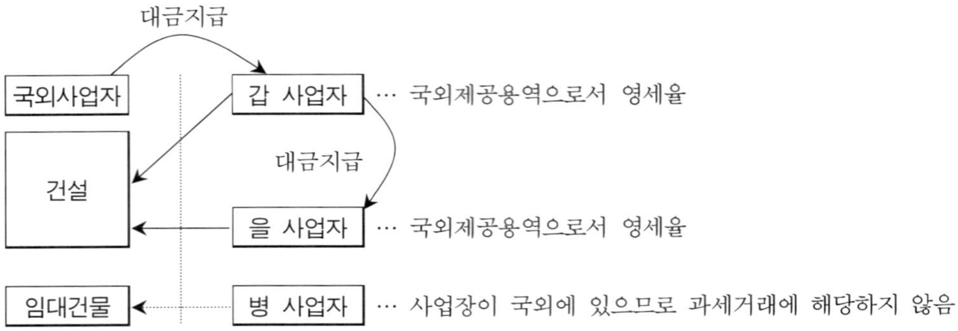

(3) 선박 또는 항공기의 외국항행용역

* 자기의 사업에 부수하여 행하는 재화 또는 용역의 공급도 포함
1. 다른 외국항행사업자가 운용하는 선박 또는 항공기의 탑승권을 판매하거나 화물운송계약을 체결하는 것
2. 외국을 항행하는 선박내 또는 항공기내에서 승객에게 공급하는 것
3. 자기의 승객만이 전용하는 버스를 탑승하게 하는 것
4. 자기의 승객만이 전용하는 호텔에 투숙하게 하는 것

(4) 그 밖의 외화획득재화 또는 용역

① 국내에서 비거주자 등에게 제공하는 일정 재화와 용역

a. 국내에 국내사업장이 없는 비거주자 또는 외국법인에게 공급되는 다음의 재화·용역으로서 그 대금을 외국환은행에서 원화로 받는 것

- 비거주자 또는 외국법인이 지정하는 국내사업자에게 인도되는 재화로서 당해 사업자의 과세사업에 사용되는 재화
- 전문, 과학 및 기술서비스업, 상품중개업, 교육지원서비스업 등

b. 국내에 국내사업장이 있는 비거주자 또는 외국법인에게 공급되는 위 a에 해당하는 재화·용역으로서 국외의 비거주자 등과 직접계약에 의하여 공급되고 그 대금을 국외의 비거주자 등으로부터 외국환은행을 통하여 원화로 받는 것

② 수출재화 임가공 용역

a. 수출업자와 직접 도급계약에 의하여 공급하는 수출재화임가공용역

* 1. 내국신용장에 의하여 수출재화를 수출업자에게 공급하는 사업자와 계약한 경우에는 영세율 미적용
2. 수출업자에게 부가가치세를 별도로 기재한 세금계산서를 발급한 경우에는 영세율 미적용

b. 내국신용장 또는 구매확인서에 의하여 공급하는 수출재화임가공용역

③ 외국을 항행하는 선박 및 항공기, 원양어선에 공급하는 재화와 용역

④ 우리나라에 상주하는 외교공관, 영사기관, 국제연합과 이에 준하는 국제기구, 국제연합군 또는 미국군에게 공급하는 재화 또는 용역

⑤ 관광진흥법에 따른 종합여행업자가 외국인 관광객에게 공급하는 관광알선용역

* 그 대가를 외국환은행에서 원화로 받은 것, 또는 외화 현금으로 받은 것 중 외국인 관광객과의 거래임이 확인되는 것에 한함

Memo

(5) 조세특례제한법에 따른 영세율 적용

① 장애인용 보장구, 장애인용 특수 정보통신기기 및 장애인의 정보통신기기 이용에 필요한 특수 소프트웨어(의수족, 휠체어, 보청기, 시각장애인용 점자정보단말기 등)

② 국가 및 지방자치단체, 도시철도공사, 한국철도시설공단, 사회기반시설의 사업시행자에게 직접 공급하는 도시철도건설용역 등

4.2 면세

1. 재화 또는 용역의 공급에 대한 면세

(1) 기초생활필수품

① 미가공 1차 생산물

식용 1차 생산물	비식용 1차 생산물
농·축·수·임산물과 소금	농·축·수·임산물
미가공(성질유지) * 가공되지 아니하거나 원생산물의 본래의 성질이 변하지 아니하는 정도의 1차 가공(탈곡·정미·정맥·제분·정육·건조·냉동·염장·포장 등)을 거친 것	미가공(성상유지) * 원생산물 또는 원생산물의 본래의 성상이 변하지 아니하는 정도의 원시가공을 거친 것
단순가공(단순포장에 한함) * 단순가공 식료품 : 김치, 단무지, 장아찌, 두부, 메주, 간장, 된장, 고추장	—
국산/수입	국 산

② 수돗물

③ 연탄과 무연탄

④ 여성용 생리처리 위생용품

⑤ 여객운송(항공기, 시외우등고속버스, 전세버스, 택시, 자동차대여, 특종선박, 고속철도, 삭도, 관광유람선, 관광순환버스, 관광궤도, 관광사업목적 일반철도 등은 제외)

⑥ 주택과 부수토지 임대용역

※ 부동산의 공급과 임대

	공급	임대*2
건물 :	과세*1	과세
토지 :	면세	과세

* 1. 국민주택규모 이하의 주택공급 : 면세
  2. 주택 및 주택부수토지 임대 : 면세
     • 주택부수토지 : Max[주택정착면적×5배(10배), 주택연면적]
     (도시지역은 5배, 도시지역 외의 지역은 10배)

Memo

※ 겸용주택

연 면 적	건 물	토 지
주택 > 상가	전부 주택	전부 주택토지
주택 ≦ 상가	주택부분만 주택	주택부분만 주택토지

* 세입자가 둘 이상일 경우 세입자별로 판단

↳ 면세한도 : 주택부수토지

| 사례 | 도시지역 외의 지역 소재 겸용 주택

사 례	구분	면적 구분		과세 여부	
		주택	상가	면세	과세
① 단층 건물	건 물	20	30	20	30
(주택 20, 상가 30, 토지 600)	토 지	240	360	200	400
② 단층 건물	건 물	50	0	50	0
(주택 30, 상가 20, 토지 600)	토 지	600	0	500	100
③ 3층 건물(각 층 30)	건 물	90	0	90	0
(1층 상가, 2·3층 주택, 토지 600)	토 지	600	0	300	300
④ 3층 건물(각 층 30)	건 물	30	60	30	60
(1·2층 상가, 3층 주택, 토지 600)	토 지	200	400	100	500
⑤ 단층 건물	건 물	20	30	20	30
(주택 20, 상가 30, 토지 400)	토 지	160	240	160	240

①

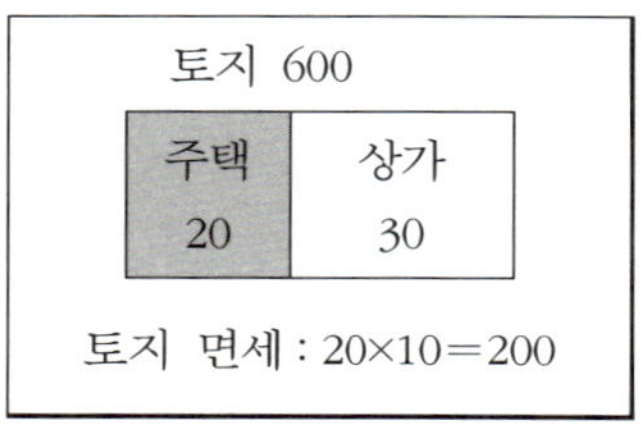

②

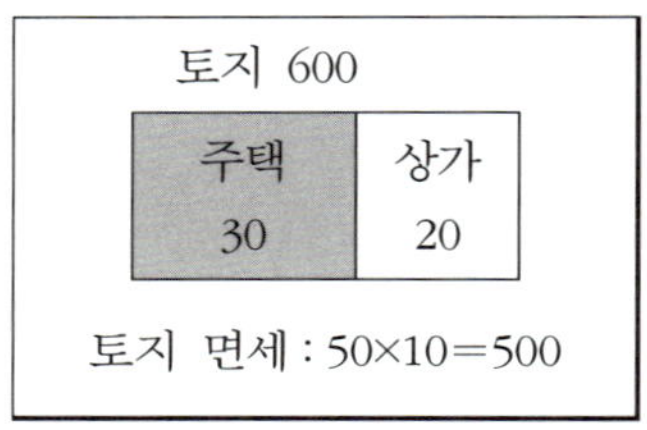

③

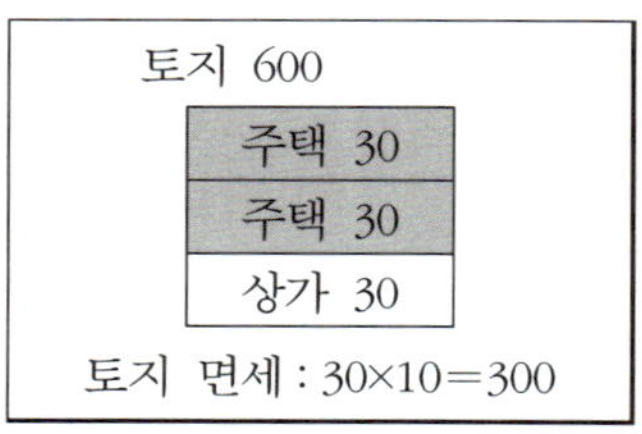

④

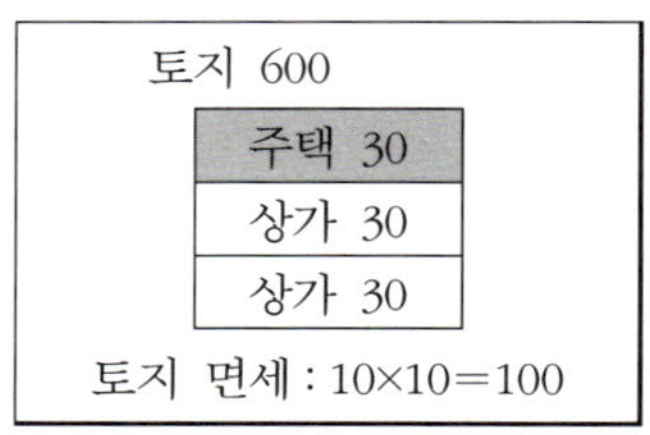

⑤

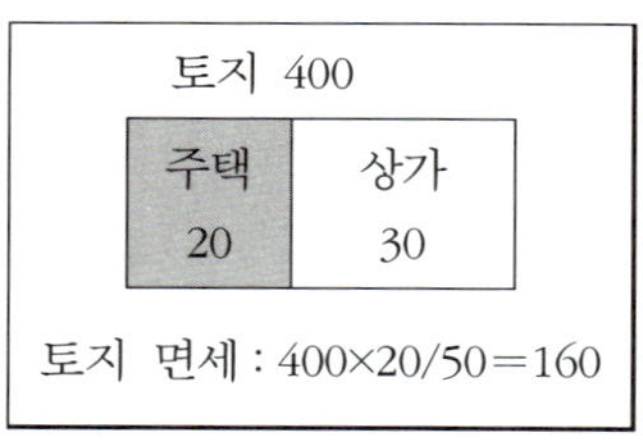

Memo

(2) 국민후생 및 문화관련 재화·용역

① 의료보건용역(약사의 조제용역 포함, 판매약품은 제외)·혈액

* 1. 다음에 해당하는 진료용역은 면세대상에서 제외
   ① 쌍꺼풀수술, 코성형수술, 유방확대·축소술(암수술에 따른 유방재건술은 제외), 지방흡인술, 주름살제거술, 안면윤곽술, 치아성형 등 성형수술과 악안면 교정술
   ② 색소모반·주근깨·흑색점·기미 치료술, 여드름 치료술, 제모술, 탈모치료술, 모발이식술, 문신술 및 문신제거술, 피어싱, 지방융해술, 피부재생술, 피부미백술, 항노화치료술 및 모공축소술
2. 수의사가 제공하는 용역 중 동물의 진료용역은 가축, 수산동물, 장애인보조견, 기초생활수급자가 기르는 동물을 진료하는 것에 한하여 면세하며 이외의 애완동물 진료용역은 과세

② 정부의 인·허가를 받거나 주무관청에 등록 또는 신고된 학원·강습소 등의 교육용역

* 체육시설의 설치·이용에 관한 법률상의 무도학원 및 자동차운전학원은 과세

③ 도서(도서대여 및 실내 도서열람 용역 포함)·신문(인터넷신문 포함)·잡지·관보 및 뉴스통신(광고는 제외)

④ 예술창작품(골동품 제외)·예술행사·문화행사·아마추어 운동경기

⑤ 도서관·과학관·박물관·미술관·동물원·식물원 등에의 입장

(3) 생산요소

① 토지공급

② 금융·보험용역(복권·입장권·상품권 등에 관한 대행용역, 기업합병·기업매수의 중개·주선·대리, 신용정보서비스·은행업 관련 전산시스템과 소프트웨어의 판매·대여용역, 부동산 임대용역, 감가상각자산의 대여용역 등은 제외)

③ 법 소정 인적용역

(4) 기타

① 국가·지방자치단체 등이 공급하는 재화나 용역 : 면세. 단, 다음은 제외(과세)

a. 우정사업조직의 소포우편물 방문배달용역(우체국 택배)과 우편주문판매 대행용역
b. 고속철도여객운송(KTX)
c. 부동산임대업, 도소매업, 음식숙박업, 골프장·스키장 운영업, 기타 운동시설 운영업
d. 국민건강보험법에 따라 요양급여 대상에서 제외되는 과세진료용역 및 수의사의 애완동물 진료용역

② 국가·지방자치단체·일정 공익단체 등에 공급하는 재화나 용역

- 유상공급 … 과세
- 무상공급 … 면세

(5) 조세특례제한법에 따른 면세대상

① 국민주택 및 국민주택의 건설용역(리모델링 용역 포함)

② 정부업무대행단체가 그 고유목적사업으로서 공급하는 일정한 재화·용역

③ 영유아용 기저귀와 분유(액상분유 포함)

Memo

2. 재화의 수입에 대한 면세

3. 면세포기

(1) 면세포기의 대상

① 영세율 적용대상인 재화·용역

② 학술 등 연구단체가 그 연구와 관련하여 실비 또는 무상으로 공급하는 재화 또는 용역

(2) 면세포기의 절차

① 면세포기신고 : 승인 요건이 없으며 신고기한도 존재하지 않으므로 언제든지 가능

② 면세되는 사업이나 종목이 2 이상인 경우 이 중 일부에 대해서만 포기 가능

(3) 면세포기의 효력

① 과세사업자로 전환 : 세금계산서 발급 및 부가가치세 신고납부 등의 의무 부담

② 신고한 날부터 3년간은 다시 면세를 적용받을 수 없음

Memo

과세표준

5.1 과세표준 계산의 일반원칙

1. 재화 · 용역의 공급에 대한 과세표준

(1) **일반원칙** : 공급가액(공급가액+부가가치세=공급대가)

구 분	공 급 가 액
① 금전으로 대가를 받는 경우	그 대가
② 금전 이외의 대가를 받는 경우	공급한 재화 또는 용역의 시가

※ 재화를 교환한 경우

A(원가 ₩50, 매가 ₩80)

甲 ⇄ 乙

B(매가 ₩78)

- 甲의 사업소득 총수입금액 : ₩78(A를 판매하고 받은 대가)
- 甲의 부가가치세 과세표준 : ₩80(공급한 A의 시가)

※ 개별소비세 등이 과세되는 재화

[재화 + { 개별소비세 + 교육세 + 농어촌특별세 / 교통 · 에너지 · 환경세 + 교육세 / 주세 + 교육세 }] + VAT

(괄호 [ ] 안의 금액 = 과세표준)

(2) **공급형태별 공급가액의 계산**

1) 외상거래 등의 공급가액

구 분	공급가액
① 외상판매 및 할부판매	공급한 재화의 총가액
② 장기할부판매 · 중간지급조건부 공급 · 완성도기준지급 공급 · 공급단위를 구획할 수 없는 재화의 계속적 공급	계약에 따라 받기로 한 대가의 각 부분
③ 둘 이상의 과세기간에 걸쳐 계속적으로 일정 용역을 제공하고 그 대가를 선불로 받는 경우	계약기간에 따라 월 수 안분 (초월산입 · 말월불산입)

Memo

2) 마일리지 등으로 대금을 결제 받은 경우 공급가액

구 분	내 용
자기적립마일리지 등으로 결제받은 경우	마일리지 등 외의 수단으로 결제받은 금액 * 자기적립마일리지 등으로만 전액 결제받은 경우는 재화의 공급으로 보지 않는다.
외부적립마일리지 등으로 결제받은 경우	(1) 일반적인 경우 : 다음 금액을 합한 금액(①+②) ① 마일리지 등 외의 수단으로 결제받은 금액 ② 외부적립마일리지 등으로 결제받은 부분에 대해 재화 또는 용역을 공급받는 자 외의 자로부터 보전받았거나 보전받을 금액
	(2) 위 ②의 금액은 보전받지 않고 자기생산·취득재화를 공급한 경우 : 공급한 재화의 시가
	(3) 위 ②와 관련하여 특수관계인으로부터 낮은 금액을 보전받거나 아무런 금액을 보전받지 않아 조세부담의 부당 감소를 초래하는 경우 : 공급한 재화·용역의 시가

* 1. 자기적립마일리지 : 당초 재화 또는 용역을 공급하고 마일리지 등을 적립하여 준 사업자에게 사용한 마일리지 등
2. 외부적립마일리지 : 당초 재화 또는 용역을 공급하고 마일리지 등을 적립하여 준 사업자가 아닌 다른 사업자에게 사용할 수 있는 마일리지 등

(3) 공급가액에 포함되는 것과 포함되지 않는 것

포함하는 것	포함하지 않는 것
① 할부판매의 이자상당액 ② 대가의 일부로 받는 운송보험료·산재보험료·운송비·포장비·하역비 등	① 매출에누리·매출환입·매출할인 ② 공급받는 자에게 도달하기 전에 파손·훼손 또는 멸실된 재화의 가액 ③ 재화 또는 용역의 공급과 직접 관련되지 않는 국고보조금과 공공보조금 ④ 계약 등에 의하여 확정된 대가의 지급지연으로 인하여 지급받는 연체이자

(4) 과세표준에서 공제하지 않는 것 : 판매장려금, 대손금, 하자보증금

※ **판매장려금**

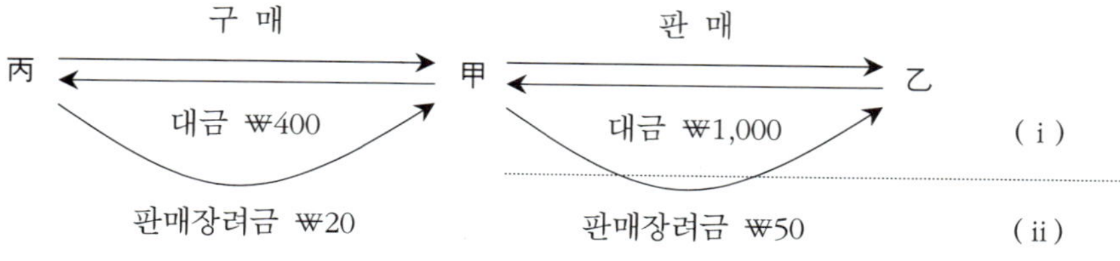

• 甲의 사업소득 총수입금액 : ₩1,000+₩20=₩1,020(장려금 지급액 ₩50은 필요경비 산입)

Memo

• 甲의 부가가치세 과세표준

① 판매장려금으로 현금을 ₩50 지급한 경우 : ₩1,000(i)+₩0(ii)=₩1,000

② 판매장려금으로 ₩50 상당의 현물을 지급한 경우 : ₩1,000(i)+₩50(ii)=₩1,050

* 甲과 丙과의 거래는 甲의 부가가치세 과세표준과는 무관함

| 사례 |

• 손익계산서상 매출액 ₩50,000

• 판매관리비에 대하여 다음과 같이 회계처리한 경우 각 경우별 부가가치세 과세표준

	차변		대변		과세표준
①	(차) 판매관리비	1,000	(대) 현금	1,000	₩50,000
②	(차) 매출	1,000	(대) 현금	1,000	₩51,000
③	(차) 판매관리비	1,000	(대) 재고자산	1,000 (시가 1,500)	₩51,500
④	(차) 매출	1,000	(대) 재고자산	1,000 (시가 1,500)	₩52,500
⑤	(차) 매출	1,000	(대) 현금 재고자산	700 300 (시가 450)	₩51,450

(5) 외화의 환산 : 공급시기 현재의 원화 가액

구 분	공급가액
① 공급시기 전 원화로 환가한 경우	환가한 금액
② 공급시기 후 외화상태로 보유하거나 지급받은 경우	공급시기의 기준환율·재정환율에 따라 계산한 금액

1,000/$ — ₩1,050/$ (공급시기) — ₩1,060/$ (6/30) — ₩1,100/$ (7/30)

		공급가액
i) $1,000 선수령 환전 ₩1,000,000		₩1,000,000
ii) $1,000 선수령	→ 환전 ₩1,100,000	₩1,050,000
iii) 외상매출	→ $1,000수령	₩1,050,000

(6) 부당행위계산의 부인

구 분	공급가액
① 재화의 공급에 대하여 부당하게 낮은 대가를 받은 경우 및 대가를 받지 않은 경우	공급한 재화 또는 용역의 시가
② 용역의 공급에 대하여 부당하게 낮은 대가를 받은 경우 및 사업용부동산 임대용역의 공급에 대하여 대가를 받지 않은 경우	

Memo

2. 재화의 수입에 대한 과세표준

(1) 수입재화의 과세표준

$$\underbrace{\left[\text{재화} + \text{관세} + \begin{cases} \text{개별소비세} & + \text{교육세} + \text{농어촌특별세} \\ \text{교통·에너지·환경세} & + \text{교육세} \\ \text{주세} & + \text{교육세} \end{cases}\right]}_{\text{과세표준}} + \text{VAT}$$

(2) 보세구역 내에서 보세구역 이외의 국내에 재화를 공급하는 경우

사업자가 보세구역 내에서 보세구역 외의 국내에 재화를 공급하는 경우 '재화의 수입' 및 '재화·용역의 공급'이 동시에 발생한다. 해당 거래의 공급가액 중 수입재화에 해당하는 금액은 재화의 수입으로서 세관장이 부가가치세를 징수하며, 공급가액 중 수입재화를 초과하는 금액은 재화·용역의 공급으로서 보세구역 내의 사업자가 부가가치세를 징수한다.

구 분	공급자	과세표준
재화의 수입	세관장	관세의 과세가격 + 관세 + 개별소비세, 주세, 교통·에너지·환경세 + 교육세, 농어촌특별세
재화·용역의 공급	보세구역내의 사업자*	공급가액 − 세관장의 과세표준

* 다만, 세관장이 재화의 수입에 대한 부가가치세를 징수하기 전에 같은 재화에 대한 선하증권이 양도되는 경우에는 선하증권의 양수인으로부터 받은 대가를 공급가액으로 할 수 있다.

5.2 재화의 공급의제에 대한 과세표준

1. 자기생산·취득재화의 공급의제

구 분	공 급 가 액
(1) 원칙	시가
(2) 감가상각자산	의제시가 : 취득가액 × (1 − 상각률 × 경과된 과세기간의 수)

※ 의제시가

1. 취득가액 : 매입세액을 공제받은 해당 재화의 가액(취득세 등은 제외)
   * 장기연불조건으로 매입한 자산인 경우 현재가치 평가는 적용하지 않는다.
2. 상각률
   (1) 건물·구축물 : 5%
   (2) 기타의 경우 : 25%

Memo

3. 경과된 과세기간의 수 : 과세기간의 개시일 후에 감가상각자산을 취득하거나 당해 재화가 공급된 것으로 의제하는 경우에는 그 과세기간의 개시일에 당해 재화를 취득하거나 당해 재화가 공급된 것으로 본다.

예제 부가가치세 과세사업을 영위하던 K씨는 2023년 10월 5일 해당 사업을 폐업하였다. 폐업당시 남아 있는 재화가 다음과 같다면 그 부가가치세 과세표준은 얼마인가?

종 류	취득일	취득가액	시 가
제품	2022. 9. 16.	₩10,000,000	₩12,000,000
토지	2020. 7. 10.	150,000,000	200,000,000
건물	2019. 7. 10.	100,000,000	70,000,000
기계장치	2022. 9. 20.	50,000,000	10,000,000

해답

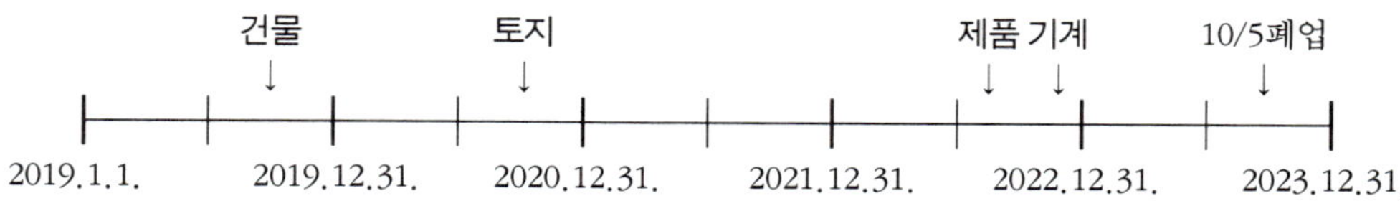

제 품 :		₩12,000,000
토 지 :		–
건 물 :	₩100,000,000×(1－5%×8)＝	60,000,000
기 계 :	₩50,000,000×(1－25%×2)＝	25,000,000
과세표준 :		₩97,000,000

※ 감가상각자산의 면세 일부 전용

$$\text{공급가액} = \text{의제시가} \times \frac{\text{면세전용일이 속하는 과세기간의 면세공급가액}}{\text{면세전용일이 속하는 과세기간의 총공급가액}}$$

* 면세공급가액이 총공급가액 중 5% 미만인 경우에는 과세표준이 없는 것으로 본다.

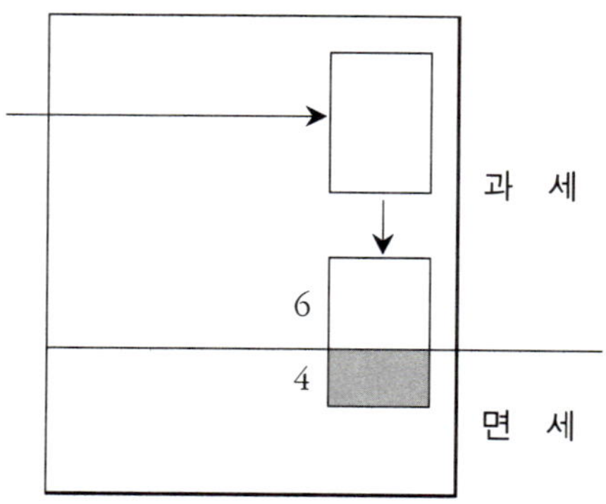

Memo

2. 판매목적 타 사업장 반출

구 분	공 급 가 액
(1) 원칙	해당 재화의 취득가액
(2) 취득가액에 일정액을 더하여 자기의 다른 사업장에 반출한 경우	그 취득가액 + 일정액
(3) 개별소비세, 주세 또는 교통·에너지·환경세가 부가되는 재화인 경우	개별소비세 등의 과세표준 + 개별소비세, 주세, 교통·에너지·환경세 + 교육세, 농어촌특별세

5.3 공급가액 계산의 특례

1. 공통사용재화를 공급하는 경우

(1) 과세표준에 포함되는 공급가액의 안분계산

$$\text{공급가액} = \text{공통공급가액} \times \frac{\text{직전 과세기간 과세공급가액}}{\text{직전 과세기간 총 공급가액}}$$

(2) 안분생략 → 전액 과표(과세 100%)

① 건별 공급가액이 ₩500,000 미만

② 건별 공급가액이 ₩50,000,000 미만이고 직전 과세기간의 면세공급가액 비율이 5% 미만

③ 신규사업자

2. 토지와 건물 등을 일괄하여 공급하는 경우

실지거래가액 → 감정가 →
- 기준시가 ○ : 기준시가
- 기준시가 × : 장부가액
- 기준시가 △ : 장부가액 → 기준시가

Memo

예제 제조업을 영위하는 부가가치세 과세사업자인 (주)나무는 자신의 제조업에 사용하던 토지, 건물 및 구축물을 ₩652,500,000에 일괄양도하였는데, 그 가액의 구분은 불분명하다. 공급계약일 현재 이와 관련된 다음 자료를 참고하여 요구사항에 답하시오.

구 분	취득가액	장부가액	기준시가	감정가액
토 지	₩320,000,000	₩320,000,000	₩350,000,000	₩400,000,000
건 물	180,000,000	80,000,000	150,000,000	180,000,000
구 축 물	120,000,000	100,000,000	100,000,000	–
합 계	₩520,000,000	₩500,000,000	₩600,000,000	₩580,000,000

〈요구사항〉

1. 일괄공급가액이 (1) 부가가치세를 포함하지 않은 금액인 경우와 (2) 포함한 금액인 경우로 나누어 부가가치세 과세표준에 포함되는 공급가액의 합계액을 제시하시오.
2. 구축물의 기준시가가 존재하지 않는다는 가정 하에 〈요구사항 1〉의 질문에 답하시오.

해답

1. 일괄공급한 부동산의 기준시가가 모두 존재하는 경우

(1) 일괄공급가액이 부가가치세를 포함하지 않은 금액인 경우

$$₩652,500,000 \times \frac{150+100}{350+150+100} = ₩271,875,000$$

(2) 일괄공급가액이 부가가치세를 포함한 금액인 경우

$$₩652,500,000 \times \frac{150+100}{350+(150+15)+(100+10)} = ₩261,000,000$$

2. 일괄공급한 부동산의 기준시가가 일부만 존재하는 경우

	장부가액	기준시가	배분비율	
토 지	320	350	80% × 70% = 56%	→ 면세
건 물	80	150	80% × 30% = 24%	
구 축 물	100	–	20%	
합 계	500	500	100%	

(1) 일괄공급가액이 부가가치세를 포함하지 않은 금액인 경우

$$₩652,500,000 \times \frac{24\%+20\%}{56\%+24\%+20\%} = ₩287,100,000$$

(2) 일괄공급가액이 부가가치세를 포함한 금액인 경우

$$₩652,500,000 \times \frac{24\%+20\%}{56\%+(24\%+2.4\%)+(20\%+2\%)} = ₩275,000,000$$

Memo

3. 부동산 임대용역을 공급하는 경우

부동산임대업의 부가가치세 과세표준 : ① 임대료+② 간주임대료+③ 관리비

(1) 전세금 또는 임대보증금을 받는 경우(간주임대료)

$$\text{공급가액 : 보증금 등 적수} \times \text{정기예금이자율} \times \frac{1}{365}$$

※ 임차부동산을 전대하는 경우

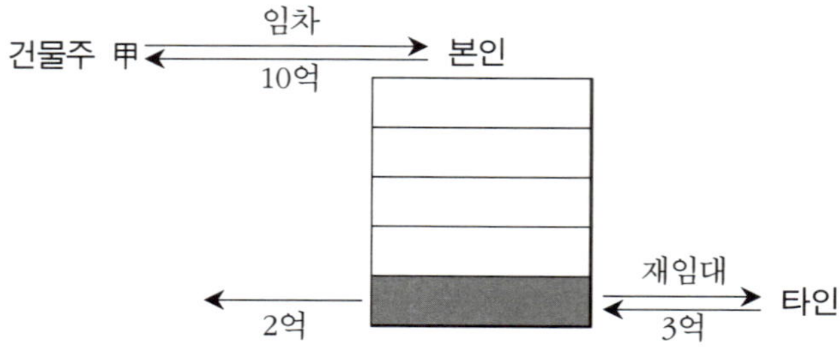

⇒ 간주임대료 대상 보증금 : 3억−2억 = 1억

(2) 임대료를 선불 또는 후불로 받는 경우

$$\text{공급가액 : 선불 또는 후불로 받는 임대료} \times \frac{\text{당해 과세기간의 임대월수}}{\text{총계약기간의 월수}} \text{(초월산입·말월불산입)}$$

(3) 겸용주택의 임대

예 제 부동산임대업을 영위하는 (주)중앙은 L씨에게 겸용주택을 임대하고 있다. 다음 자료에 따라 (주)중앙에 2023년 제2기 예정신고기간의 부가가치세 과세표준을 계산하시오.

1. 임대현황(도시지역 안의 부동산임)

구 분	임대 면적	기준시가
건물(단층)	주택 $20m^2$, 점포 $30m^2$	₩40,000,000
토지	$300m^2$	60,000,000

2. 임대조건 : 월 임대료 ₩1,000,000, 임대보증금 ₩182,500,000

3. 정기예금이자율 : 5%

Memo

해답

Ⅰ. 면적구분　　　　　　Ⅲ. 임대료 안분　　　　　　Ⅳ. 과표계산

	주택	상가	기준시가		면적		
건 물 :	20m^2	30m^2	₩5,300,000 × 40/100	×	30/50	=	₩1,272,000
토 지 :	~~120m^2~~	~~180m^2~~	₩5,300,000 × 60/100	×	200/300	=	2,120,000
(300m^2)	100m^2	200m^2					₩3,392,000

Ⅱ. 총임대료 계산

월임대료 : ₩1,000,000 × 3 =	₩3,000,000
간주임대료 : ₩182,500,000 × 92일 × 5% × 1/365 =	2,300,000
	₩5,300,000

5.4 대손세액의 처리

1. 공급하는 사업자의 경우

(1) **대손 확정** : 대손이 확정된 날이 속하는 과세기간의 확정신고시 매출세액에서 차감

1) 대손 요건

① 법인세법 및 소득세법 규정에 따라 대손금으로 인정되는 경우

② 채무자 회생 및 파산에 관한 법률에 따른 법원의 회생계획인가 결정에 따라 채무를 출자전환하는 경우(대손되어 회수할 수 없는 금액은 출자전환하는 시점의 출자전환된 매출채권 장부가액과 출자전환으로 취득한 주식 또는 출자지분의 시가와의 차액으로 한다)

2) **대손확정기한** : 공급일부터 10년이 지난 날이 속하는 과세기간에 대한 확정신고기한

(2) **대손금 회수** : 회수한 날이 속하는 과세기간의 확정신고시 매출세액에 가산

2. 공급받은 사업자의 경우

(1) **대손 확정** : 대손이 확정된 날이 속하는 과세기간의 확정신고시 매입세액에서 차감

(2) **대손금 변제** : 변제한 날이 속하는 과세기간의 확정신고시 매입세액에 가산

Memo

| 사례 |

대 상 기 간 (2013.2.1. ~ 2023.7.25.)

2013.2.1.	2013.4.25.	2023.2.1.	2023.3.20.	2023.6.30.	2023.7.25.	2023.9.1.
외상매출	납부	10년	대손확정	1기 종료일	1기 확정신고	60% 회수

2013.2.1. 외상매출

차변	금액	대변	금액
매출채권	55,000	매　　출	50,000
		VAT예수금	5,000

2013.4.25. 납부

차변	금액	대변	금액
VAT예수금	5,000	현　　금	5,000

2023.3.20. 대손확정

차변	금액	대변	금액
대손충당금	50,000	매출채권	55,000
VAT예수금	5,000		

⇩

2023.9.1. 60% 회수

차변	금액	대변	금액
현　　금	33,000	대손충당금	30,000
		VAT예수금	3,000

⇩

	2023.3.20. 대손확정	2023.9.1. 60% 회수
공급자 :	매출세액에서 차감 (2023. 1기 확정신고)	매출세액에 가산 (2023. 2기 확정신고)
공급받는자 :	매입세액에서 차감 (2023. 1기 확정신고)	매입세액에 가산 (2023. 2기 확정신고)

* 대손세액공제를 받은 부가가치세 매출세액 미수금은 법인세법상 대손금으로 인정되지 않는다.

Memo

제 6 절

거래징수와 세금계산서

6.1 거래징수

6.2 세금계산서

1. 세금계산서의 종류

(1) 세금계산서

필요적 기재사항	임의적 기재사항
① 공급하는 사업자의 등록번호와 성명·명칭 ② 공급받는 자의 등록번호 ③ 공급가액과 부가가치세액 ④ 작성연월일	① 공급하는 자의 주소 ② 공급받는 자의 상호·성명·주소 ③ 단가와 수량 ④ 공급연월일 등 기타사항

(2) **수입세금계산서** : 세관장이 수입하는 자에게 발급

(3) **영수증** : 부가가치세법상 효력은 없으며 사업자의 거래사실 증빙기능만 있음

2. 전자세금계산서

(1) 전자세금계산서 발급의무

1) 의의 : 전자세금계산서는 전자적 방법(공인인증시스템을 거쳐 정보통신망으로 발급하는 방법)으로 발급하는 세금계산서로서 종이세금계산서에 비해 시간적·경제적 부담이 경감되고 허위·가공의 세금계산서 수수행위를 차단하여 조세포탈을 방지하는 효과가 있다.

2) 전자세금계산서 의무발급사업자

① 법인사업자

② 직전 연도 사업장별 공급가액(면세공급가액 포함) 합계액이 1억원(2024. 7. 1.부터는 8천만원) 이상인 개인사업자

Memo

※ 개인사업자의 전자세금계산서 의무발급 기간 : 사업장별 재화 및 용역의 공급가액 합계액이 기준금액 이상인 해의 다음 해 제2기 과세기간과 그 다음 해 제1기 과세기간

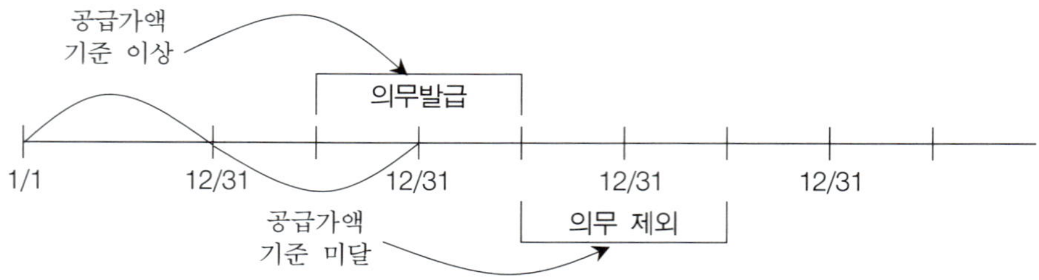

* 전자세금계산서 의무발급 개인사업자 대상 통지 : 세무서장은 개인사업자가 전자세금계산서 의무발급 대상에 해당하는 경우에는 그 의무발급 기간이 시작되기 1개월 전까지 그 사실을 해당 개인사업자에게 통지하여야 한다. 개인사업자가 의무발급 기간이 시작되기 1개월 전까지 통지를 받지 못한 경우에는 통지서를 수령한 날이 속하는 달의 다음 다음달 1일부터 전자세금계산서를 발급하여야 한다.

전자세금계산서 의무발급사업자가 아닌 사업자도 전자세금계산서를 발급하고 전자세금계산서 발급명세를 전송할 수 있다.

(2) 전자세금계산서 발급명세 전송의무

전자세금계산서를 발급하였을 때에는 전자세금계산서 발급일의 다음날까지 전자세금계산서 발급명세를 국세청장에게 전송하여야 한다.

* 국세청장에게 전자세금계산서 발급명세를 해당 재화 또는 용역의 공급시기가 속하는 과세기간(예정신고의 경우는 예정신고기간) 마지막 날의 다음 달 11일까지 전송한 경우에는 매출처별세금계산서합계표 및 매입처별세금계산서합계표를 제출하지 않아도 되며 세금계산서의 5년간 보존의무가 면제된다.

(3) 전자세금계산서 발급명세 전송불성실가산세

구 분	사 유	가산세
① 지연전송	전자세금계산서 발급명세 전송기한이 경과한 후 공급시기가 속하는 과세기간에 대한 확정신고기한까지 전송하는 경우	공급가액 × 0.3%
② 미전송	공급시기가 속하는 과세기간에 대한 확정신고기한까지 전송하지 아니한 경우	공급가액 × 0.5%

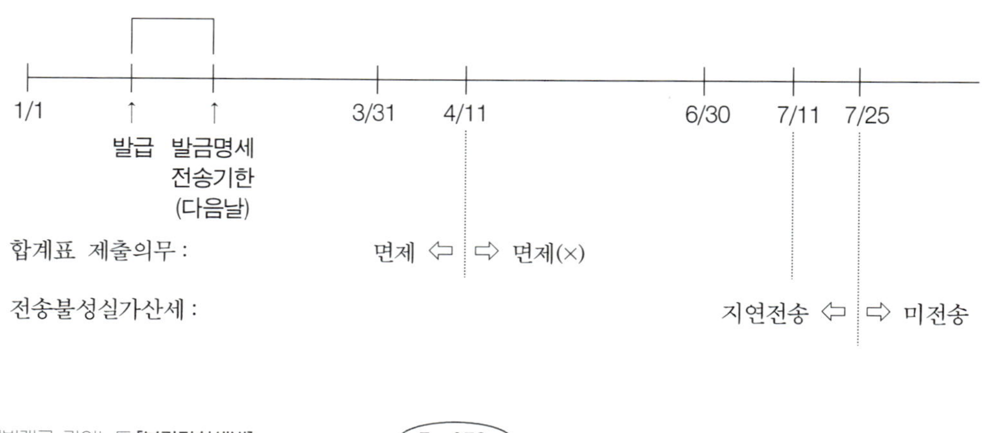

Memo

3. 세금계산서의 발급의무자

(1) **발급의무자** : 사업자등록을 한 사업자

(2) **위탁매매 등의 경우** : 수탁자(또는 대리인)가 위탁자(또는 본인) 명의의 세금계산서 발급하며 위탁자(또는 본인)가 직접 재화를 인도하는 때에는 위탁자(또는 본인)가 세금계산서를 발급할 수 있다.

세부사항 세금계산서의 발급특례

1. 사업자가 시설대여업자로부터 시설 등을 임차하고 당해 시설 등을 공급자 또는 세관장으로부터 직접 인도받는 경우에는 공급자 또는 세관장이 당해 사업자에게 직접 세금계산서를 발급할 수 있다.
2. 합병에 따라 소멸하는 법인이 합병계약서에 기재된 합병을 한 날부터 합병등기일까지의 기간에 재화 또는 용역을 공급하거나 공급받는 경우 합병 이후 존속하는 법인 또는 합병으로 신설되는 법인이 세금계산서를 발급하거나 발급받을 수 있다.

4. 세금계산서 발급대상거래

(1) **원칙** : 부가가치세가 과세되는 모든 거래는 원칙적으로 세금계산서를 발급하여야 한다.

(2) **예외** : 다음에 해당하는 거래는 세금계산서를 발급하지 않는다.

세금계산서 미발급	예외(세금계산서 발급)
① 영수증 발급대상 거래 : 소매업, 음식점업, 숙박업 등 소비자 상대 업종	사업자인 거래상대방이 사업자등록증을 제시하고 세금계산서의 발급을 요구하는 경우
② 택시운송, 노점, 행상, 무인자동판매기 사업자	–
③ 발급금지 업종 : 미용·욕탕 및 유사서비스업, 여객운송업(전세버스 제외), 입장권 발행 영위사업, 쌍꺼풀수술 등의 진료용역 및 동물진료용역, 무도학원 및 자동차운전학원 등	감가상각자산의 공급
④ 재화의 공급의제	판매목적 타사업장 반출
⑤ 간주임대료	–
⑥ 영세율 적용대상 거래 중 수출재화, 국외제공용역, 항공기 외국항행용역 등	• 내국신용장(구매확인서)에 의한 공급 • 한국국제협력단 등에 대한 공급 • 수출재화임가공용역 • 외국 항행 선박 등에 공급하는 재화·용역 • 원료를 대가 없이 국외 수탁가공업자에게 반출하여 가공한 재화를 양도하는 경우 그 원료의 반출

Memo

5. 세금계산서 발급시기

(1) **원칙** : 재화 또는 용역의 공급시기

(2) **공급시기 후 발급특례**

다음의 경우에는 공급시기가 속하는 달의 다음 달 10일(공휴일·토요일인 경우 그 다음날)까지 세금계산서를 발급할 수 있다.

① 합계 세금계산서

- 거래처별로 1역월의 공급가액을 합계하여 당해 월의 말일자를 발행일자로 하여 세금계산서를 발급하는 경우
- 거래처별로 1역월 이내에서 사업자가 임의로 정한 기간의 공급가액을 합계하여 그 기간의 종료일자를 발행일자로 하여 세금계산서를 발급하는 경우

② 관계증빙서류 등에 의하여 실제 거래사실이 확인되는 경우로서 당해 거래일자를 작성연월일로 하여 세금계산서를 발급하는 경우

6. 수정세금계산서의 발급

사 유	절 차
① 당초 공급한 재화가 환입된 경우	환입된 날을 작성일자로 기재하고 비고란에 당초 작성일자를 부기한 후 붉은색 글씨 또는 부의 표시를 하여 발급
② 계약의 해제로 인하여 재화 또는 용역이 공급되지 아니한 경우	계약해제일을 작성일자로 기재하고 비고란에 당초 작성일자를 부기한 후 붉은색 글씨 또는 부의 표시를 하여 발급
③ 계약의 해지 등에 따라 공급가액에 추가 또는 차감되는 금액이 발생한 경우	증감사유가 발생한 날을 작성일로 기재하고 추가되는 금액은 검은색 글씨, 차감되는 금액은 붉은색 글씨 또는 부의 표시를 하여 발급
④ 재화·용역을 공급한 후 공급시기가 속하는 과세기간 종료 후 25일 이내에 내국신용장이 개설되었거나 구매확인서가 발급된 경우	내국신용장 등이 개설된 때에 그 작성일자는 당초 작성일자를 기재하고 비고란에 내국신용장 개설일 등을 부기하여 당초 내용대로 붉은색 글씨 또는 부의 표시를 하여 발급하고 영세율 적용분은 검은색 글씨로 추가 발급
⑤ 필요적 기재사항 등이 착오로 잘못 적힌 경우	당초 내용대로 붉은색 글씨 또는 부의 표시를 하여 발급하고 수정 세금계산서는 검은색 글씨로 발급. 단, 경정할 것을 미리 알고 있는 경우는 제외
⑥ 필요적 기재사항 등이 착오 외의 사유로 잘못 적힌 경우	공급일이 속하는 과세기간에 대한 확정신고기한 다음 날부터 1년 이내에 작성하되, 당초 내용대로 붉은색 글씨 또는 부의 표시를 하여 발급하고 수정 세금계산서는 검은색 글씨로 발급. 단, 경정할 것을 미리 알고 있는 경우는 제외
⑦ 착오로 전자세금계산서를 이중으로 발급한 경우	당초에 발급한 세금계산서의 내용대로 부의 표시를 하여 발급

Memo

⑧ 면세 등 발급대상이 아닌 거래 등에 대하여 발급한 경우	당초에 발급한 세금계산서의 내용대로 붉은 색 글씨 또는 부의 표시를 하여 발급(면세대상 거래에 대하여 예외적으로 매입세액을 공제받는 경우는 제외)
⑨ 세율을 잘못 적용하여 발급한 경우	당초 내용대로 붉은색 글씨 또는 부의 표시를 하여 발급하고 수정 세금계산서는 검은색 글씨로 발급

* 일반과세자에서 간이과세자로 과세유형이 전환되거나 간이과세자에서 일반과세자로 과세유형이 전환된 후에 과세유형전환 전에 공급한 재화 또는 용역에 대하여 위 ①~③의 수정세금계산서 발급사유가 발생한 경우에는 위 절차에도 불구하고 당초 세금계산서 작성일자를 수정세금계산서의 작성일자로 적고, 비고란에 사유발생일을 부기한 후 추가되는 금액은 검은색 글씨로 쓰고 차감되는 금액은 붉은색 글씨로 쓰거나 부의 표시를 하여 수정세금계산서를 발급할 수 있다.

7. 매입자발행 세금계산서

(1) 개요

세금계산서 발급의무가 있는 사업자가 재화·용역을 공급하고 공급시기에 세금계산서를 발급하지 아니한 경우(사업자의 부도·폐업 또는 공급계약의 해제·변경 등의 사유가 발생한 경우로서 사업자가 수정세금계산서를 발급하지 않은 경우 포함) 그 재화·용역을 공급받은 자는 관할세무서장의 확인을 받아 세금계산서를 발행(self-billing)할 수 있다.

구 분	내 용
발행가능 사업자	납세의무자로 등록한 사업자(간이과세자 및 면세사업자 포함)
발행대상 사업자	세금계산서 발급의무가 있는 사업자로서 세금계산서를 발급하지 아니한 자

(2) 거래사실 확인 및 발급 절차

구 분	내 용
1) 거래사실의 확인신청	매입자발행세금계산서를 발행하려는 자는 해당 재화·용역의 공급시기가 속하는 과세기간 종료일부터 6개월 이내에 거래사실확인신청서에 거래사실을 객관적으로 입증할 수 있는 서류를 첨부하여 관할세무서장에게 거래사실의 확인을 신청하여야 한다.
2) 대상 거래	거래건당 공급대가가 5만원(부가가치세 포함) 이상인 거래
3) 거래사실의 확인절차	① 신청인 관할세무서장은 거래사실확인신청서가 제출된 날부터 7일 이내에 신청서와 제출된 증빙서류를 공급자 관할세무서장에게 송부하여야 한다. ② 공급자 관할세무서장은 신청일의 다음 달 말일까지 거래사실여부를 확인하여 다음과 같은 통지를 공급자와 신청인 관할세무서장에게 하여야 한다. a. 거래사실이 확인되는 경우 : 공급자 및 공급받는 자의 사업자등록번호, 작성연월일, 공급가액 및 부가가치세액 등을 포함한 거래사실 확인 통지 b. 거래사실이 확인되지 아니하는 경우 : 거래사실 확인불가 통지

Memo

4) 거래사실의 확인결과 통지	신청인 관할세무서장은 공급자 관할세무서장으로부터 통지를 받은 후 즉시 신청인에게 그 확인결과를 통지하여야 한다.
5) 세금계산서의 발급	신청인 관할세무서장으로부터 거래사실 확인 통지를 받은 신청인은 공급자 관할세무서장이 확인한 거래일자를 작성일자로 하여 매입자발행세금계산서를 발행하여 공급자에게 발급하여야 한다.

8. 세금계산서합계표의 제출

(1) 사업자의 제출의무

① 사업자가 세금계산서를 발급하였거나 발급받은 때에는 매출처별세금계산서합계표 및 매입처별세금계산서합계표를 해당 예정신고 또는 확정신고와 함께 제출하여야 한다.

② 전자세금계산서를 발급하거나 발급받고 전자세금계산서 발급명세를 해당 재화 또는 용역의 공급시기가 속하는 과세기간(예정신고의 경우는 예정신고기간) 마지막 날의 다음 달 11일까지 국세청장에게 전송한 경우에는 매출·매입처별 세금계산서합계표를 제출하지 않을 수 있다.

③ 예정신고시 매출·매입처별세금계산서합계표를 제출하지 못한 경우에는 해당 예정신고기간이 속하는 과세기간의 확정신고를 할 때 제출할 수 있다.

(2) 사업자 외의 자의 제출의무

① 세관장의 제출의무 : 수입세금계산서를 발급한 세관장은 사업자의 경우를 준용하여 매출처별 세금계산서합계표를 세관 소재지 관할세무서장에게 제출하여야 한다.

② 면세사업자 등의 제출의무 : 세금계산서를 발급받은 국가, 지방자치단체, 지방자치단체조합, 면세사업자 등은 부가가치세 납세의무가 없는 경우에도 매입처별세금계산서합계표를 해당 과세기간 종료 후 25일 이내에 사업장 관할세무서장에게 제출하여야 한다.

6.3 현금영수증제도 및 신용카드 금전등록기의 운영

1. 현금영수증 제도

2. 신용카드 등의 운영

(1) 신용카드매출전표 발급 등에 대한 세액공제 : 공급자

(2) 신용카드매출전표에 의한 매입세액공제 허용 : 공급받은 자

Memo

납부세액의 계산

7.1 매입세액공제 일반

매출세액	…	공급가액 × 10%(0%) ± 대손세액
매입세액	…	세금계산서 수취분 • 신용카드매출전표 수취분 • 의제매입세액 • 과세사업 전환 매입세액(과세전환) • 재고매입세액 (−)매입세액 불공제
납부세액		

<table>
<tr><th colspan="3">구 분</th><th>금 액</th><th>세율</th><th>세 액</th></tr>
<tr><td rowspan="9">과세표준
및
매출세액</td><td rowspan="4">과 세</td><td>세금계산서</td><td></td><td>10/100</td><td></td></tr>
<tr><td>매입자발행 세금계산서</td><td></td><td>10/100</td><td></td></tr>
<tr><td>신용카드, 현금영수증</td><td></td><td>10/100</td><td></td></tr>
<tr><td>기타</td><td></td><td>10/100</td><td></td></tr>
<tr><td rowspan="2">영세율</td><td>세금계산서</td><td></td><td>0/100</td><td></td></tr>
<tr><td>기타</td><td></td><td>0/100</td><td></td></tr>
<tr><td colspan="2">예정신고 누락분</td><td></td><td></td><td></td></tr>
<tr><td colspan="2">대손세액 가감</td><td></td><td></td><td></td></tr>
<tr><td colspan="2">합 계</td><td></td><td></td><td></td></tr>
<tr><td rowspan="8">매입세액</td><td rowspan="3">세금계산서
수취분</td><td>일반매입</td><td></td><td></td><td></td></tr>
<tr><td>수입분 납부유예</td><td></td><td></td><td></td></tr>
<tr><td>고정자산 매입</td><td></td><td></td><td></td></tr>
<tr><td colspan="2">예정신고 누락분</td><td></td><td></td><td></td></tr>
<tr><td colspan="2">매입자발행 세금계산서</td><td></td><td></td><td></td></tr>
<tr><td colspan="2">그 밖의 공제매입세액</td><td></td><td></td><td></td></tr>
<tr><td colspan="2">불공제 매입세액</td><td></td><td></td><td></td></tr>
<tr><td colspan="2">합 계</td><td></td><td></td><td></td></tr>
</table>

Memo

1. 매입세액공제의 요건

(1) 세금계산서 수취 및 합계표 제출에 의하여 입증된 매입세액

※ 신용카드매출전표 등 매입세액

사업자가 일반과세자 및 영수증 발급대상이 아닌 간이과세자(세금계산서 발급금지업종 제외)로부터 재화·용역을 공급받고 부가가치세액이 별도로 기재된 신용카드매출전표 등(직불카드영수증·기명식선불카드영수증·현금영수증 포함)을 발급받은 경우 다음 요건을 충족하면 이를 세금계산서와 동일한 증빙으로 보아 매입세액을 공제한다. 그리고 이 경우에는 거래상대방이 세금계산서를 요구하더라도 세금계산서를 발급하지 아니한다.

① 신용카드매출전표 등 수취명세서를 제출할 것

② 신용카드매출전표 등의 증빙을 해당 과세기간에 대한 확정신고를 한 날로부터 5년간 보관할 것

③ 간이과세자가 영수증을 발급해야 하는 기간에 발급한 신용카드매출전표 등이 아닐 것

(2) 자기의 사업을 위한 거래의 매입세액

(3) 과세사업에 사용되었거나 사용될 재화 또는 용역에 대한 매입세액

2. 매입세액 불공제

(1) 조세정책 목적

① 면세사업관련 매입세액

② 접대비관련 매입세액

③ 비영업용 소형승용차의 구입과 임차 및 유지를 위한 매입세액

④ 토지조성 관련 매입세액(토지의 자본적 지출)

(2) 사업자 귀책사유

① 사업자등록(등록신청일 기준) 전 매입세액

* 공급시기가 속하는 과세기간이 끝난 후 20일 이내에 등록 신청한 경우 신청일부터 그 과세기간 기산일까지 역산한 기간 이내의 매입세액은 공제허용

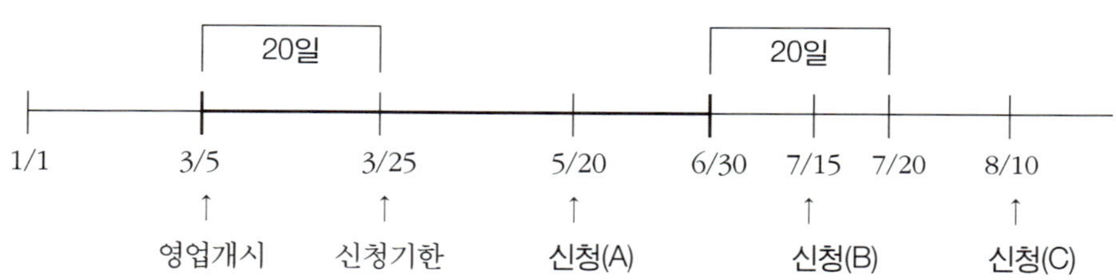

A : 1/1 ~ 5/20 기간의 매입세액공제 허용

B : 1/1 ~ 7/15 기간의 매입세액공제 허용

C : 7/1 ~ 8/10 기간의 매입세액공제 허용(1/1 ~ 6/30 기간의 매입세액공제 불가)

Memo

② 세금계산서 미수취·부실기재분 매입세액*

* 공급가액이 사실과 다르게 적힌 경우에는 실제 공급가액과 사실과 다르게 적힌 금액의 차액에 해당하는 세액을 말한다.

유의사항 예외적인 매입세액공제의 허용

1. 사업자등록증발급일까지의 거래에 대하여 해당 사업자 또는 대표자의 주민등록번호를 적어 발급받은 경우
2. 필요적 기재사항 중 일부가 착오로 기재되었으나 그 밖의 필요적 기재사항 또는 임의적 기재사항으로 보아 거래사실이 확인되는 경우
3. 공급시기 이후에 발급받은 세금계산서로서 당해 공급시기가 속하는 과세기간에 대한 확정신고기한까지 발급받은 경우
4. 전자세금계산서로서 국세청장에게 전송되지 아니하였으나 발급한 사실이 확인되는 경우
5. 전자세금계산서 발급대상 사업자로부터 발급받은 전자세금계산서 외의 세금계산서로서 재화나 용역의 공급시기가 속하는 과세기간에 대한 확정신고기한까지 발급받았고, 그 거래사실도 확인되는 경우
6. 실제로 재화나 용역을 공급하거나 공급받은 사업장이 아닌 사업장을 적은 세금계산서를 발급받았더라도 그 사업장이 총괄납부하거나 사업자단위과세사업자에 해당하는 사업장인 경우로서 그 재화나 용역을 실제로 공급한 사업자가 해당 과세기간에 대한 납부세액을 예정신고·납부 및 확정신고·납부한 경우
7. 재화 또는 용역의 공급시기가 속하는 과세기간에 대한 확정신고기한 이후 세금계산서를 발급받았더라도 그 세금계산서의 발급일이 재화 또는 용역의 공급시기가 속하는 과세기간에 대한 확정신고기한 다음날부터 1년 이내이고 다음의 어느 하나에 해당하는 경우
   ① 과세표준수정신고서와 경정 청구서를 세금계산서와 함께 제출하는 경우
   ② 해당 거래사실이 확인되어 납세지 관할 세무서장 등이 결정 또는 경정하는 경우
8. 재화 또는 용역의 공급시기 전에 세금계산서를 발급받았더라도 재화 또는 용역의 공급시기가 그 세금계산서의 발급일부터 6개월 이내에 도래하고 해당 거래사실이 확인되어 납세지 관할 세무서장 등이 결정 또는 경정하는 경우

③ 매입처별세금계산서합계표 미제출·부실기재분 매입세액

구 분		매입세액	가산세
세금계산서 후 수취	동일 과세기간의 확정신고기한 내	공제	부과
	확정신고기한 경과*	불공제	없음
합계표 미제출·부실기재	수정신고·경정청구·기한후신고·지연제출	공제	없음
	경정시 경정기관 확인	공제	부과

* 확정신고기한 경과 후 1년 이내에 세금계산서를 수령하고 수정신고, 경정청구하거나 과세관청이 결정, 경정하는 경우 : 매입세액 공제, 가산세 부과

④ 사업과 직접 관련없는 지출에 대한 매입세액

- 법인세법상 또는 소득세법상 업무무관비용
- 법인세법상 공동경비 중 공동경비 분담기준을 초과하여 부담한 금액

Memo

※ 부가가치세 불공제 매입세액의 법인세법상 처리

(차) 자 산 · 비 용　100　　(대) 현　　금　110
　~~VAT선급금　10~~
　자 산 · 비 용　10

(1) 조세정책 목적에 따른 불공제 매입세액인 경우 : 손금으로 인정
(2) 사업자 귀책에 의한 불공제 매입세액인 경우 : 손금불산입
　① 비용처리한 경우 : 〈손금불산입〉 (기타사외유출)
　② 자산처리한 경우 : 〈익금불산입〉 (△유보), 〈손금불산입〉 (기타사외유출)

※ 사례별 처리방법 요약

불공제 사유	내　　용	법인세법상 처리
조세정책목적 (손금 항목)	① 면세사업관련 매입세액 ② 비영업용 소형승용차의 구입 및 유지관련 매입세액 ③ 영수증 수취분 매입세액(세금계산서를 발급할 수 없는 사업자로부터 매입한 경우)	• 자본적 지출관련 : 자산구성 • 수익적 지출관련 : 손금산입
	④ 접대비관련 매입세액	접대비에 포함하여 시부인
	⑤ 토지조성관련 매입세액	토지 취득원가 구성
	⑥ 간주임대료관련 매입세액	임대인과 임차인 중 부담하는 자의 손금에 산입
사업자 귀책 (손금불산입 항목)	① 사업자 등록 전 매입세액 ② 세금계산서 미수취·부실기재분 매입세액 ③ 매입처별 세금계산서 합계표 미제출·부실기재분 매입세액 ④ 사업과 관련없는 매입세액	자산의 취득원가와 당해 사업연도 손금 모두 부인됨

7.2 공통매입세액의 안분계산

※ 공통재화에 대한 기본 구조

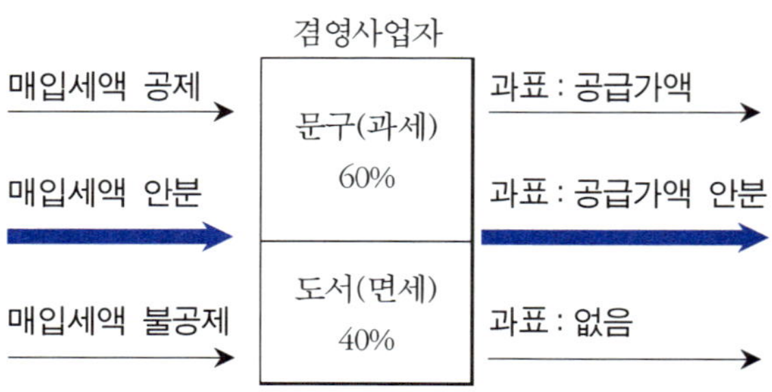

Memo

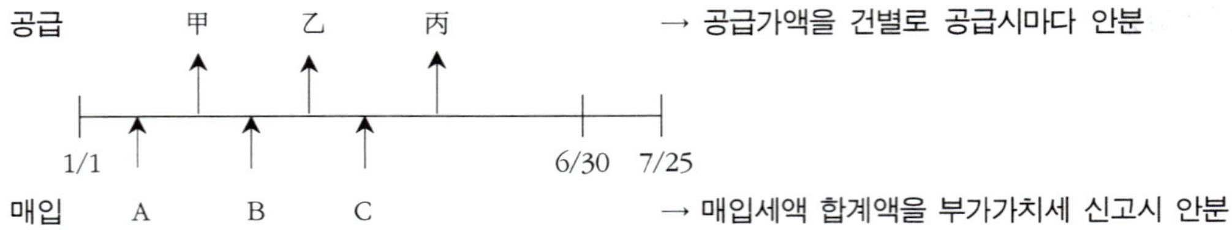

| 비교 |

(1) ₩1,000,000에 취득한 공통재화를 6개월 사용 후 ₩600,000에 매각한 경우
과세표준 : ₩600,000 × 60% = ₩360,000

(2) ₩1,000,000에 취득한 재화를 과세사업에 6개월 사용 후 면세사업에 공통으로 사용하는 경우
과세표준 : ₩1,000,000 × (1 − 25% × 1) × 40% = ₩300,000

1. 공통재화 공급가액 안분

(1) 과세표준

$$\text{공통공급가액} \times \frac{\text{직전 과세기간 과세공급가액}}{\text{직전 과세기간 총 공급가액}}$$

(2) 안분생략 → 전액 과표(과세 100%)

① 건별 공급가액이 ₩500,000 미만
② 건별 공급가액이 ₩50,000,000 미만 + 직전 과세기간의 면세공급가액 비율이 5% 미만
③ 신규사업자

2. 공통재화 매입세액 안분

(1) 공제(불공제)매입세액

$$\text{공통매입세액} \times \frac{\text{당해 과세기간 과세(면세)공급가액}}{\text{당해 과세기간 총 공급가액}}$$

* 예정신고기간 중에 매입한 자산에 대해서 예정신고 하는 경우에는 당해 예정신고기간(3개월)의 공급가액을 기준으로 안분계산하고 확정신고시에 당해 과세기간(6개월)의 공급가액으로 정산

(2) 안분생략 → 전액 공제(과세 100%)

① 공통매입세액 합계액이 ₩50,000 미만
② 공통매입세액 합계액이 ₩5,000,000 미만 + 해당 과세기간의 면세공급가액 비율이 5% 미만
③ 신규사업자가 사업개시 과세기간에 공급한 공통재화의 매입세액

Memo

(3) 예외적인 안분방법

① 매입과 공급이 동일한 과세기간인 경우(A의 경우)

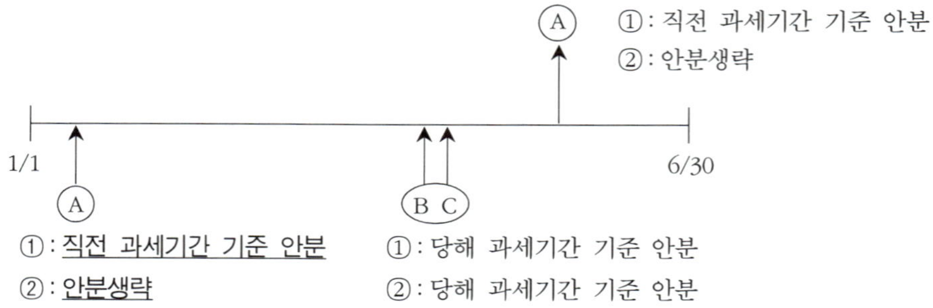

* ①: 계속사업자인 경우
②: 신규사업자인 경우

② 공급가액이 없는 경우 : 다음 순서에 따라 안분계산

a. 총매입가액(공통매입가액 제외)에 대한 과세(면세)사업관련 매입가액의 비율

b. 총예정공급가액에 대한 과세(면세)사업관련 예정공급가액 비율

c. 총예정사용면적에 대한 과세(면세)사업관련 예정사용면적 비율

* 건물을 신축 또는 취득한 경우로서 예정사용면적의 구분이 가능한 경우에는 c의 안분계산기준을 우선 적용한다.

* 공급가액이 없음에 따라 공급가액 이외의 방법으로 안분계산한 경우에는 공급가액 또는 사용면적이 확정되는 과세기간에 다음의 방법으로 정산한다.

당초 안분계산기준	정 산 기 준
① 매입가액 비율 ② 예정공급가액 비율	과세사업과 면세사업의 공급가액이 확정되는 과세기간의 공급가액 비율
③ 예정사용면적 비율	과세사업과 면세사업의 사용면적이 확정되는 과세기간의 사용면적 비율

7.3 납부세액 또는 환급세액의 재계산

1. 요건

(1) 과세사업과 면세사업에 공통으로 사용되고 있는 감가상각자산일 것

(2) 공통매입세액 안분계산규정에 의하여 매입세액을 공제받은 경우일 것

* 공급가액이 없는 경우의 공통매입세액을 공급가액 등이 확정된 과세기간에 정산 받은 경우 포함

(3) 면세비율이 5% 이상 증감된 경우일 것

Memo

2. 재계산 방법

$$\text{가산·공제액} = \text{당해 재화의 매입세액} \times \text{증감된 면세비율} \times \left(1 - \text{상각률} \times \text{경과된 과세기간 수}\right)$$

- 면세비율증가, 과세비율감소 ⇨ 납부
- 면세비율감소, 과세비율증가 ⇨ 환급

3. 재계산된 세액의 신고납부

재계산된 세액은 확정신고와 함께 신고납부한다(예정신고때는 재계산 하지 않음).

4. 재계산의 배제

(1) 재화의 공급의제에 해당하는 경우

(2) 공통사용재화의 공급에 해당하는 경우

예제 잡지사를 경영하는 A회사는 20×1년 1기에 사업용 건물을 매입 ₩500,000,000(부가가치세 제외)에 매입하였다. 각 과세기간 수입금액이 다음과 같으며 건물은 잡지판매부분과 광고부분의 사용면적이 구분되지 않는다. 다음 자료를 참고하여 요구사항에 답하시오.

과 세 기 간	잡지판매 수입	광고료 수입	합 계
20×1년 제1기	₩120,000,000	₩280,000,000	₩400,000,000
제2기	250,000,000	250,000,000	500,000,000
20×2년 제1기	240,000,000	360,000,000	600,000,000
제2기	301,000,000	399,000,000	700,000,000
20×3년 제1기	288,000,000	512,000,000	800,000,000
제2기	306,000,000	594,000,000	900,000,000

〈요구사항〉

1. 해당 건물과 관련하여 20×1년 1기 불공제 매입세액을 계산하고, 이후 20×3년까지 납부세액 또는 환급세액에 가산(또는 차감)할 세액을 계산하시오.
2. 해당 건물을 20×4년 1기에 ₩100,000,000(부가가치세 제외)에 매각한 경우 과세표준 및 납부세액 또는 환급세액에 가산(또는 차감)할 세액을 계산하시오.

Memo

해 답

1. 납부·환급세액 재계산

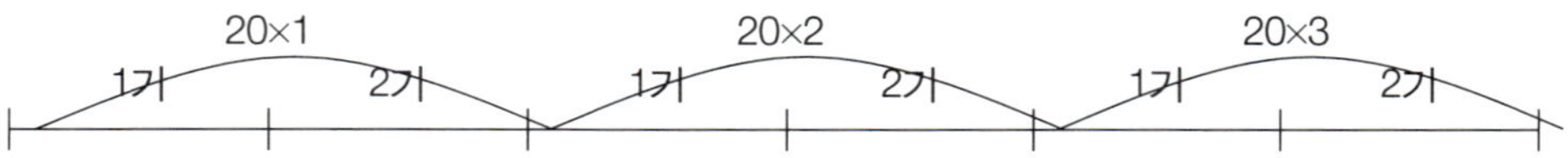

	20×1 1기	20×1 2기	20×2 1기	20×2 2기	20×3 1기	20×3 2기
면세비율	30%	50%	40%	43%	36%	34%
	₩50,000,000 ×30% = ₩15,000,000 (불공제)	₩50,000,000 ×20% ×(1−5%×1) = ₩9,500,000 (납부)	₩50,000,000 ×10% ×(1−5%×2) = ₩4,500,000 (환급)	−	−	₩50,000,000 ×6% ×(1−5%×5) = ₩2,250,000 (환급)

2. 20×4년 1기에 해당 건물을 ₩100,000,000(부가가치세 제외)에 매각한 경우
   ① 과세표준 : ₩100,000,000 × 66%(직전기 과세비율) = ₩66,000,000
   ② 납부·환급세액 재계산 : 없음

7.4 면세사업용 감가상각자산의 과세사업 전환시 매입세액공제

1. 과세사업 전환 매입세액공제

면세사업에 사용하여 매입세액이 공제되지 아니한 감가상각자산을 과세사업에 사용하거나 소비하는 때에는 다음의 금액을 매입세액으로 공제한다.

공제액 = 공제되지 않은 매입세액*1 × (1 − 상각률*2 × 경과된 과세기간의 수*3)

*1. 공제되지 않은 매입세액 : 취득당시 해당 재화의 면세사업관련 총 매입세액불공제액
 2. 상각률 : 건물·구축물은 5%, 기타의 감가상각자산은 25%
 3. 경과된 과세기간의 수 : 과세기간 개시일 후에 감가상각자산을 취득하는 경우에는 그 과세기간 개시일에 당해 재화를 취득한 것으로 보아 계산한다.

2. 과세사업과 면세사업에 공통사용하는 경우

(1) 원칙적인 안분계산 방법

면세사업에 사용하여 매입세액이 공제되지 아니한 감가상각자산을 과세사업과 면세사업에 공통으로 사용하거나 소비하는 때에는 다음의 금액을 매입세액으로 공제한다.

$$\text{공제액} = \text{과세사업에 전용하는 경우의 공제액} \times \frac{\text{과세사업사용일이 속하는 과세기간의 과세공급가액}}{\text{과세사업사용일이 속하는 과세기간의 총공급가액}}$$

* 과세공급가액이 총공급가액 중 5% 미만인 경우에는 공제세액이 없는 것으로 본다.

Memo

(2) 예외적인 안분계산 방법

공급가액이 없는 경우 : 다음 순서에 따라 안분계산

a. 총매입가액(공통매입가액 제외)에 대한 과세(면세)사업관련 매입가액의 비율

b. 총예정공급가액에 대한 과세(면세)사업관련 예정공급가액 비율

c. 총예정사용면적에 대한 과세(면세)사업관련 예정사용면적 비율

* 건물에 대하여 예정 사용면적의 구분이 가능한 경우에는 c의 안분계산기준을 우선 적용한다.
* 공급가액이 없음에 따라 공급가액 이외의 방법으로 안분계산한 경우에는 공급가액 또는 사용면적이 확정되는 과세기간에 다음의 방법으로 정산한다.

당초 안분계산기준	정 산 기 준
① 매입가액 비율 ② 예정공급가액 비율	과세사업과 면세사업의 공급가액이 확정되는 과세기간의 공급가액 비율
③ 예정사용면적 비율	과세사업과 면세사업의 사용면적이 확정되는 과세기간의 사용면적 비율

3. 과세사업 전환 매입세액의 재계산

과세사업 전환 매입세액이 전부 또는 일부 공제된 후, 해당 과세기간의 면세비율과 감가상각자산의 취득일이 속하는 과세기간(취득 후 재계산하였을 때에는 그 재계산한 기간)의 면세비율 차이가 5% 이상인 경우에는 납부세액 또는 환급세액 재계산 규정을 준용하여 매입세액을 재계산한다.

※ 면세전용과 과세전환

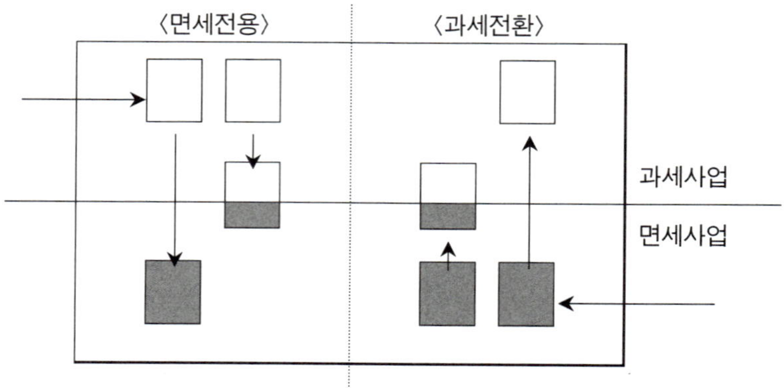

(1) 면세전용 : 공급의제 규정으로서 과세표준의 일부분임

① 과세표준 : **취득가액** × (1 − 상각률 × 경과된 과세기간 수) [×면세비율]

② 납부액(매출세액) : 과세표준 × 10%

(2) 과세전환 : 불공제 매입세액의 환급 규정으로서 매입세액공제액의 일부분임

• 공제액 : **매입세액** × (1 − 상각률 × 경과된 과세기간 수) [×과세비율]

Memo

(3) 비교

구 분	면 세 전 용	과 세 전 용
① 성격	과세표준 계산 과정	매입세액공제액 계산 과정
② 대상 자산	제한 없음	감가상각자산에 한정
③ 적용 시기	규정 없음	확정신고시에만 적용

7.5 의제매입세액

1. 제도의 필요성

▶ B 사업자가 면세인 경우

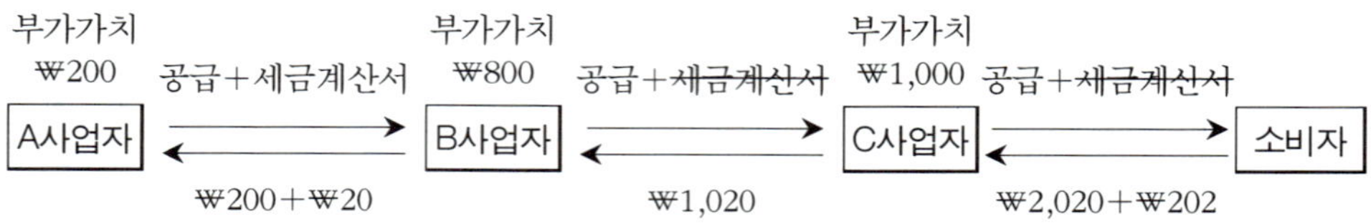

A 사업자		B 사업자	C 사업자	
매출세액	₩20		매출세액	₩202
매입세액	–	–	매입세액	–
납부세액	₩20		납부세액	₩202

구분	A 사업자	B 사업자	C 사업자
〈매입〉	–	(차) 매 입 220 (대) 현 금 220	(차) 매 입 1,020 (대) 현 금 1,020
〈매출〉	(차) 현 금 220 (대) 매 출 200 예 수 금 20	(차) 현 금 1,020 (대) 매 출 1,020	(차) 현 금 2,222 (대) 매 출 2,020 예 수 금 202
〈납부〉	(차) 예 수 금 20 (대) 현 금 20	–	(차) 예 수 금 202 (대) 현 금 202

- 실제 징수액 : ₩222
- B 과세시 : VA(A + B + C) × 10% = ₩200
- B 면세시 : VA(A + C) × 10% = ₩120

₩222 − ₩200 : ₩22 → 누적효과

₩200 − ₩120 : ₩80 → 환수효과

Memo

▶ 매입세액의제

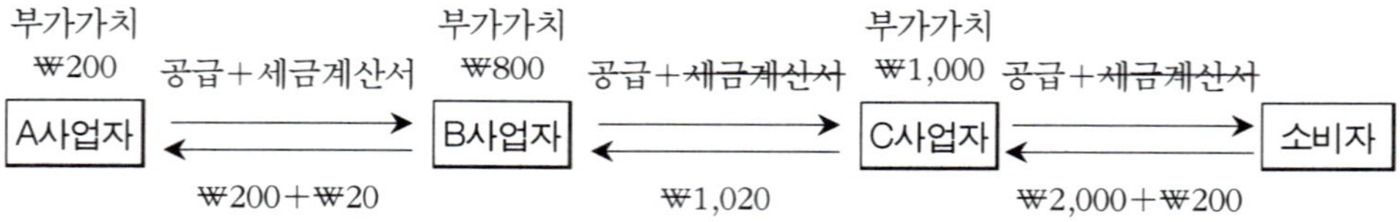

	A 사업자	B 사업자	C 사업자
매출세액	₩20		₩200
매입세액	–	–	(–)20
납부세액	₩20		₩180

	A 사업자	B 사업자	C 사업자
〈매입〉	–	(차) 매 입 220 (대) 현 금 220	(차) 매 입 1,000 <u>선 급 금</u> 20 (대) 현 금 1,020
〈매출〉	(차) 현 금 220 (대) 매 출 200 예 수 금 20	(차) 현 금 1,020 (대) 매 출 1,020	(차) 현 금 2,200 (대) 매 출 2,000 예 수 금 200
〈납부〉	(차) 예 수 금 20 (대) 현 금 20	–	(차) 예 수 금 200 (대) 선 급 금 20 현 금 180

2. 의제매입세액공제의 요건

(1) **적용대상자** : 사업자등록을 한 자

(2) **면세농산물 등을 과세재화·용역의 원재료로 사용**

* 면세포기에 의하여 영세율이 적용되는 경우는 제외

예 가구제조업자

국산원목 : 면세 ⇒ 의제매입세액 공제

수입원목 : 과세 ⇒ 세관장이 부과한 실제매입세액 공제

(3) **증빙서류제출** : 의제매입세액공제신고서와 <u>증빙서류</u>

(매입처별계산서합계표, 매입자발행계산서 합계표, 신용카드매출전표등수취명세서)

* 제조업자가 농·어민으로부터 면세농산물 등을 직접 공급받는 경우에는 의제매입세액공제신고서만 제출

Memo

3. 의제매입세액의 계산

의제매입세액공제액
(1) 예정신고시 공제액 : 해당 예정신고기간 면세농산물 등의 매입가액×공제율
(2) 확정신고시 공제액 : Min[①, ②]－예정신고시 공제액
　① 공제대상액 : 해당 과세기간 면세농산물 등의 매입가액×공제율
　② 한도 : 면세농산물등과 관련하여 공급한 해당 과세기간의 과세표준×한도율×공제율

(1) **면세농산물 등의 매입가액** : 운임 등 부대비용을 제외하며 수입분은 관세의 과세가격으로 한다.

(2) 공제율

구 분	공 제 율
(1) 일반적인 경우	2/102
(2) 제조업*1	2/102, 4/104, 6/106
(3) 음식점업*2	2/102, 6/106, 8/108 (9/109)

* 1. 제조업
  ① 일반적인 경우 : 2/102
  ② 중소기업 및 개인사업자 : 4/104
  ③ 과자점업, 도정업, 제분업 및 떡류 제조업 중 떡방앗간을 경영하는 개인사업자 : 6/106
  2. 음식점업
  ① 과세유흥장소 경영자 : 2/102
  ② 법인사업자 : 6/106
  ③ 개인사업자 : 8/108 (과세표준 2억원 이하인 경우는 9/109)

(3) 한도율

구 분		한 도 율	
		일반 업종	음식점업
(1) 법인사업자		50%	50%
(2) 개인사업자	① 과세표준 2억원 초과인 경우	55%	60%
	② 과세표준 2억원 이하인 경우	65%	70%
	③ 과세표준 1억원 이하인 경우		75%

Memo

(4) **공제시기** : 공급 받은 날, 수입한 날이 속하는 과세기간

세부사항 제조업 의제매입세액공제 특례

(1) 특례대상 : 다음의 요건을 모두 충족하는 제조업을 영위하는 사업자

① 제1기에 공급받은 면세농산물 등의 가액을 1역년에 공급받은 면세농산물 등의 가액으로 나누어 계산한 비율이 75% 이상이거나 25% 미만일 것

② 해당 과세기간이 속하는 1역년 동안 계속하여 제조업을 영위하였을 것

(2) 의제매입세액의 계산 : 제2기 과세기간에 대한 납부세액을 확정신고하는 경우 다음의 금액을 제2기 과세기간의 의제매입세액으로 할 수 있음

제2기 과세기간 의제매입세액＝Min[①, ②]－제1기 과세기간 의제매입세액
① 1역년에 공급받은 면세농산물 등의 가액×공제율
② 1역년에 면세농산물 등과 관련하여 공급한 과세표준 합계액×적용률×공제율*

* 적용률

구 분		적용률
(1) 법인사업자		50%
(2) 개인사업자	1역년 과세표준이 4억원 초과인 경우	55%
	1역년 과세표준이 4억원 이하인 경우	65%

4. 의제매입세액의 안분계산

(1) **실지귀속이 구분되는 경우** : 과세사업에 사용되었거나 사용될 부분만 공제 적용

(2) **실지귀속이 구분되지 않는 경우** : 당해 과세기간의 공급가액비율로 안분계산

$$\text{의제매입세액} = \text{면세농산물 등의 매입가액} \times \text{공제율} \times \frac{\text{당해 과세기간의 과세공급가액}}{\text{당해 과세기간의 총공급가액}}$$

5. 의제매입세액의 추징(재계산)

(1) **면세농산물 등을 그대로 양도 또는 인도하는 경우**

(2) **면세농산물 등을 면세사업 또는 기타의 목적을 위하여 사용·소비하는 경우**

예제 다음 자료에 의하여 수산물도매업과 통조림제조업을 겸영하고 있는 (주)나무(중소기업에 해당하지 않음)가 2023년 제1기 확정신고시 공제받을 의제매입세액을 계산하면 얼마인가? 단, 2023년 제1기 예정신고시 공제받은 의제매입세액은 ₩3,000,000인 것으로 가정한다.

1. 2023년 제1기 확정신고기간(4. 1. ~ 6. 30.) 수산물의 매입 및 사용 명세

(1) 수산물의 매입액 : ₩300,000,000(2,000kg)

* 매입액 ₩300,000,000에는 운임 ₩3,000,000 및 매입수수료 ₩1,200,000이 포함되어 있다.

Memo

(2) 수산물의 사용 명세

① 통조림 제조	1,000kg
② 도매 판매	700kg
③ 기말재고액	300kg
합 계	2,000kg

* 수산물의 기초재고액은 없음

2. 해당 과세기간의 공급가액(부가가치세 제외) 명세

(1) 과세공급가액(통조림)	₩816,000,000
(2) 면세공급가액(수산물)	204,000,000
합 계	₩1,020,000,000

해답

1. 수산물의 매입가액 : ₩300,000,000－₩3,000,000－₩1,200,000＝₩295,800,000

2. 의제매입세액 공제대상액 : (1)＋(2)＝₩6,596,000

(1) 예정신고기간 : ₩3,000,000

(2) 확정신고기간 : ①＋②＝₩3,596,000

① 통조림제조 사용분 : $₩295,800,000 \times \frac{1,000kg}{2,000kg} \times \frac{2}{102} = ₩2,900,000$

② 재고로 남은 부분 : $₩295,800,000 \times \frac{300kg}{2,000kg} \times \frac{2}{102} \times \frac{₩816,000,000}{₩1,020,000,000} = 696,000$

3. 의제매입세액 공제한도

$₩816,000,000 \times 50\% \times \frac{2}{102} = ₩8,000,000$

4. 의제매입세액 : Min[₩6,596,000, ₩8,000,000]－₩3,000,000*＝₩3,596,000

* 확정신고시 공제받을 의제매입세액은 해당 과세기간(6개월)의 의제매입세액에서 예정신고기간(3개월)의 의제매입세액을 차감한다.

7.6 대손세액의 처리 : 5.4 참조

Memo

7.7 공제 · 경감세액

	매출세액
(−)	매입세액
	납부세액
(−)	경감 · 공제세액 → 1. 신용카드매출전표발행 세액공제 / 2. 전자세금계산서 발급 · 전송 세액공제 / 3. 전자신고 세액공제
(+)	가산세
(−)	예정신고 미환급세액
	예정고지세액
	차가감 납부세액

1. 신용카드매출전표 등 발행세액공제

구 분	내 용
(1) 공제대상	다음의 어느 하나에 해당하는 자가 세금계산서의 발급시기에 신용카드매출전표 등을 발행하는 경우 ① 일반과세자 중 영수증발급대상업종을 영위하는 사업자(a. 법인사업자와 b. 직전연도의 재화 또는 용역의 공급가액의 합계액이 사업장을 기준으로 10억원을 초과하는 개인사업자는 제외) ② 간이과세자 중 영수증 발급대상자
(2) 공제금액	Min[①, ②] ① 신용카드매출전표 등 발행금액(부가가치세 포함) × 1.3% ② 한도 : 연간 1,000만원
(3) 공제방법	납부세액에서 공제(환급세액에 가산하지는 않음)

| 사례 | 세액공제액 계산

1기 : 신용카드 공급대가 : ₩330,000,000
세액공제 : Min[①, ②] = ₩4,290,000
① ₩330,000,000 × 1.3% = ₩4,290,000
② ₩10,000,000

2기 : 신용카드 공급대가 : ₩550,000,000
세액공제 : Min[①, ②] = ₩5,710,000
① ₩550,000,000 × 1.3% = ₩7,150,000
② ₩10,000,000 − ₩4,290,000 = ₩5,710,000

Memo

| 사례 | 신용카드매출전표 발행세액공제액이 ₩50인 경우

매출세액	₩1,000	₩1,000	₩1,000
매입세액	(−)800	(−)980	(−)1,200
납부세액	200	20	△200
신용카드매출전표 발행세액공제	(−)50	(−)20	0
차가감 납부세액	₩150	₩0	△₩200

2. 전자세금계산서 발급 전송에 대한 세액공제

직전 연도의 사업장별 재화 및 용역의 공급가액(면세공급가액 포함)의 합계액이 3억원 미만인 개인사업자가 전자세금계산서를 2024년 12월 31일까지 발급(전자세금계산서 발급명세를 전송기한까지 국세청장에게 전송한 경우로 한정)하는 경우에는 다음의 금액을 해당 과세기간의 부가가치세 납부세액에서 공제할 수 있다.

> 전자세금계산서 발급 전송에 대한 세액공제 = Min[①발급건수×200원 , ②100만원]

3. 전자신고세액공제 : 1만원

Memo

제 8 절 부가가치세의 납세절차

8.1 신고·납부 및 그 밖의 협력의무

1. 예정신고와 납부

(1) **일반적인 경우** : 예정신고납부(예정신고기간 종료 후 25일 이내에 신고납부)

(2) **개인사업자 및 소규모 법인사업자**

1) 원칙 : 예정고지납부

① 대상 : 개인사업자 및 직전 과세기간 공급가액 1억 5천만원 미만인 법인사업자

② 절차 : 직전 과세기간 납부세액의 1/2에 상당하는 금액을 결정하여 납부고지서를 발부하고 예정신고기한 내에 징수

* 1. 직전 과세기간에 대한 납부세액은 신용카드매출전표 등 발행세액공제, 전자신고세액공제 및 택시운송사업자경감세액을 뺀 금액으로 하고, 결정 또는 경정과 국세기본법에 따른 수정신고 및 경정청구에 따른 결정이 있는 경우에는 그 내용이 반영된 금액으로 한다.

2. 다음의 어느 하나에 해당하는 경우에는 예정고지세액을 징수하지 아니한다.

① 예정고지세액이 50만원 미만인 경우

② 간이과세자에서 해당 과세기간 개시일 현재 일반과세자로 변경된 경우

③ 국세징수법에서 정하는 재난 등으로 인한 납부기한 등의 연장 사유로 관할 세무서장이 징수하여야 할 금액을 사업자가 납부할 수 없다고 인정되는 경우

3. 예정신고기간에 대하여 고지납부한 경우 확정신고시 당해 과세기간 전체(6개월분)에 대하여 신고하고 예정고지납부세액을 기납부세액의 성격으로 보아 확정신고납부세액에서 공제한다.

2) 예외 : 선택적 신고납부

① 휴업 또는 사업부진으로 각 예정신고기간의 공급가액 또는 납부세액이 직전 과세기간의 공급가액 또는 납부세액의 1/3에 미달하는 자

② 각 예정신고기간분에 대해 조기환급을 받고자 하는 자

2. 확정신고와 납부

과세기간이 끝난 후 25일(폐업하는 경우에는 폐업일이 속한 달의 다음 달 25일) 이내에 신고납부하며, 예정신고 및 조기환급신고한 부분은 제외한다.

Memo

3. 재화의 수입에 대한 신고납부

(1) 일반적인 신고납부

재화를 수입하는 자가 관세법에 따라 관세를 신고·납부하는 경우에는 재화의 수입에 대한 부가가치세를 함께 신고·납부하여야 한다.

(2) 재화의 수입에 대한 부가가치세 납부유예

구 분	내 용
(1) 의의	세관장은 중소·중견사업자가 재화의 수입에 대하여 부가가치세의 납부유예를 미리 신청하는 경우에는 해당 재화를 수입할 때 부가가치세의 납부를 유예할 수 있다.
(2) 납부유예 적용 재화	원재료 등으로서 해당 중소사업자가 자기의 과세사업에 사용하기 위한 재화를 말한다. 다만, 매출세액에서 공제되지 아니하는 매입세액과 관련된 재화는 제외한다.
(3) 납부유예 방법	납부를 유예받은 중소사업자는 납세지 관할 세무서장에게 예정신고, 확정신고 또는 조기환급신고를 할 때 해당 재화의 수입에 대한 매입세액과 납부가 유예된 세액을 정산하여 납부하여야 한다. 이 경우 납세지 관할 세무서장에게 납부한 세액은 세관장에게 납부한 것으로 본다.
(4) 납부유예의 신청 및 승인	① 중소사업자는 법소정의 절차를 준수하여 세관장에게 납부유예를 신청하여야 하며, 신청을 받은 관할 세관장은 신청일부터 1개월 이내에 납부유예의 승인 여부를 결정하여 해당 중소사업자에게 통지하여야 한다. ② 납부유예를 승인하는 경우 그 유예기간은 1년으로 한다.
(5) 납부유예의 취소	중소사업자가 납부유예를 승인받은 이후 다음의 어느 하나에 해당하는 경우에는 그 납부의 유예를 취소할 수 있다. ① 해당 중소사업자가 국세를 체납한 경우 ② 조세범처벌법 또는 관세법 위반으로 국세청장, 지방국세청장, 관할 세무서장 또는 관세청장, 관할 세관장으로부터 고발된 경우 ③ 중소사업자의 요건을 충족하지 아니한 중소사업자에게 납부유예를 승인한 사실을 세관장이 알게 된 경우

4. 대리납부

구 분	내 용
(1) 대상 용역 등	부가가치세 과세대상 용역 또는 권리* * 국내에 반입하는 것으로서 관세와 함께 부가가치세를 신고·납부하여야 하는 재화의 수입에 해당하지 않는 경우를 포함한다.
(2) 용역 등의 공급자	① 국내사업장이 없는 비거주자 또는 외국법인 ② 국내사업장이 있는 비거주자 또는 외국법인(국내사업장과 실질적으로 관련되지 않거나 국내사업장에 귀속되지 않는 용역을 공급하는 경우)

Memo

(3) 대리납부의무자	공급받은 용역 등의 매입세액을 공제받을 수 없는 자* * 면세사업자 또는 비사업자이거나 매입세액불공제 용도로 사용한 과세사업자
(4) 절차	예정신고납부 또는 확정신고납부 규정 준용(수정신고의 대상은 아님)
(5) 가산세	미납세액 · 과소납부세액 × Min[① 3% + 1일 $\frac{2.2}{10,000}$, ② 10%]

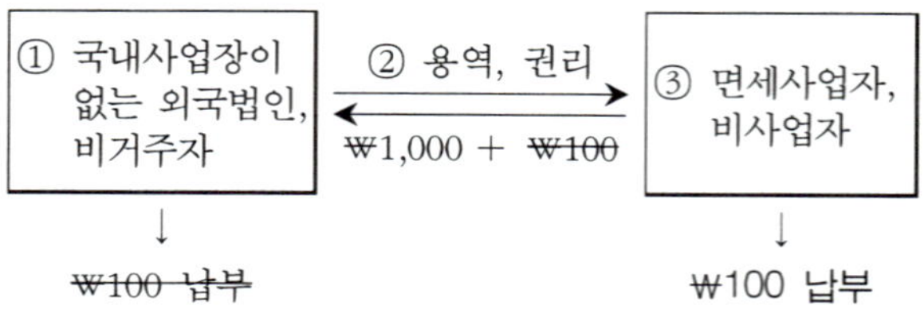

i) 면세사업자

수 수 료	1,100 / 현 금		1,000
	/ VAT예수금		100

ii) 과세사업자

수 수 료	1,000 / 현 금		1,000
VAT선급금	100 / VAT예수금		100

5. 사업양수시 양수자 대리납부

사업양도(이에 해당하는지 여부가 분명하지 아니한 경우 포함)에 따라 그 사업을 양수받는 자는 그 대가를 받은 자로부터 부가가치세를 징수하여 그 대가를 지급하는 날이 속하는 달의 다음 달 25일까지 확정신고납부 규정을 준용하여 사업장 관할세무서장에게 납부할 수 있다.

⇨ 이 경우 사업양도는 재화의 공급으로 인정된다.

- 공급자 : 해당 거래를 과세표준에 포함하여 신고하여야 한다. 다만, 부가가치세는 양수자가 이미 대리납부하였으므로 기납부세액으로 공제한다.
- 공급받는자 : 대리납부한 세액을 매입세액으로 하여 공제받는다.

6. 신용카드 등 결제금액에 대한 부가가치세 대리납부

신용카드업자는 특례사업자가 부가가치세가 과세되는 재화 또는 용역을 공급하고 그 신용카드업자로부터 공급대가를 받는 경우에는 해당 공급대가를 특례사업자에게 지급하는 때에 공급대가의 '4/110'에 해당하는 금액을 부가가치세로 징수하여 신용카드업자의 관할 세무서장에게 납부하여야 한다.

구 분	내 용
(1) 대상거래	신용카드 · 직불카드 또는 선불카드를 사용한 거래로 한정
(2) 특례사업자	부가가치세가 과세되는 재화와 용역을 공급하는 사업자로서 다음의 업종을 영위하는 사업자(간이과세자는 제외) ① 일반유흥 주점업(단란주점영업 포함) ② 무도유흥 주점업
(3) 대리납부금액	공급대가의 $\frac{4}{110}$
(4) 대리납부기한	매 분기가 끝나는 날의 다음 달 25일까지 대리납부신고서와 함께 신용카드업자의 관할 세무서장에게 납부

Memo

(5) 세액공제	신용카드업자가 납부한 부가가치세액×1%(납부세액 한도)
(6) 특례사업자의 처리방법	① 신용카드업자가 납부한 부가가치세액은 특례사업자가 예정신고 및 확정신고시 이미 납부한 세액으로 본다. ② 특례사업자에 대하여 부가가치세를 예정고지(또는 예정부과)하는 경우에는 그 결정세액에서 해당 예정신고기간(또는 예정부과기간) 종료일 현재 신용카드업자가 신용카드업자의 관할 세무서장에게 납부할 부가가치세를 뺀 금액을 각각 징수한다. 다만, 그 산정한 세액이 음수인 경우에는 영으로 본다.

7. 국외사업자의 용역 등 공급에 관한 특례

(1) **개념** : 국외사업자가 사업자등록 대상인 위탁매매인, 준위탁매매인, 대리인 또는 중개인을 통하여 대리납부 대상인 용역 등을 공급하는 경우에는 위탁매매인, 준위탁매매인 또는 대리인이 해당 용역 등을 공급한 것으로 본다.

(2) **권리의 공급장소 특례** : 국외사업자로부터 권리를 공급받는 경우에는 공급장소의 일반원칙에도 불구하고 공급받는 자의 사업장 또는 주소지를 해당 권리가 공급되는 장소로 본다.

8. 전자적 용역을 공급하는 국외사업자의 용역 공급에 관한 특례

(1) **의의** : 국내사업장이 없는 비거주자 등이 국내에 전자적 용역을 공급하는 경우(사업자등록을 한 자의 과세사업 또는 면세사업과 관련하여 공급하는 경우는 제외)에는 국내에서 해당 전자적 용역이 공급되는 것으로 본다.

① 국내사업장이 없는 비거주자 등의 범위는 대리납부규정을 준용한다.

② 전자적 용역이란 정보통신망을 통하여 이동통신단말기기 또는 컴퓨터 등으로 제공하는 용역으로 다음의 어느 하나에 해당하는 용역을 말한다.

a. 게임·음성·동영상 파일, 전자 문서 또는 소프트웨어를 제공하거나 개선하는 용역

b. 광고를 게재하는 용역

c. 클라우드컴퓨팅서비스

d. 재화 또는 용역을 중개하는 용역

(2) **납세의무자** : 국내사업장이 없는 비거주자 등이 다음의 어느 하나에 해당하는 제3자(국내사업장이 없는 비거주자 등을 포함)를 통하여 국내에 전자적 용역을 공급하는 경우(국외사업자의 용역 등 공급에 관한 특례가 적용되는 경우는 제외)에는 그 제3자가 해당 전자적 용역을 국내에서 공급한 것으로 본다.

① 정보통신망 등을 이용하여 전자적 용역의 거래가 가능하도록 오픈마켓이나 그와 유사한 것을 운영하고 관련 서비스를 제공하는 자

② 전자적 용역의 거래에서 중개에 관한 행위 등을 하는 자로서 구매자로부터 거래대금을 수취하여 판매자에게 지급하는 자

Memo

(3) 사업자등록 등

① 국내에 전자적 용역을 공급하는 자(국내사업장이 없는 비거주자 등으로 한정한다)는 그 사업의 개시일부터 20일 이내에 간편사업자등록*을 신청하여야 한다.

* 간편사업자등록을 하려는 사업자는 정보통신망을 이용하여 인터넷 등으로 국세정보통신망에 접속하여 법소정 일정사항을 입력하는 방식으로 간편사업자등록을 신청하여야 한다. 그리고, 국세청장은 간편사업자등록을 한 자에 대하여 간편사업자등록번호를 부여하고, 사업자(납세관리인이 있는 경우 납세관리인을 포함)에게 통지(정보통신망을 이용한 통지를 포함)하여야 한다.

② 비거주자 등이 제공하는 용역 등에 대한 대리납부규정에도 불구하고 간편사업자등록을 한 자는 예정신고 및 확정신고 절차에 따른 신고 및 납부를 하여야 한다.

8.2 결정·경정 및 징수

1. 결정·경정

(1) **원칙** : 실지조사

(2) **예외** : 추계

과세표준 계산에 필요한 세금계산서, 수입세금계산서, 장부 또는 그 밖의 증명 자료가 없거나 그 내용이 거짓임이 명백한 경우

① 동업자권형 방법

② 평균적 비율을 적용하는 방법

③ 해당 사업자의 고유비율을 적용하는 방법

④ 입회조사기준에 의한 방법

※ 추계시 납부세액을 계산할 때 공제하는 매입세액은 발급받은 세금계산서를 관할세무서장에게 제출하고 그 기재내용이 분명한 부분으로 한정한다. 다만, 재해 등의 불가항력으로 세금계산서가 소멸된 경우에는 해당 사업자에게 공급한 거래상대방이 제출한 세금계산서에 의하여 확인되는 것을 공제대상 매입세액으로 한다.

2. 징수

사업자가 신고한 납부세액을 납부하지 않거나 과소납부한 경우에는 그 세액을 납세지 관할 세무서장이 국세징수법에 따라 징수하며, 수입부가가치세는 세관장이 관세법에 따라 징수한다.

Memo

8.3 환 급

1. 일반환급

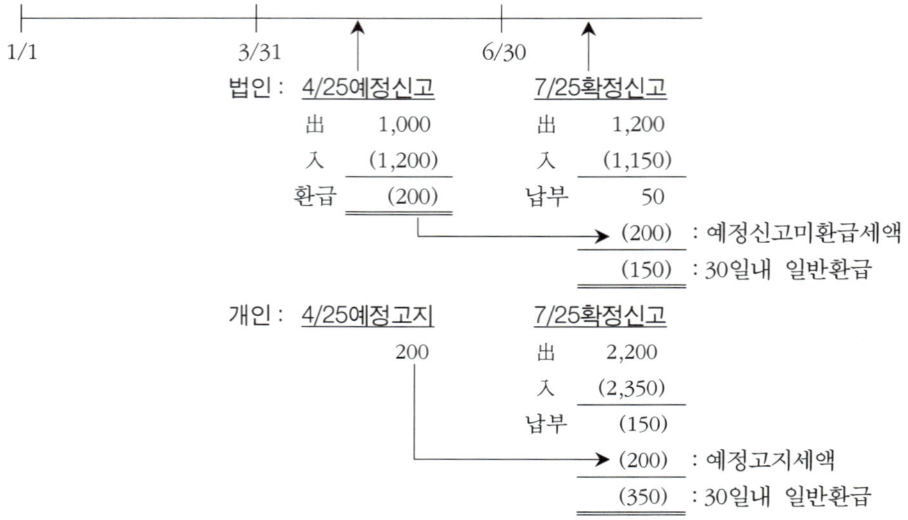

2. 조기환급

(1) **조기환급 대상** : 다음 경우로서 환급세액이 있는 경우

① 영세율을 적용받는 경우

② 사업설비(감가상각자산)를 신설 · 취득 · 확장 · 증축하는 경우

③ 사업자가 재무구조개선계획을 이행중인 경우

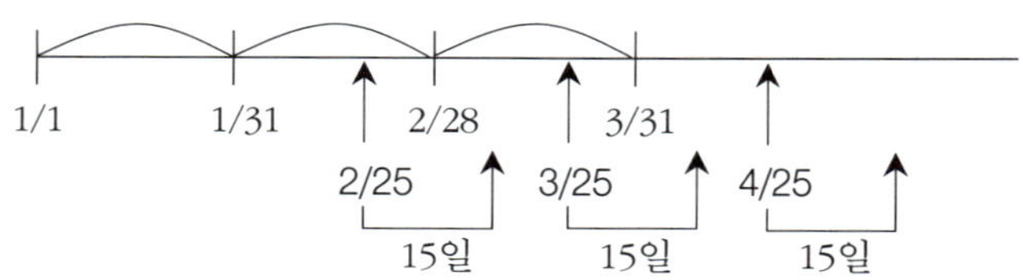

(2) **조기환급신고의 성격**

조기환급신고는 부가가치세의 정식 신고방식의 하나로서 영세율 거래와 관련된 매입세액이나 사업설비의 신설 및 증축과 관련된 매입세액만 선별하여 환급하는 것이 아니라 해당 기간의 납부세액이 음수(−)인 경우 그 금액을 전액 환급한다.

※ 확정신고시에만 적용되는 사항

① 대손세액공제, ② 납부 · 환급세액의 재계산, ③ 과세전환,
④ 의제매입세액공제 한도 ⑤ 전자신고세액공제, ⑥ 일반환급, ⑦ 가산세

Memo

8.4 가산세

1. 미등록가산세

(1) **미등록**(사업자등록을 기한 내에 신청하지 않은 경우) : 공급가액 합계* × 1%

* 사업개시일부터 등록을 신청한 날 직전일까지의 공급가액 합계액을 말한다.

(2) **허위등록**(타인*1명의로 사업자등록을 하거나 그 타인 명의의 사업자등록을 이용하여 사업을 하는 것으로 확인되는 경우) : 공급가액 합계*2 × 1%

* 1. 이 경우 다음에 해당하는 자는 타인으로 보지 아니한다.
 (1) 사업자의 배우자
 (2) 상속으로 인하여 피상속인이 경영하던 사업이 승계되는 경우 그 피상속인(상속개시일부터 상속세 과세표준 신고기한까지의 기간 동안 상속인이 피상속인 명의의 사업자등록을 활용하여 사업을 하는 경우로 한정함)
 2. 사업개시일부터 실제 사업을 영위하는 것으로 확인되는 날 직전일까지의 공급가액 합계액을 말한다.

2. 세금계산서 불성실 가산세

(1) **세금계산서의 지연발급* · 부실기재** : 공급가액 × 1%

* 발급시기 경과 후 재화·용역의 공급시기가 속하는 과세기간에 대한 확정신고기한까지 발급하는 경우

(2) **세금계산서의 미발급 · 허위발급 · 과다기재발급** : 공급가액 × 2%

① 미발급 : 공급시기가 속하는 과세기간에 대한 확정신고기한까지 세금계산서를 발급하지 아니한 경우

* 미발급 중 다음의 어느 하나에 해당하는 경우에는 그 공급가액의 1%를 적용한다.
 a. 전자세금계산서를 발급하여야 할 의무가 있는 자가 전자세금계산서를 발급하지 아니하고 세금계산서의 발급시기에 전자세금계산서 외의 세금계산서를 발급한 경우
 b. 둘 이상의 사업장을 가진 사업자가 재화 또는 용역을 공급한 사업장 명의로 세금계산서를 발급하지 아니하고 세금계산서의 발급시기에 자신의 다른 사업장 명의로 세금계산서를 발급한 경우

② 허위발급 : 재화 또는 용역을 공급하고 실제로 재화 또는 용역을 공급하는 자가 아닌 자 또는 실제로 재화 또는 용역을 공급받는 자가 아닌 자 명의로 세금계산서를 발급한 경우

③ 과다기재발급 : 재화 또는 용역을 공급하고 세금계산서등의 공급가액을 과다하게 기재한 경우

(3) **세금계산서의 가공발급** : 공급가액 × 3%

재화·용역의 공급 없이 세금계산서를 발급한 경우(사업자가 아닌 자가 발급한 경우 포함)

3. 매출처별세금계산서합계표 불성실 가산세

(1) **지연제출**(예정신고시 제출해야 할 합계표를 확정신고시 제출하는 경우) : 공급가액 × 0.3%

(2) **미제출 · 부실기재** : 공급가액 × 0.5%

Memo

4. 전자세금계산서 발급명세 전송불성실 가산세

(1) **지연전송**(전송기한 경과 후 해당 과세기간 확정신고기한까지 전송) : 공급가액 × 0.3%

(2) **미전송**(전송기한 경과 후 해당 과세기간 확정신고기한까지 미전송) : 공급가액 × 0.5%

5. 공급받은 사업자에 대한 가산세

(1) **세금계산서의 지연수취 등** : 공급가액 × 0.5%

① 지연수취 : 공급시기 이후에 발급받은 세금계산서로서 당해 공급시기가 속하는 과세기간에 대한 확정신고기한까지 발급받은 경우

② 공급시기가 속하는 과세기간의 확정신고기한 다음날부터 1년 이내에 세금계산서를 수령하고 수정신고, 경정청구하거나 납세지 관할 세무서장 등이 결정, 경정하는 경우

③ 공급시기 전에 세금계산서를 발급받았더라도 공급시기가 세금계산서 발급일부터 6개월 이내에 도래하고 거래사실이 확인되어 납세지 관할 세무서장 등이 결정, 경정하는 경우

(2) **세금계산서의 허위수취 · 과다기재수취** : 공급가액 × 2%

① 허위수취 : 재화 또는 용역을 공급받고 실제로 재화 또는 용역을 공급하는 자가 아닌 자의 명의로 세금계산서를 발급받은 경우

② 과다기재수취 : 재화 또는 용역을 공급받고 공급가액을 과다하게 기재한 세금계산서등을 발급받은 경우

(3) **세금계산서의 가공수취** : 공급가액 × 3%

재화 또는 용역을 공급받지 아니하고 세금계산서를 발급받은 경우(사업자가 아닌 자가 발급받은 경우 포함)

(4) **매입처별세금계산서합계표 불성실** : 공급가액 × 0.5%

① 경정시 경정기관의 확인을 거쳐 제출한 경우

② 매입세액을 과다기재한 경우(착오기재는 제외)

6. 무신고가산세, 과소신고 · 초과환급신고 가산세(신고관련 가산세)

구 분	내 용
(1) 무신고가산세	① 일반적인 경우 : 무신고납부세액 × 20%
	② 부정행위로 무신고한 경우 : 무신고납부세액 × 40% (역외거래에서의 부정행위인 경우 : 60%)
(2) 과소신고 · 초과환급 신고가산세 (① + ②)	① 일반과소신고가산세 : 일반과소신고납부세액 × 10%
	② 부정과소신고가산세 : 부정과소신고납부세액 × 40% (역외거래에서의 부정행위인 경우 60%)

Memo

* 1. 영세율과세표준을 무신고·과소신고한 경우에는 다음의 금액을 가산한 금액을 신고관련 가산세로 한다.

신고관련 가산세 가산액 : 무신고 및 과소신고한 영세율 과세표준 × 0.5%

2. 신고관련 가산세에 대한 세부적인 내용은 법인세법의 경우와 같다.
3. 과소신고·초과환급신고가산세는 부가가치세법에 따른 사업자가 아닌 자가 환급세액을 신고한 경우에도 적용한다.

7. 납부지연가산세

납부지연가산세 : (1)+(2)

(1) 지연이자 부분 : 미납부·과소납부세액(또는 초과환급세액)×기간× $\frac{2.2}{10,000}$

(2) 체납제재 부분 : 미납부·과소납부세액×3%

* 1. 지연이자 부분의 기간
  ① 법정납부기한의 다음날(초과환급받은 경우는 환급받은 날의 다음날)부터 납부일까지의 일수를 말한다. 단, 납부고지일부터 납부고지서에 따른 납부기한까지의 기간은 제외한다.
  ② 납부고지서에 따른 납부기한의 다음 날부터 납부일까지의 기간(국세징수법에 따라 지정납부기한과 독촉장에서 정하는 기한을 연장한 경우 그 연장기간은 제외)이 5년을 초과하는 경우에는 그 기간은 5년으로 하며, 체납된 국세의 납부고지서별·세목별 세액이 150만원 미만인 경우 납부고지서에 따른 납부기한 다음날부터 지연이자 부분은 적용하지 아니한다.
2. 체납제재 부분은 국세를 납부고지서에 따른 납부기한까지 완납하지 아니한 경우에 한정한다.
3. 납부지연가산세는 부가가치세법에 따른 사업자가 아닌 자가 부가가치세액을 환급받은 경우에도 적용한다.
4. 과세기간을 잘못 적용하여 신고납부한 경우에는 실제 신고납부한 날에 그 금액의 범위에서 당초 신고납부하였어야 할 과세기간에 대한 부가가치세를 자진납부한 것으로 본다(부정무신고, 부정과소신고의 경우는 제외).
5. 부가가치세법에 따른 사업자가 납부기한까지 어느 사업장에 대한 부가가치세를 다른 사업장에 대한 부가가치세에 더하여 신고납부한 경우에는 지연이자 부분(법정납부기한의 다음 날부터 납부고지일까지의 기간에 한정)를 적용하지 않는다.

| 사례 |

세금계산서의 발급은 정상적으로 이루어졌으나 7월 23일 확정신고시 매출세액 ₩1,000,000, 매입세액 ₩400,000의 신고를 누락하고 이에 대해 9월 20일에 수정신고하는 경우 추가납부할 세액(전자세금계산서 발급대상은 아님)

(1) 본　세 : ₩600,000

(2) 가산세 : ₩72,524

① 매출처별세금계산서합계표 불성실가산세 : ₩10,000,000 × 0.5% = ₩50,000

② 과소신고 가산세 : ₩600,000 × 10% × (1－75%) = ₩15,000

③ 납부지연가산세 : ₩600,000 × 57일(7.26. ~ 9.20.) × 2.2/10,000 = ₩7,524

8. 기타의 가산세

(1) 원천징수 등 납부지연가산세(대리납부세액을 납부하지 않은 경우)

: 미달납부한 대리납부세액 × Min[3%+기간[*1] × $\frac{2.2}{10,000}$, 50%[*2]]

* 1. 기간 : 납부기한 다음날부터 납부일까지의 일수(납부고지일부터 납부고지서상 납부기한까지의 기간은 제외)
2. 납부기한 다음날부터 납부고지일까지는 총한도율을 10%로 한다.

Memo

(2) 현금매출명세서 등 제출 불성실 가산세 : 미제출 수입금액 × 1%

※ 가산세의 중복적용 배제

① 미등록 가산세가 적용되는 경우 : 세금계산서 불성실가산세(지연발급, 부실기재), 매출처별 세금계산서합계표 불성실가산세 및 전자세금계산서 발급명세 전송불성실가산세 미적용

② 세금계산서 불성실가산세(허위발급)가 적용되는 경우 : 세금계산서 불성실가산세(미발급) 미적용

③ 세금계산서 불성실가산세(과다기재발급)가 적용되는 경우 : 세금계산서 불성실가산세(부실기재) 미적용

④ 세금계산서 불성실가산세(미발급, 허위발급, 과다기재발급, 가공발급)가 적용되는 경우 : 미등록가산세, 매출처별세금계산서합계표 제출불성실가산세, 매입처별세금계산서합계표 제출불성실가산세 미적용

⑤ 세금계산서 불성실가산세(지연발급, 부실기재)가 적용되는 경우 : 매출처별세금계산서합계표 제출불성실가산세 미적용

⑥ 전자세금계산서 발급명세 전송불성실가산세가 적용되는 경우 : 매출처별세금계산서합계표 제출불성실가산세 미적용

⑦ 세금계산서 불성실가산세(지연발급, 미발급)가 적용되는 경우 : 세금계산서 불성실가산세(부실기재), 전자세금계산서 발급명세 전송불성실가산세 미적용

⑧ 세금계산서 불성실가산세(부실기재)가 적용되는 경우 : 전자세금계산서 발급명세 전송불성실가산세 미적용

<table>
<tr><th colspan="2">구 분</th><th>①</th><th>②</th><th>③</th><th>④</th><th>⑤</th><th>⑥</th><th>⑦</th><th>⑧</th></tr>
<tr><td colspan="2">1. 미등록가산세(미등록, 허위등록)</td><td>○</td><td></td><td></td><td>×</td><td></td><td></td><td></td><td></td></tr>
<tr><td rowspan="2">2. 세금계산서 불성실가산세</td><td>(1) 지연발급,
부실기재</td><td>×</td><td></td><td>
×</td><td></td><td>○</td><td></td><td>○
×</td><td>
○</td></tr>
<tr><td>(2) 미발급,
허위발급
과다기재발급
가공발급</td><td></td><td>×
○</td><td>

○</td><td>○</td><td></td><td></td><td>○</td><td></td></tr>
<tr><td colspan="2">3. 매출처별세금계산서합계표 불성실가산세</td><td>×</td><td></td><td></td><td>×</td><td>×</td><td>×</td><td></td><td></td></tr>
<tr><td colspan="2">4. 전자세금계산서 발급명세 전송불성실가산세</td><td>×</td><td></td><td></td><td></td><td></td><td>○</td><td>×</td><td>×</td></tr>
</table>

⑨ 예정신고와 관련한 신고관련 가산세 및 납부지연가산세가 적용되는 경우 : 확정신고와 관련한 신고관련 가산세 및 납부지연가산세 미적용

⑩ 원천징수 등 납부지연가산세가 적용되는 경우 : 납부지연가산세 미적용

⑪ 법인세법 및 소득세법의 현금영수증 미발급가산세가 적용되는 경우 : 세금계산서불성실가산세(미발급 2%)와 매출처별세금계산서합계표 제출불성실가산세 미적용

Memo

8.5 지방소비세의 도입에 따른 세액 등에 관한 특례

지역의 경제활동과 지방세수의 연계성을 제고하기 위하여 부가가치세의 25.3%를 지방소비세로 전환하도록 하였다. 이에 따라 납부세액에서 감면세액 및 공제세액을 빼고 가산세를 더한 세액의 74.7%를 부가가치세로 한다.

* 부가가치세와 지방소비세를 신고, 납부, 경정 및 환급할 경우에는 부가가치세와 지방소비세를 합친 금액을 신고, 납부, 경정 및 환급한다.

Memo

간이과세

9.1 간이과세의 기본구조

직전 연도 공급대가	과세유형	납부세액	세금계산서 여부
8,000만원 이상	일반과세자	매출세액－매입세액	세금계산서 발급 * 소비자 상대 업종 : 영수증 발급
8,000만원 미만	간이과세자	공급대가 × 부가가치율 × 10%	세금계산서 발급 * 소비자 상대 업종 : 영수증 발급
4,800만원 미만			영수증 발급 * 세금계산서 발급 금지

9.2 간이과세자의 범위

1. 일반적인 기준

간이과세자는 직전 연도의 재화와 용역의 공급대가(부가가치세가 포함)의 합계액이 8,000만원에 미달하는 개인사업자로 한다.

2. 간이과세 배제대상 사업자

(1) 간이과세가 적용되지 않는 다른 사업장을 보유하고 있는 사업자

(2) 재화의 공급으로 보지 않는 사업의 양도로서 일반과세자로부터 양수받은 사업(사업 양수 이후 공급대가 합계액이 8,000만원에 미달하여 간이과세 요건을 충족하는 경우는 제외)

(3) 소득세법에 따른 복식부기의무자(전전연도 기준)가 영위하는 사업

(4) 둘 이상의 사업장이 있는 사업자가 영위하는 사업으로서 그 둘 이상의 사업장의 공급대가의 합계액이 8,000만원 이상인 경우

Memo

(5) 다음의 업종을 영위하는 사업자
① 광업, 제조업, 도매업 등 중간 공급 사업자(누적효과 방지)
② 부동산매매업, 법 소정 부동산임대업, 법 소정 과세유흥장소 영위사업(투기·과소비 억제)
③ 공인회계사, 세무사, 변호사, 변리사, 의사, 한의사, 약사 등 전문직 사업서비스업
④ 사업장 소재지, 사업의 종류·규모 등을 감안하여 국세청장이 정하는 기준에 해당하는 사업
⑤ 전기·가스·증기 및 수도사업, 건설업, 전문·과학 및 기술서비스업(주로 최종 소비자에게 공급하는 사업은 제외)

(6) 부동산임대업 또는 과세유흥장소 경영사업자로서 직전 연도 공급대가 합계액이 4,800만원 이상인 사업자

3. 신규사업개시자의 경우

사업자등록신청시 간이과세적용신고서를 제출한 경우 간이과세 적용

* 사업자등록을 하지 않은 개인사업자로서 사업을 개시한 날이 속하는 연도에 있어서 공급대가 합계액이 기준금액에 미달하는 경우에는 최초의 과세기간에 있어서 간이과세자로 한다.

9.3 과세유형의 변경

1. 일반적인 경우

(1) 과세유형의 변경시기

간이과세자에 대한 규정이 적용되거나 적용되지 아니하게 되는 기간은 1역년의 공급대가가 8,000만원에 미달되거나 그 이상이 되는 해의 다음 해의 7월 1일부터 그 다음 해의 6월 30일까지로 한다.

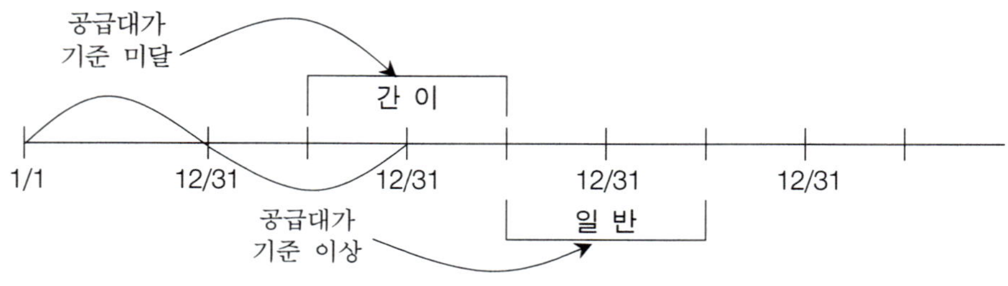

(2) 과세유형의 변경통지

과세유형이 변경되는 경우 당해 사업자의 관할세무서장은 그 변경되는 과세기간 개시 20일 전까지 그 사실을 통지하여야 하며, 사업자등록증을 정정하여 과세기간 개시당일까지 발급하여야 한다.

Memo

① 간이과세 → 일반과세 : 통지를 요건으로 한다. 즉, 통지가 없으면 일반과세로 유형이 변경되지 않으며 변경통지를 받는 날이 속하는 과세기간까지 간이과세를 적용한다.

② 일반과세 → 간이과세 : 통지를 요건으로 하지 않는다. 즉, 통지에 관계없이 간이과세를 적용한다(단, 부동산임대업의 경우에는 예외적으로 변경통지를 받은 날이 속하는 과세기간까지는 일반과세를 적용함).

2. 신규사업개시자의 경우

간이과세자에 관한 규정이 적용되거나 적용되지 않게 되는 기간은 최초로 사업을 개시한 해의 다음 해 7월 1일부터 그 다음 해의 6월 30일까지로 한다.

세부사항 간이과세자의 영수증 발급 적용시기

1. 간이과세자 중 직전 연도의 공급대가 합계액 4,800만원 미만인 자는 세금계산서 대신에 영수증을 발급해야 한다. 이 경우 영수증 발급에 관한 규정이 적용되거나 적용되지 아니하게 되는 기간은 1역년의 공급대가의 합계액(신규 사업자는 12개월 환산금액)이 4,800만원에 미달하거나 그 이상이 되는 해의 다음 해의 7월 1일부터 그 다음 해의 6월 30일까지로 한다.
2. 신규사업자로서 간이과세 적용신고를 한 자는 사업개시일부터 사업을 시작한 해의 다음 해의 6월 30일까지를 영수증 발급대상 기간으로 한다.

세부사항 간이과세자의 영수증 발급 적용시기 통지

1. 관할 세무서장은 영수증 발급에 관한 규정이 적용되거나 적용되지 않게 되는 기간이 시작되기 20일 전까지 그 사실을 해당 간이과세자에게 통지하여야 하고, 사업자등록증을 정정하여 과세기간 개시 당일까지 발급하여야 한다.
2. 영수증 발급에 관한 규정이 적용되지 않게 되는 사업자의 관할 세무서장이 과세유형 변경통지 규정에 의해 간이과세자에 관한 규정이 적용되지 아니하는 사실을 그 사업자에게 통지하고 사업자등록증을 정정하여 발급한 경우에는 위 1에 따른 통지·발급을 하지 않는다.

3. 간이과세 포기의 경우

(1) 포기의 절차 : 간이과세를 포기하고자 하는 자는 그 포기하고자 하는 달의 전달 마지막 날까지 간이과세 포기신고를 하여야 한다.

(2) 포기의 효력

① 과세기간 변동 : 다음의 기간을 각각 1과세기간으로 한다.
- 간이과세 : 포기신고일이 속하는 과세기간 개시일 ~ 그 신고일이 속하는 달의 말일
- 일반과세 : 포기신고일이 속하는 달의 다음 달 1일 ~ 그 과세기간 종료일

② 간이과세 적용 제한 : 간이과세를 포기한 자는 그 적용받으려는 달의 1일부터 3년이 되는 날이 속하는 과세기간까지는 일반과세를 적용받아야 한다.

Memo

9.4 간이과세의 내용

납부세액 ……
- 매출관련 납부세액 : 공급대가 × 부가가치율 × 10% ~~± 대손세액~~
- 재고납부세액

(−) 공제세액 ……
- 매입세금계산서(신용카드전표) 수취 세액공제 : 공급대가 × 0.5%
- 신용카드매출전표 발행 세액공제

(+) 가산세

(−) 예정부과세액

차가감납부세액

1. 과세표준 및 납부세액

(1) **과세표준** : 부가가치세를 포함한 가격인 공급대가

(2) **업종별 부가가치율** : 제조업 20% 등

* 부가가치율이 서로 다른 업종에 공통 사용한 재화를 공급한 경우

$$\text{공통사용재화의 공급시 부가가치율} = \text{당해 재화와 관련된 각 업종별 부가가치율} \times \frac{\text{당해 과세기간의 각 업종의 공급대가}}{\text{당해 과세기간의 전체 업종의 공급대가}}$$

2. 공제세액

(1) **매입세금계산서등 수취 세액공제**

> 매입세금계산서 등 수취세액공제액=세금계산서 등을 발급받은 공급대가×0.5%

(2) **신용카드매출전표등 발행 세액공제**

영수증 발급대상 간이과세자가 신용카드매출전표 등을 발행하는 경우 다음 금액을 공제한다.

> Min[①, ②]
> ① 신용카드매출전표 등 발행금액(부가가치세 포함) × 1.3%
> ② 한도액 : 연간 1,000만원

(3) **전자세금계산서 발급 전송에 대한 세액공제**

간이과세자(직전 연도 공급대가 4,800만원 미만 또는 신규사업자에 해당하는 간이과세자는 제외)가 전자세금계산서를 발급하는 경우에는 다음의 금액을 납부세액에서 공제할 수 있다.

* 2024년 12월 31일까지 발급분으로서 발급명세를 전송기한까지 국세청장에게 전송한 경우로 한정함

> 전자세금계산서 발급 전송에 대한 세액공제=Min[①발급건수×200원 , ②100만원]

(4) **전자신고 세액공제** : 과세기간별 1만원(확정신고시에만 적용)

※ **공제세액의 한도** : 공제세액의 합계액이 각 과세기간의 납부세액을 초과하는 때에는 그 초과하는 부분은 없는 것으로 본다.

Memo

3. 신고와 납부

(1) 예정부과와 납부

① 원칙 : 고지납부

사업장 관할세무서장은 간이과세자에 대하여 직전 과세기간에 대한 납부세액의 1/2에 해당하는 금액(1천원 미만의 단수가 있을 때에는 그 단수금액은 버림)을 예정부과기간(1월 1일부터 6월 30일까지)의 납부세액으로 결정하여 예정부과기한(예정부과기간이 끝난 후 25일 이내)까지 징수한다.

* 1. 직전 과세기간에 대한 납부세액은 매입세금계산서 등 수취세액공제, 의제매입세액공제, 신용카드매출전표 등 발행세액공제 또는 전자신고세액공제를 뺀 금액으로 하고, 결정 또는 경정과 국세기본법에 따른 수정신고 및 경정청구에 따른 결정이 있는 경우에는 그 내용이 반영된 금액으로 한다.
  2. 일반과세자에서 간이과세자로 변경됨에 따라 직전 과세기간이 7. 1. ~ 12. 31.인 경우에는 직전 과세기간의 납부세액 전액을 예정부과세액으로 한다.
  3. 다음의 어느 하나에 해당하는 경우에는 예정부과세액을 징수하지 아니한다.
     ① 예정부과세액이 50만원 미만인 경우
     ② 간이과세자가 일반과세자로 변경되어 1월 1일부터 6월 30일까지의 과세기간이 적용되는 간이과세자의 경우
     ③ 국세징수법에서 정하는 재난 등으로 인한 납부기한 등의 연장 사유로 관할 세무서장이 징수하여야 할 금액을 간이과세자가 납부할 수 없다고 인정되는 경우
  4. 예정부과기간에 대하여 고지납부한 경우 확정신고시 당해 과세기간 전체(1년)에 대하여 신고하고 예정고지 납부세액을 기납부세액의 성격으로 보아 확정신고납부세액에서 공제한다.

② 예외(신고납부)

a. 휴업 또는 사업부진 등으로 인하여 예정부과기간의 공급대가 또는 납부세액이 직전 과세기간의 공급대가 또는 납부세액의 1/3에 미달하는 경우에는 예정부과기간의 과세표준과 납부세액을 예정부과기한까지 사업장 관할 세무서장에게 신고할 수 있다.

b. 예정부과기간에 세금계산서를 발급한 간이과세자는 예정부과기간의 과세표준과 납부세액을 예정부과기한까지 사업장 관할 세무서장에게 신고하여야 한다.

* 예외규정에 따라 예정신고하는 간이과세자는 매출·매입처별 세금계산서합계표를 예정신고할 때 제출하여야 하며, 예정신고를 할 때 제출하지 못하는 경우에는 확정신고를 할 때 이를 제출할 수 있다.

(2) 확정신고와 납부

① 간이과세자는 과세기간의 과세표준과 납부세액을 그 과세기간이 끝난 후 25일(폐업하는 경우에는 폐업일이 속한 달의 다음달 25일) 이내에 사업장 관할세무서장에게 신고하고 납부하여야 한다.

② 간이과세자는 매출·매입처별세금계산서합계표를 신고와 함께 제출하여야 한다.

(3) 납부의무의 면제

간이과세자의 해당 과세기간에 대한 공급대가가 4,800만원 미만인 경우에는 그 과세기간에 대한 납부세액의 납부의무를 면제한다.

* 1. 납부의무가 면제되는 경우에도 재고납부세액의 납부의무는 면제되지 않는다.
  2. 납부의무가 면제되는 간이과세자가 자진 납부한 사실이 확인되는 경우 이를 환급하여야 한다.

Memo

4. 가산세

구 분	가 산 세
(1) 미등록가산세	공급대가×0.5%
(2) 세금계산서불성실 가산세	• 발급 관련 : 일반과세자와 동일 • 수취 관련 : 다음의 가산세만 적용 a. 미수취[*1] : 공급대가×0.5% b. 경정시 공제[*2] : 공급가액×0.5%
(3) 매출처별세금계산서합계표불성실 가산세	일반과세자와 동일
(4) 전자세금계산서발급명세전송불성실가산세	일반과세자와 동일
(5) 매입처별세금계산서합계표불성실 가산세	없 음
(6) 신고관련가산세	일반과세자와 동일
(7) 납부지연가산세	

* 1. 미수취 : 세금계산서를 발급하여야 하는 사업자로부터 재화·용역을 공급받고 세금계산서를 발급받지 아니한 경우(영수증을 발급하여야 하는 기간에 세금계산서를 발급받지 아니한 경우는 제외)를 말한다.
  2. 경정시 공제 : 세금계산서 등을 발급받고 수취세액공제를 받지 아니한 경우로서 결정 또는 경정 기관의 확인을 거쳐 간이과세자의 납부세액계산 특례규정에 따라 납부세액을 계산할 때 매입세액으로 공제받는 경우를 말한다.

※ 간이과세자와 일반과세자의 비교

구 분	간이과세	일반과세
(1) 적용대상자	직전 연도의 공급대가가 8,000만원 미만인 개인사업자	간이과세자 이외의 과세사업자
(2) 과세기간	1월 1일부터 12월 31일까지	제1기 : 1월 1일부터 6월 30일까지 제2기 : 7월 1일부터 12월 31일까지
(3) 세금계산서 발급	규모에 따라 영수증 또는 세금계산서	세금계산서
(4) 납부세액의 구조	공급대가×부가가치율×세율	매출세액 – 매입세액
(5) 대손세액공제	없 음	있 음
(6) 매입세금계산서 등 수취세액공제	공급대가×0.5%	없 음
(7) 의제매입세액공제	없 음	있 음
(8) 예정신고납부	예정부과납부	법인 : 예정신고납부 개인·일부 소규모 법인 : 예정고지납부
(9) 납부의무의 면제	당해 과세기간 공급대가가 4,800만원 미만인 경우에는 납부의무면제	없 음
(10) 가산세	• 세금계산서관련 가산세 : 미수취시 적용 • 미등록가산세 : 공급대가의 0.5%	• 세금계산서관련 가산세 : 미수취·지연수취 등 적용 • 미등록가산세 : 공급가액의 1%
(11) 포기제도	간이과세를 포기하고 일반과세자가 될 수 있음	없 음
(12) 과세유형 변경시	재고납부세액 적용	재고매입세액 적용

Memo

9.5 과세유형 변경시 세액계산특례

구 분	내 용
(1) 재고매입세액	간이과세자가 일반과세자로 과세유형 변경시 간이과세자가 재고품 및 감가상각자산의 매입당시에 부담한 매입세액 중 매입세금계산서 등 수취세액공제로 공제받은 금액 외의 공제받지 못한 금액을 추가로 공제하는 제도
(2) 재고납부세액	일반과세자가 간이과세자로 과세유형 변경시 일반과세자가 재고품 및 감가상각자산 매입당시에 공제받은 매입세액 중 매입세금계산서 등 수취세액공제로 공제받을 금액 외의 공제받은 금액을 다시 납부하는 제도

1. 재고매입세액 (간이 → 일반)

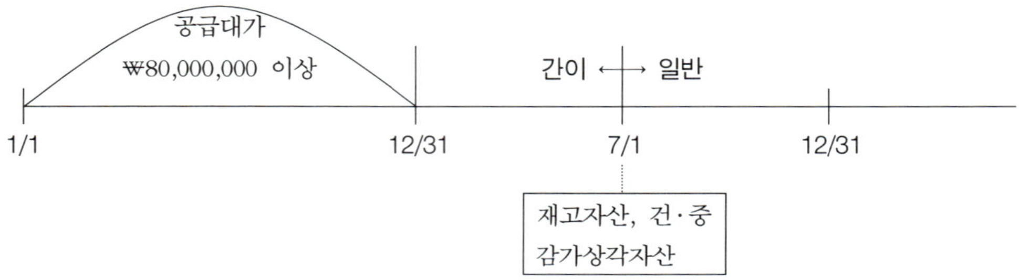

구 분	재고매입세액
(1) 재고품 및 건설중인자산	매입세액 × (1 − 공제율)
(2) 감가상각자산	매입세액 × (1 − 공제율) × (1 − 상각률 × 경과된 과세기간의 수)

* 1. 매입세액 : 취득가액×10/110. 장부 또는 세금계산서가 없거나 기장이 누락되어 취득가액을 확인할 수 없는 경우에는 재고매입세액을 계산하지 아니한다.

2. 상각률 및 경과된 과세기간의 수 : 공급의제의 과세표준 계산시와 동일. 단, 간이과세자의 과세기간이 1년 단위이므로 상각률은 건물 및 구축물은 10%, 기타의 감가상각자산은 50% 적용

3. 2021. 7. 1. 이후에 공급받은 재고품 등은 5.5%의 공제율을 적용하고, 2021. 6. 30. 이전에 공급받은 재고품 등은 종전 규정에 따라 5.5%의 공제율 대신 일반과세자로 변경되기 직전일(감가상각자산의 경우 그 자산의 취득일)이 속하는 과세기간에 적용된 해당 업종의 부가가치율을 적용한다.

2. 재고납부세액 (일반 → 간이)

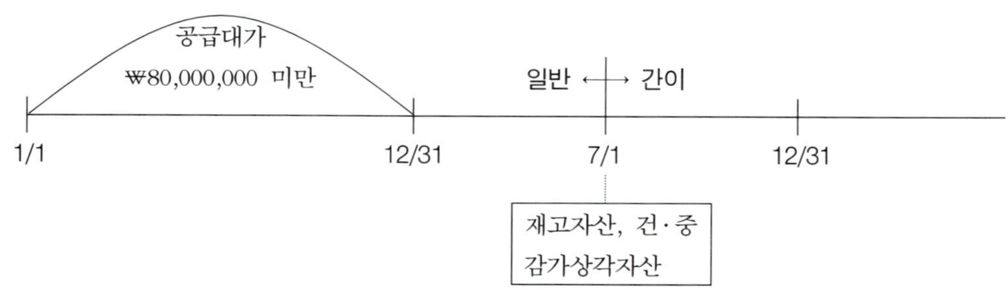

Memo

구 분	재고납부세액
(1) 재고품 및 건설중인자산	매입세액 × (1 − 5.5%)
(2) 감가상각자산	매입세액 × (1 − 5.5%) × (1 − 상각률 × 경과된 과세기간의 수)

* 1. 매입세액 : 취득가액×10/100. 장부 또는 세금계산서가 없거나 기장이 누락되어 취득가액을 확인할 수 없는 경우에는 시가를 취득가액으로 한다.
  2. 상각률 및 경과된 과세기간의 수 : 공급의제의 과세표준 계산시와 동일

Memo

4

상속세 및 증여세법

상속세

1.1 상속세 총론

1. 용어의 정의

구 분	내 용
(1) 상속	민법에 따른 상속을 말하며, 다음의 것을 포함한다. ① 유증 ② 사인증여 * 사인증여 : 민법에 따른 증여자의 사망으로 인하여 효력이 생길 증여(상속개시일 전 10년 이내에 피상속인이 상속인에게 진 증여채무 및 상속개시일 전 5년 이내에 피상속인이 상속인이 아닌 자에게 진 증여채무의 이행 중에 증여자가 사망한 경우의 그 증여를 포함) ③ 특별연고자에 대한 상속재산의 분여 * 특별연고자 : 민법에 따른 피상속인과 생계를 같이 하고 있던 자, 피상속인의 요양간호를 한 자 및 그 밖에 피상속인과 특별한 연고가 있던 자 ④ 유언대용신탁 * 유언대용신탁 : 신탁계약에 의해 위탁자의 사망 시 수익자가 수익권을 취득하는 신탁 또는 위탁자의 사망 시 수익자가 신탁재산에 기한 급부를 받는 신탁 ⑤ 수익자연속신탁 * 수익자연속신탁 : 수익자가 사망한 경우 그 수익자가 갖는 수익권이 소멸하고 타인이 새로 수익권을 취득하는 신탁
(2) 증여	그 행위 또는 거래의 명칭·형식·목적 등과 관계없이 직접 또는 간접적인 방법으로 타인에게 무상으로 유형·무형의 재산 또는 이익을 이전(현저히 낮은 대가를 받고 이전하는 경우를 포함한다)하거나 타인의 재산가치를 증가시키는 것을 말한다. 다만, 유증, 사인증여, 유언대용신탁 및 수익자연속신탁은 제외한다.
(3) 상속개시일	피상속인이 사망한 날을 말한다. 다만, 피상속인의 실종선고로 인하여 상속이 개시되는 경우에는 실종선고일을 말한다.
(4) 상속인	민법에 따른 상속인을 말하며, 민법에 따라 상속을 포기한 사람 및 특별연고자를 포함한다.
(5) 수유자	다음에 해당하는 자를 말한다. ① 유증을 받은 자 ② 사인증여에 의하여 재산을 취득한 자 ③ 유언대용신탁 및 수익자연속신탁에 의하여 신탁의 수익권을 취득한 자

(6) 거주자	국내에 주소를 두거나 183일 이상 거소를 둔 사람을 말한다.
(7) 비거주자	거주자가 아닌 사람을 말한다.
(8) 수증자	증여재산을 받은 거주자(본점이나 주된 사무소의 소재지가 국내에 있는 비영리법인을 포함) 또는 비거주자(본점이나 주된 사무소의 소재지가 외국에 있는 비영리법인을 포함)를 말한다.
(9) 특수관계인	본인과 친족관계, 경제적 연관관계 또는 경영지배관계 등 법소정 관계에 있는 자를 말한다. 이 경우 본인도 특수관계인의 특수관계인으로 본다.

2. 부의 무상이전에 대한 과세체계

(1) 상속세의 과세유형

구 분	내 용	공동상속의 경우
유산과세형	피상속인의 유산총액에 대해 과세	분할 전 유산총액에 누진세율 적용
취득과세형	각 상속인의 유산취득가액에 대해 과세	분할된 각 상속인의 유산취득가액에 각각 누진세율 적용

* 우리나라의 상속세는 유산과세형을 택하고 있다. 증여세가 상속세의 보완제도임을 감안한다면, 상속세가 유산과세형일 경우 증여세는 증여자에게 부과되는 것이 마땅하지만 우리나라의 증여세는 수증자에게 부과된다. 즉, 우리나라의 경우 상속세는 유산과세형을, 증여세는 취득과세형을 따르고 있다.

(2) 무상취득자에 따른 과세체계

부의 무상취득자		법인세 또는 소득세	상속세 또는 증여세
법 인	영리법인	법인세	−
	비영리법인	−	상속세 또는 증여세
개 인	사업과 직접 관련된 경우	소득세	−
	사업과 무관한 경우	−	상속세 또는 증여세

3. 상속세의 과세대상과 납부의무

(1) 상속재산의 개념

상속재산은 피상속인에게 귀속되는 모든 재산을 말하며, 다음의 물건과 권리를 포함한다. 다만, 피상속인의 일신에 전속하는 것으로서 피상속인의 사망으로 인하여 소멸되는 것은 제외한다.

① 금전으로 환산할 수 있는 경제적 가치가 있는 모든 물건

② 재산적 가치가 있는 법률상 또는 사실상의 모든 권리

* 상속개시일 현재 인정상여 등과 같이 실질적으로 재산이 없는 경우에는 상속재산에 포함하지 아니하며 배당금, 무상주 수령권리 등 실질적으로 재산이 있는 경우에는 상속재산에 포함한다.

(2) 상속세의 과세대상

상속개시일 현재 다음의 구분에 따른 상속재산에 대하여 상속세를 부과한다.

구 분	과 세 대 상
피상속인이 거주자인 경우	모든 상속재산(무제한 납세의무)
피상속인이 비거주자인 경우	국내에 있는 모든 상속재산(제한 납세의무)

* 상속세의 과세대상은 상속인의 거주자 여부가 아니라 피상속인의 거주자 여부에 따라 달라진다.

(3) 상속세 납부의무

① 상속인(특별연고자 중 영리법인은 제외) 또는 수유자(영리법인 제외)는 상속재산(상속재산에 가산하는 증여재산 중 상속인이나 수유자가 받은 증여재산 포함) 중 각자가 받았거나 받을 재산을 기준으로 정하는 비율에 따라 계산한 금액을 상속세로 납부할 의무가 있다.

② 특별연고자 또는 수유자가 영리법인인 경우로서 그 영리법인의 주주 또는 출자자 중 상속인과 그 직계비속이 있는 경우에는 다음의 금액을 그 상속인 및 직계비속이 납부할 의무가 있다.

> (영리법인이 받았거나 받을 상속재산에 대한 상속세 상당액－영리법인이 받았거나 받을 상속재산×10%)×상속인과 그 직계비속의 주식 또는 출자지분의 비율

③ 상속세는 상속인 또는 수유자 각자가 받았거나 받을 재산*을 한도로 연대하여 납부할 의무를 진다.

* 각자가 받았거나 받을 재산이란 상속으로 인하여 얻은 자산(상속재산에 가산하는 증여재산가액 포함)의 총액에서 부채총액과 그 상속으로 인하여 부과되거나 납부할 상속세 및 상속재산에 가산한 증여재산에 대한 증여세를 공제한 가액을 말한다.

4. 상속세의 과세관할

상속세는 피상속인의 주소지(주소지가 없거나 분명하지 아니한 경우에는 거소지)를 관할하는 세무서장(국세청장이 특히 중요하다고 인정하는 것에 대해서는 관할 지방국세청장)이 과세한다.

* 1. 피상속인의 주소지 등이 국외인 경우에는 상속재산 소재지를 관할하는 세무서장등이 과세한다.
  2. 상속재산이 둘 이상의 세무서장등의 관할구역에 있을 경우에는 주된 재산의 소재지를 관할하는 세무서장등이 과세한다.

5. 상속세의 계산구조

	총 상 속 재 산 가 액	… 상속재산가액+의제상속재산가액+추정상속재산가액
−	비과세 재산가액	… 국가 등에 유증한 재산, 국가 및 시·도지정문화재 등
−	과세가액 불산입액	… 공익법인에 출연한 재산 등
−	과세가액 공제액	… 공과금·장례비용·채무
+	증 여 재 산 가 액	… 피상속인이 상속개시일 전 일정기간 내에 증여한 재산가액
	상 속 세 과 세 가 액	
−	상 속 공 제	… 인적공제 및 물적공제
−	감정평가수수료공제	
	상 속 세 과 세 표 준	
×	세 율	… 10%~50%의 초과누진세율
	산 출 세 액	… 세대를 건너뛴 상속에 대해서는 30%(또는 40%) 할증
−	징 수 유 예 세 액	… 문화재자료등·박물관자료등 및 국가지정문화재등에 대한 징수유예
−	세 액 공 제	… 증여·외국납부·단기재상속·신고세액공제
+	가 산 세	… 신고불성실가산세, 납부불성실가산세
	신 고 납 부 세 액	
−	연부연납신청금액	… 분할납부할세액
−	물 납 신 청 금 액	… 부동산, 유가증권 등 상속재산으로 납부할세액
	자 진 납 부 세 액	… 과세표준신고기한 내에 납부할세액

2.1 상속세 과세가액

1. 총상속재산가액

(1) 의제상속재산가액

다음에 해당하는 항목들도 상속재산으로 본다.

구 분	의 제 상 속 재 산
(1) 보험금	피상속인의 사망으로 인하여 받는 생명보험 또는 손해보험의 보험금으로서 피상속인이 보험계약자인 보험계약에 의하여 받는 것(보험계약자가 피상속인이 아닌 경우에도 피상속인이 실질적으로 보험료를 납부하였을 때에는 피상속인을 보험계약자로 보아 적용) * 상속재산으로 보는 보험금 $=$ 보험금 $\times \dfrac{\text{피상속인이 부담한 보험료}}{\text{피상속인 사망시까지 납입된 보험료 총 합계액}}$

(2) 신탁재산	① 피상속인이 신탁한 재산(증여세법상 신탁이익의 증여규정에 따라 수익자의 증여재산가액으로 하는 해당 신탁의 이익을 받을 권리의 가액은 제외) ② 피상속인이 신탁으로 인하여 타인으로부터 신탁의 이익을 받을 권리를 소유하고 있는 경우에는 그 이익에 상당하는 가액 ③ 수익자연속신탁의 수익자가 사망함으로써 타인이 새로 신탁의 수익권을 취득하는 경우 그 타인이 취득한 신탁의 이익을 받을 권리의 가액은 사망한 수익자의 상속재산에 포함
(3) 퇴직금	퇴직금·퇴직수당·공로금·연금 또는 이와 유사한 것으로서 피상속인에게 지급될 것이 피상속인의 사망으로 인하여 지급되는 것

세부사항 상속재산에서 제외되는 퇴직금 등의 범위

다음의 어느 하나에 해당하는 것은 상속재산으로 보지 아니한다.

1. 국민연금법에 따라 지급되는 유족연금 또는 사망으로 인하여 지급되는 반환일시금
2. 공무원연금법 또는 사립학교교직원 연금법에 따라 지급되는 유족연금, 유족연금부가금, 유족연금일시금, 유족일시금 또는 유족보상금
3. 군인연금법에 따라 지급되는 유족연금, 유족연금부가금, 유족연금일시금, 유족일시금 또는 재해보상금
4. 산업재해보상보험법에 따라 지급되는 유족보상연금·유족보상일시금·유족특별급여 또는 진폐유족연금
5. 근로자의 업무상 사망으로 인하여 근로기준법 등을 준용하여 사업자가 그 근로자의 유족에게 지급하는 유족보상금 또는 재해보상금과 그 밖에 이와 유사한 것

(2) 추정상속재산가액

다음의 추정상속재산가액을 상속받은 것으로 추정하여 상속세과세가액에 산입한다.

① 상속추정의 요건

구 분	추 정 상 속 재 산
재산처분액	피상속인이 재산을 처분하거나 피상속인의 재산에서 인출한 금액이 다음 중 어느 하나에 해당하는 경우로서 용도가 객관적으로 명백하지 않은 경우 ① 상속개시일 전 1년 이내에 재산종류별*로 계산하여 2억원 이상인 경우 ② 상속개시일 전 2년 이내에 재산종류별*로 계산하여 5억원 이상인 경우
채무부담액	피상속인이 부담한 채무의 합계액이 다음 중 어느 하나에 해당하는 경우로서 용도가 객관적으로 명백하지 않은 경우 ① 상속개시일 전 1년 이내에 2억원 이상인 경우 ② 상속개시일 전 2년 이내에 5억원 이상인 경우

* "재산종류별"이라 함은 a. 현금·예금·유가증권, b. 부동산 및 부동산에 관한 권리, c. 이 외의 기타 재산의 구분에 의한 것을 말한다.

② 추정상속재산가액

추정상속재산가액＝재산처분액·채무부담액
－용도가 입증된 금액
－Min[재산처분액·채무부담액×20%, 2억원]

2. 상속세 비과세

(1) 전사자 등에 대한 상속세 비과세

전쟁 또는 법소정 공무의 수행* 중 사망하거나 해당 전쟁 또는 공무의 수행 중 입은 부상 또는 그로 인한 질병으로 사망하여 상속이 개시되는 경우에는 상속세를 부과하지 아니한다.

* 법소정 공무의 수행이란 사변 또는 이에 준하는 비상사태로 토벌 또는 경비 등 작전업무를 수행하는 것을 말한다.

(2) 기타 비과세되는 상속재산

① 국가·지방자치단체·공공단체에 유증(사인증여 포함)을 한 재산

② 상속재산 중 상속인이 상속세 과세표준신고기한 내에 국가·지방자치단체 또는 공공단체에 증여한 재산

③ 정당에 유증 등을 한 재산

④ 사내근로복지기금·우리사주조합·공동근로복지기금 및 근로복지진흥기금에 유증 등을 한 재산

⑤ 사회통념상 인정되는 이재구호금품, 치료비, 불우한 자를 돕기 위하여 유증 등을 한 재산

⑥ 제사를 주재하는 상속인(다수의 상속인이 공동으로 제사를 주재하는 경우에는 그 공동으로 주재하는 상속인 전체를 말한다)을 기준으로 다음에 해당하는 재산(a와 b의 재산가액의 합계액이 2억원을 초과하는 경우 2억원을 한도로 하고, c의 재산가액의 합계액이 1천만원을 초과하는 경우에는 1천만원을 한도로 한다.)

* a. 분묘에 속한 9,900m^2 이내의 금양임야
  b. 분묘에 속한 1,980m^2 이내의 묘토인 농지
  c. 족보와 제구

개정 2023년부터 국가지정문화재 및 시·도지정문화재와 해당 문화재가 속한 보호구역 안의 토지를 비과세 상속재산에서 제외하고, 징수유예대상자산에 추가하였다.

3. 상속세 과세가액 불산입

(1) 공익법인 등의 출연재산에 대한 과세가액불산입

상속재산 중 피상속인 또는 상속인이 공익법인 등(종교·자선·학술 기타 공익을 목적으로 하는 사업을 영위하는 자를 말한다)에 출연한 재산의 가액은 상속세 과세표준신고기한 이내에 출연한 경우에 한하여 상속세과세가액에 산입하지 아니한다.

(2) 공익신탁재산에 대한 과세가액불산입

상속재산 중 피상속인 또는 상속인이 공익신탁(종교·자선·학술 기타 공익을 목적으로 하는 신탁을 말한다)을 통하여 공익법인 등에 출연하는 재산의 가액은 상속세 과세표준신고기한까지 신탁을 이행하는 경우에 상속세과세가액에 산입하지 아니한다.

4. 과세가액 공제액

구 분	과 세 가 액 공 제 액
(1) 공과금	상속개시일 현재 피상속인이 납부할 의무가 있는 것으로서 상속인에게 승계된 조세·공공요금·기타 이와 유사한 것
(2) 장례비 (①+②)	① 피상속인의 사망일부터 장례일까지 직접 소요된 금액(봉안시설 또는 자연장지의 사용에 소요된 금액은 제외) : 최소 5백만원, 최고 1천만원 ② 봉안시설 또는 자연장지의 사용에 소요된 금액 : 5백만원 한도 * 비거주자의 사망으로 상속이 개시되는 경우에는 장례비용을 차감하지 아니한다.
(3) 채 무	명칭 여하에 불구하고 상속개시당시 피상속인이 부담하여야 할 확정된 채무로서 공과금 이외의 모든 부채(보증채무, 연대채무, 증여채무 포함)로서 입증된 것 * 다음의 채무는 채무로서 공제하지 아니한다. 1. 상속개시일 전 10년 이내에 피상속인이 상속인에게 진 증여채무 2. 상속개시일 전 5년 이내에 피상속인이 상속인 이외의 자에게 진 증여채무 3. 피상속인의 국가·지방자치단체·금융회사 등이 아닌 자에 대하여 부담한 채무로서 상속인이 변제할 의무가 없는 것으로 추정되는 경우

* 과세가액공제액이 상속재산의 가액을 초과하는 경우 그 초과액은 없는 것으로 본다.

5. 증여재산가액의 합산

(1) 합산대상 증여재산

상속세과세가액은 상속재산의 가액에서 과세가액공제를 차감후 합산대상 증여재산을 가산한 금액으로 한다.

구 분	합산대상 증여재산
피상속인이 상속인에게 증여한 재산	상속개시일 전 10년 이내에 증여한 재산
피상속인이 상속인 외의 자에게 증여한 재산	상속개시일 전 5년 이내에 증여한 재산

* 1. 증여세가 비과세되는 증여재산, 증여세 과세가액불산입 증여재산 및 합산배제증여재산의 가액은 합산 대상에서 제외한다.
  2. 비거주자의 사망으로 인해 상속이 개시되는 경우에는 국내에 있는 재산을 증여한 경우에만 가산한다.

(2) 합산대상 증여재산의 평가 및 증여세액공제

① 평가 : 상속재산에 합산하는 증여재산가액은 상속개시일 현재의 가액이 아니라 증여일 현재의 가액으로 한다.

② 증여세액공제 : 합산되는 증여재산에 대한 증여세액은 상속세 산출세액에서 공제한다.

1.3 상속세 과세표준의 계산

1. 인적공제

(1) 기초공제

거주자 또는 비거주자의 사망으로 상속이 개시되는 경우에는 상속세 과세가액에서 2억원을 공제한다.

* 비거주자의 사망으로 인해 상속이 개시되는 경우에는 기초공제만을 적용한다.

(2) 기타 인적공제

① 기타 인적공제의 내용

구 분	공 제 대 상 자	공 제 액
(1) 자녀공제	자녀(태아 포함)	5천만원(1인당)
(2) 연로자공제	상속인(배우자 제외) 및 동거가족[*1] 중 65세 이상인 자	5천만원(1인당)
(3) 미성년자공제	상속인(배우자 제외) 및 동거가족(태아 포함)[*1] 중 미성년자	1천만원×19세에 달하기까지의 연수[*2] (1인당)
(4) 장애인공제	상속인 및 동거가족[*1] 중 장애인	1천만원×기대여명의 연수[*2, *3] (1인당)

* 1. 동거가족은 상속개시일 현재 직계존비속(배우자의 직계존속 포함), 형제자매를 말한다.
2. 미성년자공제 및 장애인공제를 적용할 때 1년 미만의 기간은 1년으로 한다.
3. 기대여명이란 특정 연령대에 속한 사람이 앞으로 생존할 것으로 기대되는 평균 생존 연수를 말하는 것으로 상속개시일 현재 통계법에 따라 통계청장이 승인하여 고시하는 통계표에 따른 성별·연령별 기대여명의 연수로 한다.

② 중복적용의 배제 : 기타 인적공제는 중복하여 적용될 수 없다. 다만, 다음의 경우에는 각각 그 금액을 합산하여 공제한다.

a. 자녀공제에 해당하는 자가 미성년자공제에도 해당하는 경우

b. 장애인공제에 해당하는 자가 다른 기타 인적공제 또는 배우자상속공제에도 해당하는 경우

③ 일괄공제 : 거주자의 사망으로 상속이 개시되는 경우에 상속인 또는 수유자는 기초공제와 기타 인적공제의 합계액과 5억원 중 큰 금액으로 공제할 수 있다. 다만, 다음의 경우에는 예외로 한다.

a. 과세표준신고 또는 기한 후 신고가 없는 경우 : 5억원 공제

b. 피상속인의 배우자가 단독으로 상속받는 경우 : 기초공제와 배우자상속공제만 적용

* 피상속인의 배우자가 단독으로 상속받는 경우라 함은 상속인이 그 배우자 단독인 경우를 의미하며 상속포기, 유증 등으로 배우자가 단독으로 상속받는 경우는 일괄공제가 적용된다.

(3) 배우자상속공제

배우자상속공제 : Min[①, ②]

① 배우자가 실제 상속받은 금액

② 한도 : Min [상속재산가액*1 × 배우자의*2 법정상속분 − 상속재산에 합산한 증여재산가액 중 배우자에게 증여한 재산에 대한 증여세 과세표준 , 30억원]

*1. 배우자상속공제 한도액 계산에 있어서 상속재산가액은 다음과 같이 계산한다.

	총상속재산가액	… 상속인 이외의 자가 유증 등을 받은 재산가액은 제외
+	증여재산가액	… 상속개시일 전 10년 이내에 상속인에게 증여한 재산가액만 합산
−	비과세 재산가액	
−	과세가액 불산입액	
−	과세가액 공제액	… 공과금 및 채무(장례비용은 제외)
	상속재산가액	

2. 공동상속인 중 상속을 포기한 사람이 있는 경우에는 그 사람이 포기하지 아니한 경우의 배우자 법정 상속분을 말한다.

① 배우자상속재산분할기한

배우자상속공제는 상속세 과세표준 신고기한의 다음날부터 9개월이 되는 날(배우자상속재산분할기한)까지 배우자의 상속재산을 분할(등기·등록·명의개서 등이 필요한 경우에는 그 등기·등록·명의개서 등이 된 것에 한정한다)한 경우에 적용한다. 이 경우 상속인은 상속재산의 분할사실을 배우자상속재산분할기한까지 납세지 관할세무서장에게 신고하여야 한다.

② 배우자상속재산분할기한의 연장

다음의 부득이한 사유로 배우자상속재산분할기한까지 배우자의 상속재산을 분할할 수 없는 경우로서 배우자상속재산분할기한(부득이한 사유가 소의 제기나 심판청구로 인한 경우에는 소송 또는 심판청구가 종료된 날)의 다음날부터 6개월이 되는 날(배우자상속재산분할기한의 다음날부터 6개월을 경과하여 과세표준과 세액의 결정이 있는 경우에는 그 결정일)까지 상속재산을 분할하여 신고하는 경우에는 배우자상속재산분할기한 이내에 분할한 것으로 본다. 다만, 상속인이 그 부득이한 사유를 배우자상속재산분할기한까지 납세지 관할세무서장에게 신고하는 경우에 한정한다.

a. 상속인등이 상속재산에 대하여 상속회복청구의 소를 제기하거나 상속재산 분할의 심판을 청구한 경우

b. 상속인이 확정되지 아니하는 부득이한 사유 등으로 배우자상속분을 분할하지 못하는 사실을 관할세무서장이 인정하는 경우

③ 배우자상속공제의 최저한

배우자가 실제 상속받은 금액이 없거나 상속받은 금액이 5억원 미만인 경우에는 배우자상속재산의 신고 여부에 관계없이 5억원을 공제한다.

참고 민법상 법정 상속순위 및 상속지분

1. 민법상 법정 상속순위는 다음과 같으며 배우자는 1순위 및 2순위와 동순위로 본다.
   ① 직계비속 ② 직계존속 ③ 형제자매 ④ 4촌 이내의 방계혈족
2. 공동상속의 경우 각 상속인별 상속비율은 협의에 의하고 협의가 없는 경우에는 법정상속비율을 각 상속인에게 균등하게 배분하되 배우자는 직계비속 또는 직계존속 상속분의 1.5배로 한다.

2. 물적공제

(1) 가업상속공제

① 가업상속공제액

가업상속공제 : Min[①, ②]
① 가업상속 재산가액에 상당하는 금액
② 한도
  a. 피상속인이 10년 이상 20년 미만 계속하여 경영한 경우 : 300억원
  b. 피상속인이 20년 이상 30년 미만 계속하여 경영한 경우 : 400억원
  c. 피상속인이 30년 이상 계속하여 경영한 경우 : 600억원

② 가업의 범위

가업이란 법소정 중소기업 또는 중견기업(상속이 개시되는 소득세 과세기간 또는 법인세 사업연도의 직전 3개 소득세 과세기간 또는 법인세 사업연도의 매출액의 평균금액이 5천억원 이상인 기업은 제외)으로서 피상속인이 10년 이상 계속하여 경영한 기업을 말한다.

③ 가업상속재산가액

가업상속 재산가액이란 다음의 구분에 따라 가업상속인(가업상속공제의 요건 중 상속인 요건을 모두 갖춘 상속인)이 받거나 받을 상속재산의 가액을 말한다.

a. 소득세법을 적용받는 가업 : 가업에 직접 사용되는 토지, 건축물, 기계장치 등 사업용 자산의 가액에서 해당 자산에 담보된 채무액을 뺀 가액

b. 법인세법을 적용받는 가업 : 가업에 해당하는 법인의 주식가액$\times(1-\frac{\text{사업무관자산가액}}{\text{총자산가액}})$

* 사업무관자산은 상속개시일 현재를 기준으로 다음에 해당하는 자산을 말한다.
① 법인세법상 토지등 양도소득이 부과되는 자산
② 법인세법상 업무무관자산 및 금전소비대차계약 등에 의하여 타인에게 대여한 금액
③ 임대용 부동산(지상권·부동산임차권 등 부동산에 관한 권리를 포함한다)
④ 과다보유현금[상속개시일 직전 5개 사업연도 말 평균 현금(취득일부터 만기가 3개월 이내인 금융상품을 포함한다)보유액의 150%를 초과하는 경우를 말한다]
⑤ 법인의 영업활동과 직접 관련이 없이 보유하고 있는 주식 등·채권 및 금융상품(④에 해당하는 것은 제외한다)

세부사항 가업상속공제의 요건

1. 최대주주 요건

가업상속은 피상속인이 중소기업 등의 최대주주인 경우로서 그와 특수관계인의 주식 등을 합하여 해당 기업의 발행주식총수의 40%(한국거래소에 상장되어 있는 법인이면 20%) 이상을 10년 이상 계속하여 보유하는 경우에 한정한다. 다만, 가업상속이 이루어진 후에 가업상속 당시 최대주주에 해당하는 자(가업상속을 받은 상속인은 제외한다)의 사망으로 상속이 개시되는 경우는 제외한다.

2. 피상속인 요건

피상속인이 가업의 영위기간 중 다음의 어느 하나에 해당하는 기간을 대표이사(개인사업자인 경우 대표자)로 재직하여야 한다.

① 50% 이상의 기간

② 상속개시일부터 소급하여 10년 중 5년 이상의 기간

③ 10년 이상의 기간(상속인이 피상속인의 대표이사등의 직을 승계하여 승계한 날부터 상속개시일까지 계속 재직한 경우로 한정한다)

3. 상속인 요건

상속인이 다음의 모든 경우에 해당하여야 한다. 이 경우 그 상속인의 배우자가 다음의 요건을 모두 갖춘 경우에는 상속인이 그 요건을 갖춘 것으로 본다.

① 상속개시일 현재 18세 이상일 것

② 상속개시일 전에 2년 이상 직접 가업에 종사하였을 것(피상속인이 65세 이전에 사망하거나 천재지변, 인재 등 부득이한 사유로 사망하는 경우에는 제외)

③ 상속세과세표준 신고기한까지 임원으로 취임하고, 상속세 신고기한부터 2년 이내에 대표이사등으로 취임할 것

4. 납부능력 요건

가업이 중견기업에 해당하는 경우로서 가업상속인의 가업상속재산 외의 상속재산의 가액이 해당 상속인이 상속세로 납부할 금액(가업상속 공제를 받지 않았을 경우에 상속세법에 따라 계산한 해당 가업상속인이 납부할 의무가 있는 상속세액)에 2배를 곱한 금액을 초과하면 해당 상속인이 받거나 받을 가업상속재산에 대해서는 가업상속공제를 적용하지 아니한다.

여기서 가업상속인의 가업상속재산 외의 상속재산의 가액은 가업상속인이 받거나 받을 상속재산(상속재산에 가산하는 증여재산 중 가업상속인이 받은 증여재산 포함)의 가액에서 다음의 금액을 차감한 금액을 말한다.

① 해당 가업상속인이 부담하는 채무의 금액

② 해당 가업상속인이 받거나 받을 가업상속 재산가액

(2) 영농상속공제

영농상속공제 : Min[①, ②]

① 영농상속(양축 · 양어 · 영림상속 포함)재산가액

② 한도 : 30억원

* 동일한 상속재산에 대해서는 가업상속공제와 영농상속공제를 동시에 적용하지 아니한다.

세부사항 가업(영농)상속공제의 사후관리

1. 가업상속공제 또는 영농상속공제를 받은 상속인이 상속개시일부터 5년 이내에 정당한 사유없이 다음에 해당하게 되는 경우에는 공제받은 금액(①에 해당하는 경우에는 가업용 자산의 처분비율을 곱한 금액으로 함)을 상속개시 당시의 상속세과세가액에 산입하여 상속세를 부과한다. 이 경우 법소정 방식에 따라 계산한 이자상당액을 그 부과하는 상속세에 가산한다.

구 분	상속세를 추징하는 경우
가업상속공제	① 해당 가업용 자산의 40% 이상을 처분한 경우 ② 해당 상속인이 가업에 종사하지 아니하게 된 경우 ③ 주식 등을 상속받은 상속인의 지분이 감소된 경우(다만, 상속받은 주식 등의 물납으로 인하여 지분이 감소된 경우는 제외하되, 이 경우에도 상속인은 최대주주 또는 최대출자자에 해당하여야 한다.)

가업상속공제	④ 다음 a 및 b에 모두 해당하는 경우 a. 상속개시일부터 5년간 정규직 근로자 수의 전체 평균이 상속개시일이 속하는 소득세 과세기간 또는 법인세 사업연도의 직전 2개 소득세 과세기간 또는 법인세 사업연도의 정규직근로자 수의 평균의 90%에 미달하는 경우 b. 상속개시일부터 5년간 총급여액의 전체 평균이 상속개시일이 속하는 소득세 과세기간 또는 법인세 사업연도의 직전 2개 소득세 과세기간 또는 법인세 사업연도의 총급여액의 평균의 90%에 미달하는 경우
영농상속공제	영농에 사용하는 상속재산을 처분하거나 영농에 종사하지 아니하게 된 경우

3. 가업상속공제의 사후관리규정 또는 조세포탈 및 회계부정 행위 기업인에 대한 기업상속공제 적용 배제 규정에 따라 상속세를 부과할 때 다음의 양도소득세액을 상속세 산출세액에서 공제한다. 다만, 공제한 해당 금액이 음수인 경우에는 영으로 본다.

> 공제세액 : 이월과세규정을 적용하여 계산한 양도소득세액－이월과세규정을 적용하지 않고 계산한 양도소득세액

세부사항 조세포탈 및 회계부정 행위 기업인에 대한 가업상속공제 및 영농상속공제 적용 배제

피상속인 또는 상속인이 가업의 경영 또는 영농과 관련하여 조세포탈 또는 회계부정 행위(상속개시일 전 10년 이내 또는 상속개시일부터 5년 이내의 기간 중의 행위로 한정)로 징역형 또는 벌금형을 선고받고 그 형이 확정된 경우에는 다음의 구분에 따른다.

① 상속세 과세표준과 세율의 결정이 있기 전에 피상속인 또는 상속인에 대한 형이 확정된 경우 : 가업상속공제 또는 영농상속공제 적용 배제

② 가업상속공제를 받은 후에 상속인에 대한 형이 확정된 경우 : 가업상속공제 또는 영농상속공제 받은 금액을 상속개시 당시의 상속세 과세가액에 산입하여 상속세를 부과한다. 이 경우 법소정 방식에 따라 계산한 이자 상당액을 그 부과하는 상속세에 가산한다.

(3) 금융재산상속공제

순금융재산가액	공 제 액
2천만원 이하인 경우	순금융재산가액 전액
2천만원 초과인 경우	순금융재산가액×20%. 단, 최소 2천만원, 최고 2억원 공제

* 순금융재산가액이란 상속재산가액 중 금융재산가액에서 금융채무를 공제한 금액을 말한다.

1. 금융재산가액
   ① 포함항목
      a. 금융회사가 취급하는 예금·적금·부금·계금·출자금·신탁재산(금전신탁재산에 한한다)·보험금·공제금·주식·채권·수익증권·출자지분·어음 등의 금전 및 유가증권
      b. 거래소에 상장되지 아니한 주식 및 출자지분으로서 금융회사가 취급하지 아니하는 것
      c. 발행회사가 금융회사를 통하지 아니하고 직접 모집하거나 매출하는 방법으로 발행한 회사채
   ② 제외항목
      a. 최대주주 또는 최대출자자가 보유하고 있는 주식 또는 출자지분
      b. 상속세 과세표준 신고기한까지 신고하지 아니한 타인 명의의 금융재산
2. 금융채무 : 금융회사에 대해 채무임을 확인할 수 있는 서류에 의하여 입증된 금융회사에 대한 채무를 말한다.

(4) 동거주택 상속공제

> 동거주택 상속공제 : Min[①, ②]
> ① (상속주택가액－상속개시일 현재 주택에 담보된 피상속인의 채무)×100%
> ② 한도 : 6억원

① 거주자의 사망으로 상속이 개시되는 경우로서 다음의 요건을 모두 갖춘 경우에는 동거주택 상속공제를 적용한다.

a. 피상속인과 상속인(직계비속 및 직계비속의 사망 등으로 상속인이 된 그 직계비속의 배우자인 경우로 한정하며, 이하에서도 동일하게 적용)이 상속개시일부터 소급하여 10년 이상(상속인이 미성년자인 기간은 제외) 계속하여 하나의 주택에서 동거할 것

b. 피상속인과 상속인이 상속개시일부터 소급하여 10년 이상 계속하여 1세대를 구성하면서 양도소득세법상 비과세요건을 충족하는 1세대 1주택(고가주택 포함)에 해당할 것[*1, *2]

c. 상속개시일 현재 무주택자이거나 피상속인과 공동으로 1세대 1주택을 보유한 자로서 피상속인과 동거한 상속인이 상속받은 주택일 것

* 1. 무주택인 기간이 있는 경우에는 해당 기간은 1세대 1주택에 해당하는 기간에 포함한다.
2. 1세대가 다음의 어느 하나에 해당하여 2주택 이상을 소유한 경우에도 1세대가 1주택을 소유한 것으로 본다.
① 피상속인이 다른 주택을 취득(자기가 건설하여 취득한 경우를 포함)하여 일시적으로 2주택을 소유한 경우. 다만, 다른 주택을 취득한 날부터 2년 이내에 종전의 주택을 양도하고 이사하는 경우만 해당한다.
② 상속인이 상속개시일 이전에 1주택을 소유한 자와 혼인한 경우. 다만, 혼인한 날부터 5년 이내에 상속인의 배우자가 소유한 주택을 양도한 경우만 해당한다.
③ 피상속인이 등록문화재에 해당하는 주택을 소유한 경우
④ 피상속인이 이농주택을 소유한 경우
⑤ 피상속인이 귀농주택을 소유한 경우
⑥ 1주택을 보유하고 1세대를 구성하는 자가 상속개시일 이전에 60세 이상의 직계존속을 동거봉양하기 위하여 세대를 합쳐 일시적으로 1세대가 2주택을 보유한 경우. 다만, 합친 날부터 5년 이내에 피상속인외의 자가 보유한 주택을 양도한 경우만 해당한다.
⑦ 피상속인이 상속개시일 이전에 1주택을 소유한 자와 혼인하여 일시적으로 1세대가 2주택을 보유한 경우. 다만, 혼인한 날부터 5년 이내에 피상속인의 배우자가 소유한 주택을 양도한 경우만 해당한다.
⑧ 피상속인 및 상속인이 피상속인의 사망 전에 발생된 상속으로 인하여 여러 사람이 공동으로 소유하는 주택을 소유한 경우. 다만, 피상속인 및 상속인이 해당 주택의 공동소유자 중 가장 큰 상속지분을 소유한 경우에는 그러하지 아니한다.

② 피상속인과 상속인이 다음의 사유에 해당하여 동거하지 못한 경우에는 이를 계속하여 동거한 것으로 보되, 그 동거하지 못한 기간은 동거 기간에는 산입하지 아니한다.

a. 징집

b. 취학, 근무상의 형편, 질병의 요양

c. 기타 부득이한 사유

③ 상속개시일 현재 피상속인이 일시적으로 2주택을 소유한 경우[*]에는 상속개시일 현재 피상속인과 상속인이 동거하는 주택을 동거주택으로 본다.

* 일시적으로 2주택을 소유한 경우는 1세대가 2주택을 보유한 경우에도 1세대가 1주택을 소유한 것으로 보는 특례규정이 적용되는 경우를 의미한다.

(5) 재해손실공제

거주자의 사망으로 상속이 개시되는 경우로서 상속세 신고기한 이내에 화재·붕괴·폭발·환경오염사고 및 자연재해 등으로 인하여 상속재산이 멸실·훼손된 경우에는 그 손실가액을 상속세과세가액에서 공제한다.

* 보험금 수령이나 구상권 등의 행사에 의해 손실된 재산가액을 보전받을 수 있는 경우에는 이를 제외한다.

3. 상속공제의 종합한도

상속공제의 합계액은 다음의 금액을 한도로 한다.

상속공제 종합한도=상속세 과세가액
－선순위인 상속인이 아닌 자에게 유증·사인증여한 재산가액
－선순위인 상속인의 상속포기로 그 다음 순위의 상속인이 상속받은 재산가액
－증여재산가액 합산액*(증여공제를 받은 경우에는 이를 차감한 가액)

* 증여재산가액 합산액의 차감은 상속세 과세가액이 5억원을 초과하는 경우에만 적용한다.

4. 감정평가수수료공제

상속세를 신고·납부하기 위하여 상속재산을 평가하는데 소요되는 수수료로서 다음 중 어느 하나에 해당하는 금액은 이를 상속세 과세가액에서 공제한다.

공제대상 수수료	한 도 액
(1) 감정평가법인 등의 평가에 따른 수수료(상속세 납부목적용으로 한정)*	5백만원
(2) 판매용이 아닌 서화·골동품 등 예술적 가치가 있는 유형재산의 평가에 따른 수수료	5백만원
(3) 평가심의위원회의 비상장주식 평가에 따른 수수료	평가대상 법인의 수 및 평가를 의뢰한 신용평가전문기관의 수별로 각각 1천만원

* 평가된 가액으로 상속세를 신고·납부하는 경우에 한하여 감정평가수수료공제를 적용한다.

1.4 상속세 신고납부세액의 계산

1. 상속세 산출세액

(1) 상속세 세율

과세표준	세 율
1억원 이하	과세표준의 10%
1억원 초과 5억원 이하	1천만원 + 1억원을 초과하는 금액의 20%
5억원 초과 10억원 이하	9천만원 + 5억원을 초과하는 금액의 30%
10억원 초과 30억원 이하	2억 4천만원 + 10억원을 초과하는 금액의 40%
30억원 초과	10억 4천만원 + 30억원을 초과하는 금액의 50%

* 과세표준이 50만원 미만이면 상속세를 부과하지 아니한다.

(2) 세대를 건너뛴 상속에 대한 할증과세

상속인 또는 수유자가 피상속인의 자녀를 제외한 직계비속인 경우에는 상속세산출세액에 다음의 금액을 가산한다. 다만, 대습상속의 경우에는 그러하지 아니한다.

$$\text{할증과세액} = \text{상속세 산출세액} \times \frac{\text{세대를 건너뛴 상속·유증재산}}{\text{총상속재산가액}^{*1}} \times 30\%(\text{또는 } 40\%)^{*2}$$

* 1. 상속재산에 가산한 증여재산 중 상속인 또는 수유자가 받은 증여재산을 포함한다.
  2. 피상속인의 자녀를 제외한 직계비속이면서 미성년자에 해당하는 상속인 또는 수유자가 받았거나 받을 상속재산의 가액이 20억원을 초과하는 경우에는 40%를 적용한다.

2. 지정문화재등에 대한 징수유예

(1) 상속세액의 징수유예

납세지 관할세무서장은 상속재산 중 다음의 어느 하나에 해당하는 재산이 포함되어 있는 경우에는 다음에 해당하는 상속세액의 징수를 유예한다.

$$\text{징수유예세액} = \text{상속세 산출세액} \times \frac{\text{문화재자료등, 박물관자료등 및 국가지정문화재등의 가액}}{\text{상속재산가액(증여재산 합산액 포함)}}$$

① 문화재자료등 : 문화재자료 및 국가등록문화재와 해당 문화재자료 또는 문화재가 속한 보호구역 안의 토지

② 박물관자료등 : 박물관자료 또는 미술관자료로서 박물관 또는 미술관에 전시 중이거나 보존 중인 재산

③ 국가지정문화재등 : 국가지정문화재 및 시 · 도지정문화재와 해당 문화재가 속한 보호구역 안의 토지

(2) 징수유예세액의 추징

다음 사유가 발생한 경우에는 즉시 그 징수를 유예한 상속세를 징수하여야 한다.

① 상속인 또는 수유자가 문화재자료등 또는 박물관자료등 또는 국가지정문화재등을 유상으로 양도한 경우

② 박물관 또는 미술관의 등록취소·폐관, 문화관광부에 등록된 박물관자료 또는 미술관자료에서 제외 등의 사유로 박물관자료를 인출하는 경우

(3) 부과결정의 철회

징수유예의 기간 중에 문화재자료등 또는 박물관자료등 또는 국가지정문화재등을 소유하고 있는 상속인 또는 수유자의 사망으로 다시 상속이 개시되는 경우에는 그 징수유예한 상속세액의 부과결정을 철회하고 그 철회한 상속세액을 다시 부과하지 아니한다.

(4) 납세담보의 제공

① 징수유예를 받으려는 자는 그 유예할 상속세액에 상당하는 담보를 제공하여야 한다.

② ①에도 불구하고 국가지정문화재등에 대한 상속세를 징수유예 받으려는 자는 그 유예할 상속세액에 상당하는 담보를 제공하지 아니할 수 있다.

3. 세액공제

(1) 증여세액공제

상속재산가액에 증여재산가액이 포함되어 있는 경우에는 이중과세를 조정하기 위하여 상속재산에 가산한 증여재산에 대한 증여세액(증여세 산출세액)을 상속세 산출세액에서 공제하며, 이에 대한 한도액은 다음과 같다.

* 상속세과세가액에 가산하는 증여재산에 대하여 제척기간의 만료로 인하여 증여세가 부과되지 않는 경우와 상속세과세가액이 5억원 이하인 경우에는 이러한 증여세액공제를 적용하지 않는다.

증여재산의 수증자	한 도 액
(1) 상속인·수유자인 경우	상속인 등 각자가 납부할 상속세산출세액 × (상속인 등 각자의 증여재산에 대한 증여세 과세표준) / (상속인 등 각자가 받았거나 받을 상속재산에 대한 상속세과세표준상당액) * 각자가 납부할 상속세에서 증여세액을 공제한다.
(2) 그 외의 경우	상속세산출세액 × (증여재산에 대한 증여세 과세표준) / (상속세과세표준) * 상속세 산출세액에서 증여세액을 공제한다.

(2) 외국납부세액 공제

거주자의 사망으로 인해 상속세를 부과하는 경우에 외국에 있는 상속재산에 대하여 외국의 법령에 의하여 상속세를 부과받은 경우에는 다음의 금액을 상속세 산출세액에서 공제한다.

> 외국납부세액공제액 : Min[①, ②]
> ① 외국에서 부과된 상속세액
> ② 한도액 $=$ 상속세산출세액 $\times \dfrac{\text{외국의 법령에 의한 상속세 과세표준}}{\text{상속세과세표준}}$

(3) 단기재상속세액공제

상속개시후 10년 이내에 상속인 또는 수유자의 사망으로 다시 상속이 개시되는 경우에는 전의 상속세가 부과된 상속재산(상속재산에 가산하는 증여재산 중 상속인이나 수유자가 받은 증여재산 포함) 중 재상속되는 상속재산에 대한 전의 상속세 상당액을 상속세 산출세액에서 공제한다.

> 단기재상속세액공제액
> $$= \text{전의 상속세산출세액} \times \frac{\text{재상속분의 재산가액} \times \dfrac{\text{전의 상속세과세가액}}{\text{전의 상속세재산가액}}}{\text{전의 상속세과세가액}} \times \text{공제율}^{*1}$$

*1. 공제율은 다음과 같다.

재상속기간	공제율	재상속기간	공제율
1년 이내	100%	6년 이내	50%
2년 이내	90%	7년 이내	40%
3년 이내	80%	8년 이내	30%
4년 이내	70%	9년 이내	20%
5년 이내	60%	10년 이내	10%

2. 단기재상속세액공제액은 상속세 산출세액에서 증여세액공제액 및 외국납부세액공제액을 차감한 금액을 한도로 한다.

(4) 신고세액공제

상속세 신고기한 이내에 과세표준신고를 한 경우에는 상속세산출세액에서 다음의 금액을 공제한다.

> 신고세액공제액 $= \left\{ \begin{matrix}\text{상속세산출세액} \\ \text{(할증과세액 포함)}\end{matrix} - \begin{matrix}\text{지정문화재등} \\ \text{징수유예세액}\end{matrix} - \begin{matrix}\text{공제·} \\ \text{감면세액}\end{matrix} \right\} \times 3\%$

* 신고세액공제는 상속세의 세액을 납부하지 않은 경우에도 적용한다.

1.5 상속세 납세절차

1. 상속세의 신고와 납부

(1) 상속세의 과세표준신고

상속세 납부의무가 있는 상속인 또는 수유자는 상속개시일이 속하는 달의 말일부터 6월(피상속인 또는 상속인이 외국에 주소를 둔 경우에는 9월) 이내에 상속세의 과세가액 및 과세표준을 납세지관할세무서장에게 신고하여야 한다.

(2) 상속세의 자진납부

① 상속세의 신고를 하는 자는 신고기한 이내에 산출세액에서 공제 또는 감면되는 세액, 연부연납 신청금액, 납부유예 신청금액 및 물납 신청금액을 차감한 금액을 납세지 관할세무서·한국은행 또는 체신관서에 납부하여야 한다.

② 납부할 금액이 1천만원을 초과하는 경우에는 다음의 금액을 납부기한 경과 후 2개월 이내에 분납할 수 있다. 다만, 연부연납을 허가받은 경우에는 그러하지 아니하다.

구 분	분납할 수 있는 금액
납부할 세액이 2천만원 이하인 경우	1천만원을 초과하는 금액
납부할 세액이 2천만원을 초과하는 경우	납부할 세액의 50% 이하의 금액

2. 연부연납 및 물납

(1) 연부연납

① 납세지 관할세무서장은 상속세 납부세액이 2천만원을 초과하는 경우 납세의무자의 신청을 받아 연부연납을 허가할 수 있다. 이 경우 납세의무자는 담보를 제공하여야 하며, 국세징수법의 규정에 따른 납세담보 중 금전, 법 소정 유가증권, 납세보증브험증권 및 납세보증서를 제공하여 연부연납 허가를 신청하는 경우에는 그 신청일에 허가받은 것으로 본다.

세부사항 연부연납의 신청

연부연납을 신청하고자 하는 자는 상속세과세표준신고 및 증여세과세표준신고(수정신고 및 기한 후 신고를 하는 경우 포함)시에 납부하여야 할 세액에 대하여 연부연납신청서를 상속세과세표준신고 또는 증여세과세표준신고와 함께 납세지 관할세무서장에게 제출하여야 한다. 다만, 과세표준과 세액의 결정통지를 받은 자는 해당 납부고지서에 의한 납부기한(연대납세의무자가 통지를 받은 경우에는 당해 납부고지서상의 납부기한을 말한다)까지 그 신청서를 제출할 수 있다.

이러한 연부연납의 신청절차는 후술하는 물납(문화재 등에 대한 물납 포함) 및 가업상속에 대한 상속세의 납부유예규정에도 동일하게 적용한다.

② 연부연납의 기간은 다음의 상속재산별 구분에 따른 기간의 범위에서 해당 납세의무자가 신청한 기간으로 한다. 다만, 각 회분의 분납세액이 1천만원을 초과하도록 연부연납기간을 정하여야 한다.

구 분	연부연납기간	연부연납금액
(1) 일반적인 경우	연부연납 허가일부터 10년	$\frac{\text{연부연납대상금액}}{\text{연부연납기간}+1}$
(2) 기업상속재산*의 경우	연부연납 허가일부터 20년 또는 연부연납 허가 후 10년이 되는 날부터 10년	

* 기업상속재산 : 가업상속 공제를 받았거나 법소정 요건을 충족한 중소기업 또는 중견기업을 상속받은 경우 법소정 요건을 충족한 상속인이 받거나 받을 상속재산(사립유치원에 직접 사용하는 재산 포함)

개정 2023년부터는 기업상속재산 비율에 관계없이 기업상속재산에 대하여는 20년 또는 10년 거치 10년으로 연부연납기간을 확대하였다.

③ 연부연납의 허가를 받은 자는 연부연납가산금을 각 회분의 분납세액에 가산하여 납부하여야 한다.

* 연부연납가산금
  1. 처음의 분납세액 : 연부연납총세액×상속세 신고기한(또는 납부고지서 납부기한) 다음 날부터 당해 분납기한까지의 일수×가산율
  2. 그 이후의 분납세액 : (연부연납총세액－기납부세액)×직전 분납기한 다음 날부터 당해 분납기한까지의 일수×가산율

(2) 물납

① 요건

납세지 관할 세무서장은 다음의 요건을 모두 갖춘 경우에는 납세의무자의 신청을 받아 물납을 허가할 수 있다. 다만, 물납을 신청한 재산의 관리·처분이 적당하지 아니하다고 인정되는 경우*1에는 그 재산에 대한 물납허가를 하지 않거나, 관리·처분이 가능한 다른 물납대상 재산으로의 변경을 명할 수 있다.

a. 상속재산(상속재산에 가산하는 증여재산 중 상속인 및 수유자가 받은 증여재산 포함) 중 부동산과 유가증권(국내에 소재하는 부동산 등 물납에 충당할 수 있는 재산으로 한정)의 가액이 해당 상속재산가액의 1/2을 초과할 것

b. 상속세 납부세액이 2천만원을 초과할 것

c. 상속세 납부세액이 상속재산가액 중 금융재산*2의 가액(상속재산에 가산하는 증여재산액은 포함하지 아니함)을 초과할 것

* 1. 관리·처분이 적당하지 아니하다고 인정되는 경우에 해당하는 사유는 다음과 같다.(주요항목만 기술함)
  ① 지상권·지역권·전세권·저당권 등 재산권이 설정된 경우
  ② 물납신청한 토지와 그 지상건물의 소유자가 다른 경우
  ③ 소유권이 공유로 되어 있는 부동산
  ④ 유가증권을 발행한 회사가 사업자등록이 말소된 경우, 해산사유가 발생한 경우, 회생절차 중에 있는 경우
 2. 금융재산이란 금전과 금융회사등이 취급하는 예금·적금·부금·계금·출자금·특정금전신탁·보험금·공제금 및 어음을 말한다.

② 물납청구의 범위 : 물납을 청구할 수 있는 납부세액은 다음의 a 및 b 중 중 작은 금액을 초과할 수 없다.

a. 상속재산 중 물납에 충당할 수 있는 부동산 및 유가증권의 가액에 대한 상속세 납부세액

b. 상속세 납부세액에서 금융재산(금융회사 등에 대한 채무의 금액은 차감한 금액)과 거래소에 상장된 유가증권(법령에 따라 처분이 제한된 것은 제외)의 가액을 차감한 금액

* 상속재산인 부동산 및 유가증권 중 물납을 청구할 수 있는 납부세액을 납부하는데 적합한 가액의 물건이 없을 때에는 세무서장은 상기 규정에도 불구하고 해당 납부세액을 초과하는 납부세액에 대해서도 물납을 허가할 수 있다.

세부사항 물납에 충당할 수 있는 재산의 범위

물납에 충당할 수 있는 부동산 및 유가증권은 다음의 것으로 한다.

1. 국내에 소재하는 부동산
2. 국채·공채·주권 및 내국법인이 발행한 채권 또는 증권과 그 밖에 기획재정부령으로 정하는 유가증권. 다만, 다음의 어느 하나에 해당하는 유가증권은 제외한다.
   ① 거래소에 상장된 것. 다만, 최초로 거래소에 상장되어 물납허가통지서 발송일 전일 현재 자본시장과 금융투자업에 관한 법률에 따라 처분이 제한된 경우에는 그러하지 아니하다.
   ② 비상장주식. 다만, 상속의 경우로서 그 밖의 다른 상속재산이 없거나 국채 및 공채, 상장된 유가증권 및 국내에 소재하는 부동산의 상속재산으로 상속세 물납에 충당하더라도 부족하면 그러하지 아니하다.

③ 비상장주식 물납의 제한 : 상기 '② 물납청구의 범위' 규정에도 불구하고 비상장주식 등으로 물납할 수 있는 납부세액은 상속세 납부세액에서 상속세 과세가액(비상장주식 등과 상속개시일 현재 상속인이 거주하는 주택 및 그 부수토지의 가액을 차감한 금액)을 차감한 금액을 초과할 수 없다.

④ 물납에의 충당순서 : 물납에 충당하는 재산은 세무서장이 인정하는 정당한 사유가 없는 한 다음의 순서에 의하여 신청 또는 허가하여야 한다.

a. 국채 및 공채
b. 상장된 유가증권(a 제외)
c. 국내에 소재하는 부동산(f는 제외)
d. 유가증권(a, b, e 제외)
e. 비상장주식
f. 상속개시일 현재 상속인이 거주하는 주택 및 부수토지

⑤ 물납에 충당할 재산의 수납가액 : 물납에 충당할 부동산 및 유가증권의 수납가액은 원칙적으로 상속재산의 가액으로 한다.

* 상속재산에 가산하는 증여재산의 수납가액은 상속개시일 현재 상속세 및 증여세법의 평가규정에 따라 평가한 가액으로 한다.

세부사항 문화재 등에 대한 물납

1. 물납요건

   다음의 요건을 모두 갖춘 납세의무자는 상속재산에 물납대상 문화재 등이 포함된 경우 납세지 관할 세무서장에게 해당 문화재 등에 대한 물납을 신청할 수 있다. 다만, 물납신청을 받은 납세지 관할세무서장은 물납신청을 받은 문화재 등이 관리·처분상 부적당하다고 인정되는 경우에는 그 재산에 대한 물납허가를 하지 않거나 관리·처분이 가능한 다른 물납대상재산으로의 변경을 요청할 수 있다.

   ① 상속세 납부세액이 2천만원을 초과할 것
   ② 상속세 납부세액이 상속재산가액 중 금융재산의 가액(상속재산에 가산하는 증여재산액은 포함하지 아니함)을 초과할 것

2. 물납대상 문화재 등의 범위

   물납대상 문화재 등(부동산은 제외)이란 다음의 것을 말한다.

   ① 문화재보호법에 따른 유형문화재 또는 민속문화재로서 같은 법에 따라 지정 또는 등록된 문화재
   ② 회화, 판화, 조각, 공예, 서예 등 미술품

3. 물납청구의 범위

물납을 신청할 수 있는 납부세액은 상속재산 중 물납에 충당할 수 있는 문화재 등의 가액에 대한 상속세 납부세액을 초과할 수 없다.

4. 물납허가 절차

① 납세지 관할 세무서장은 물납요건을 충족한 물납 신청이 있는 경우 해당 물납 신청 내역 등을 문화체육관광부장관에게 통보하여야 한다.

② 문화체육관광부장관은 물납을 신청한 문화재 등이 역사적·학술적·예술적 가치가 있는 등 물납이 필요하다고 인정되는 경우 납세지 관할 세무서장에게 해당 문화재 등에 대한 물납을 요청하여야 한다.

③ 납세지 관할 세무서장은 위 ②의 요청을 받은 경우 해당 문화재 등이 국고 손실의 위험이 크지 않다고 인정되는 경우 물납을 허가한다.

3. 가업상속에 대한 상속세의 납부유예

(1) 납부유예 요건 및 금액

구 분	내 용
(1) 납부유예 요건	납세지 관할세무서장은 납세의무자가 다음의 요건을 모두 갖추어 상속세의 납부유예를 신청하는 경우에는 납부유예를 허가할 수 있다. ① 상속인이 가업상속공제 요건을 충족하는 가업(중소기업으로 한정)을 상속받았을 것 ② 가업상속공제(또는 영농상속공제)를 받지 아니하였을 것 참고 상속인이 가업상속공제 방식과 납부유예 방식 중 선택하도록 허용함 ③ 납세담보를 제공할 것
(2) 납부유예 금액	상속세 납부세액$\times\frac{\text{가업상속재산가액}}{\text{총 상속재산가액}}$

(2) 납부유예세액의 추징사유

납세지 관할세무서장은 상속인이 정당한 사유 없이 다음의 어느 하나에 해당하는 경우 납부유예 허가를 취소하거나 변경하고, 해당 항목에 따른 세액과 이자상당액을 징수한다.

추징사유	세 액
① 소득세법을 적용받는 가업을 상속받은 경우로서 가업용 자산의 40% 이상을 처분한 경우	납부유예된 세액 × 처분비율
② 해당 상속인이 가업에 종사하지 아니하게 된 경우	납부유예된 세액의 전부
③ 주식등을 상속받은 상속인의 지분이 감소한 경우	다음의 구분에 따른 세액 a. 상속개시일부터 5년 이내에 감소한 경우 : 납부유예된 세액의 전부 b. 상속개시일부터 5년 후에 감소한 경우 : 납부유예된 세액$\times\frac{\text{감소된 지분율}}{\text{상속개시일 현재 지분율}}$

④ 법 소정 사유*에 해당하는 경우	납부유예된 세액의 전부
⑤ 해당 상속인이 사망하여 상속이 개시되는 경우	납부유예된 세액의 전브

* 법 소정 사유란 다음 a 및 b에 모두 해당하는 경우를 말한다.
  a. 상속개시일부터 5년간 정규직 근로자 수의 전체 평균이 상속개시일이 속하는 소득세 과세기간 또는 법인세 사업연도의 직전 2개 소득세 과세기간 또는 법인세 사업연도의 정규직근로자 수의 평균의 70%에 미달하는 경우
  b. 상속개시일부터 5년간 총급여액의 전체 평균이 상속개시일이 속하는 소득세 과세기간 또는 법인세 사업연도의 직전 2개 소득세 과세기간 또는 법인세 사업연도의 총급여액의 평균의 70%에 미달하는 경우

(3) 납부유예세액의 자진납부

납부유예 허가를 받은 자는 상속인이 납부유예세액의 추징사유에 해당하는 경우 그 날이 속하는 달의 말일부터 6개월 이내에 따라 납세지 관할세무서장에게 신고하고 해당 상속세와 이자상당액을 납세지 관할세무서, 한국은행 또는 체신관서에 납부하여야 한다. 다만, 이미 상속세와 이자상당액이 징수된 경우에는 그러하지 아니하다.

4. 상속세의 결정과 경정

(1) 과세표준과 세액의 결정

납세지 관할세무서장은 과세표준신고기한으로부터 9월 이내에 상속세의 과세표준과 세액을 결정하여야 하며, 이를 상속인 또는 수유자에게 통지하여야 한다. 이 경우 상속인 또는 수유자가 2인 이상이면 그 상속인이나 수유자 모두에게 통지하여야 한다.

(2) 고액상속인에 대한 사후관리

세무서장 등은 결정된 상속재산가액이 30억원 이상인 경우로서 상속개시일부터 5년이내에 상속인이 보유한 부동산·주식 등 주요 재산의 가액이 상속개시 당시에 비하여 현저히 증가한 경우에는 그 결정한 과세표준과 세액에 탈루 또는 오류가 있는지의 여부를 조사하여야 한다. 다만, 상속인이 그 증가한 재산에 관한 자금출처를 입증한 경우에는 그러하지 아니하다.

(3) 경정 등의 청구특례

상속세과세표준 및 세액을 신고한 자 또는 상속세과세표준 및 세액의 결정 또는 경정을 받은 자로서 다음 중 어느 하나에 해당하는 사유가 발생한 경우에는 그 사유가 발생한 날부터 6월 이내에 결정 또는 경정을 청구할 수 있다.

① 상속재산에 대한 상속회복청구소송 등의 사유로 인하여 상속개시일 현재 상속인간 상속재산가액의 변동이 있는 경우

② 상속개시 후 1년이 되는 날까지 상속재산의 수용 등 법 소정의 사유로 인하여 상속재산의 가액이 현저히 하락한 경우

증여세

2.1 증여세 총론

1. 증여세 과세대상

(1) 증여재산의 개념

증여재산은 증여로 인하여 수증자에게 귀속되는 모든 재산 또는 이익을 말하며, 다음의 물건, 권리 및 이익을 포함한다.

① 금전으로 환산할 수 있는 경제적 가치가 있는 모든 물건
② 재산적 가치가 있는 법률상 또는 사실상의 모든 권리
③ 금전으로 환산할 수 있는 모든 경제적 이익

(2) 증여세 과세대상

다음의 어느 하나에 해당하는 증여재산에 대해서는 증여세를 부과한다.

① 무상으로 이전받은 재산 또는 이익
② 현저히 낮은 대가를 주고 재산 또는 이익을 이전받음으로써 발생하는 이익이나 현저히 높은 대가를 받고 재산 또는 이익을 이전함으로써 발생하는 이익. 다만, 특수관계인이 아닌 자 간의 거래인 경우에는 거래의 관행상 정당한 사유가 없는 경우로 한정한다.
③ 재산 취득 후 해당 재산의 가치가 증가한 경우의 그 이익. 다만, 특수관계인이 아닌 자 간의 거래인 경우에는 거래의 관행상 정당한 사유가 없는 경우로 한정한다.
④ 변칙적인 증여거래규정에 해당하는 경우의 그 재산 또는 이익
⑤ 증여추정규정에 해당하는 경우의 그 재산 또는 이익
⑥ 변칙적인 증여거래규정의 경우와 경제적 실질이 유사한 경우 등 변칙적인 증여거래규정의 각 규정을 준용하여 증여재산의 가액을 계산할 수 있는 경우의 그 재산 또는 이익

* 증여의제규정에 해당하는 경우에는 그 재산 또는 이익을 증여받은 것으로 보아 그 재산 또는 이익에 대하여 증여세를 부과한다.

(3) 상속재산의 협의분할

상속개시후 상속재산에 대하여 등기·등록·명의개서 등에 의하여 각 상속인의 상속분이 확정되어 등기 등이 된 후 그 상속재산에 대하여 공동상속인 사이에 협의분할에 의해 특정 상속인이 당초 상속분을 초과하여 취득하는 재산가액은 당해 분할에 의하여 상속분이 감소된 상속인

으로부터 증여받은 재산에 포함한다. 다만, 상속세 과세표준 신고기한 이내에 재분할에 의하여 당초 상속분을 초과하여 취득한 경우와 당초 상속재산의 재분할에 대하여 무효 또는 취소 등 다음의 사유가 있는 경우에는 그러하지 아니하다.

① 상속회복청구의 소에 의한 법원의 확정판결에 의하여 상속인 및 상속재산에 변동이 있는 경우
② 민법규정에 의한 채권자대위권의 행사에 의하여 공동상속인들의 법정상속분대로 등기 등이 된 상속재산을 상속인 사이의 협의분할에 의하여 재분할하는 경우
③ 상속세과세표준 신고기한내에 상속세를 물납하기 위하여 민법 규정에 의한 법정상속분으로 등기·등록 및 명의개서 등을 하여 물납을 신청하였다가 물납허가를 받지 못하거나 물납재산의 변경명령을 받아 당초의 물납재산을 상속인간의 협의분할에 의하여 재분할하는 경우

(4) 증여받은 재산(금전은 제외)의 반환

구 분	당초 증여	반 환
(1) 증여세 신고기한 이내에 반환*	증여세 ×	증여세 ×
(2) 신고기한으로부터 3월 이내에 반환	증여세 ○	증여세 ×
(3) 신고기한으로부터 3월 경과 후에 반환	증여세 ○	증여세 ○

* 반환하기 전에 과세표준과 세액을 결정받은 경우는 제외한다.

2. 증여세의 납부의무

(1) 납세의무자

수증자는 다음의 구분에 따른 증여재산에 대하여 증여세를 납부할 의무가 있다.

구 분	과 세 대 상
수증자가 거주자(비영리내국법인 포함)인 경우	모든 증여재산
수증자가 비거주자(비영리외국법인 포함)인 경우	국내에 있는 모든 증여재산

* 위 규정에도 불구하고 명의신탁재산의 증여의제규정에 따라 재산을 증여한 것으로 보는 경우(명의자가 영리법인인 경우 포함)에는 실제소유자가 해당 재산에 대하여 증여세를 납부할 의무가 있다.

참고 국제조세조정에 관한 법률의 국외증여에 대한 과세특례규정

거주자가 비거주자에게 국외에 있는 재산을 증여(증여자의 사망으로 인하여 효력이 발생하는 증여는 제외)하는 경우 그 증여자는 국제조세조정에 관한 법률에 따라 증여세를 납부할 의무가 있다. 다만, 수증자가 증여자의 특수관계인이 아닌 경우로서 해당 재산에 대하여 외국의 법령에 따라 증여세가 부과되는 경우(세액을 면제받는 경우를 포함)에는 증여세 납부의무를 면제한다.

(2) 명의신탁재산에 대한 물적납세의무

실제소유자가 명의신탁재산 증여의제규정에 따른 증여세·가산금 또는 강제징수비를 체납한 경우에 그 실제소유자의 다른 재산에 대하여 강제징수를 하여도 징수할 금액에 미치지 못하는 경우에는 국세징수법에서 정하는 바에 따라 명의자에게 증여한 것으로 보는 재산으로써 납세의무자인 실제소유자의 증여세·가산금 또는 강제징수비를 징수할 수 있다.

(3) 증여세의 연대납세의무

증여자는 다음의 어느 하나에 해당하는 경우에는 수증자가 납부할 증여세를 연대하여 납부할 의무가 있다.

① 수증자의 주소나 거소가 분명하지 아니한 경우로서 증여세에 대한 조세채권을 확보하기 곤란한 경우

② 수증자가 증여세를 납부할 능력이 없다고 인정되는 경우로서 강제징수를 하여도 증여세에 대한 조세채권을 확보하기 곤란한 경우

③ 수증자가 비거주자인 경우

* 증여자가 연대납세의무자로서 납부하는 증여세액은 수증자에 대한 증여로 보지 않는다.

개정 명의신탁재산의 증여의제에 대한 납세의무자가 명의자에서 실제소유자로 전환됨에 따라 명의신탁재산에 대한 연대납세의무규정은 삭제되었다.

세부사항 증여세 연대납세의무의 예외

다음에 해당하는 경우에는 증여자의 연대납세의무가 없다.

1. 현저히 낮은 대가를 주고 재산 또는 이익을 이전받음으로써 발생하는 이익이나 현저히 높은 대가를 받고 재산 또는 이익을 이전함으로써 발생하는 이익
2. 재산 취득 후 해당 재산의 가치가 증가한 경우의 그 이익
3. 변칙적 증여거래에 해당하는 이익의 증여(신탁이익의 증여, 보험금의 증여 제외)
4. 증여의제
5. 재산취득자금 및 채무상환자금의 증여추정
6. 공익법인 등이 출연받은 재산에 대한 과세가액 불산입(출연자가 해당 공익법인의 운영에 책임이 없는 경우로서 법소정 요건을 충족한 경우만 해당)

(4) 증여세 납부의무 면제

다음의 증여규정에 해당하는 경우로서 수증자가 증여세를 납부할 능력이 없다고 인정되는 경우로서 강제징수를 하여도 증여세에 대한 조세채권을 확보하기 곤란한 경우에는 그에 상당하는 증여세의 일부 또는 전부를 면제한다.

① 저가양수·고가양도에 따른 이익의 증여

② 채무면제 등에 따른 이익의 증여

③ 부동산 무상사용에 따른 이익의 증여

④ 금전무상대출 등에 따른 이익의 증여

(5) 기타사항

① 증여재산에 대하여 수증자에게 소득세 또는 법인세가 부과되는 경우에는 증여세를 부과하지 아니한다. 소득세 또는 법인세가 소득세법, 법인세법 또는 다른 법률에 따라 비과세되거나 감면되는 경우에도 또한 같다.

② 법인격이 없는 사단·재단 또는 그 밖의 단체는 다음의 어느 하나에 해당하는 자로 보아 상속세 및 증여세법을 적용한다.

a. 국세기본법에 따른 법인으로 보는 단체에 해당하는 경우 : 비영리법인

b. a 이외의 경우 : 거주자 또는 비거주자

③ 영리법인이 증여받은 재산 또는 이익에 대하여 법인세법이 따른 법인세가 부과되는 경우(법인세가 법인세법 또는 다른 법률에 따라 비과세되거나 감면되는 경우 포함) 해당 법인의 주주 등에 대해서는 다음의 증여의제 규정에 따른 경우를 제외하고는 증여세를 부과하지 아니한다.

a. 특수관계법인과의 거래를 통한 이익의 증여 의제

b. 특수관계법인으로부터 제공받은 사업기회로 발생한 이익의 증여 의제

c. 특정법인과의 거래를 통한 이익의 증여 의제

3. 증여세의 과세관할

증여세는 수증자의 주소지(주소지가 없거나 분명하지 아니한 경우에는 거소지)를 관할하는 세무서장(국세청장이 특히 중요하다고 인정하는 것에 대해서는 관할 지방국세청장)이 과세한다.

* 1. 다음의 어느 하나에 해당하는 경우에는 증여자의 주소지를 관할하는 세무서장등이 과세한다.
① 수증자가 비거주자인 경우
② 수증자의 주소 및 거소가 분명하지 아니한 경우
③ 명의신탁재산 증여의제 규정에 따라 재산을 증여한 것으로 보는 경우

2. 다음의 어느 하나에 해당하는 경우에는 증여재산의 소재지를 관할하는 세무서장등이 과세한다.
① 수증자와 증여자가 모두 비거주자인 경우
② 수증자와 증여자 모두의 주소 또는 거소가 분명하지 아니한 경우
③ 수증자가 비거주자이거나 주소 또는 거소가 분명하지 아니하고, 증여자가 합병에 따른 이익의 증여, 증자에 따른 이익의 증여, 현물출자에 따른 이익의 증여, 특수관계법인과의 거래를 통한 이익의 증여의제 및 특수관계법인으로부터 제공받은 사업기회로 발생한 이익의 증여 의제규정에 따라 의제된 경우

4. 증여세의 계산구조

	항목	비고
	증여재산가액	
−	비과세 재산가액	… 국가 등으로부터 증여받은 재산가액 등
−	과세가액 불산입액	… 공익법인에 출연한 재산, 장애인 수증재산 등
−	부담부증여시 채무인수액	
+	합산대상증여재산가액	… 10년 이내에 동일인으로부터 증여받은 재산가액
	증여세과세가액	
−	증여공제	… 증여재산공제 및 재해손실공제
−	감정평가수수료공제	
	증여세과세표준	
×	세율	… 10%~50%의 초과누진세율
	산출세액	… 세대를 건너뛴 증여에 대해서는 30%(또는 40%) 할증
−	징수유예세액	… 박물관자료등에 대한 징수유예
−	세액공제	… 기납부·외국납부·신고세액공제
+	가산세	… 신고불성실가산세, 납부불성실가산세
	신고납부세액	
−	연부연납신청금액	… 분할납부할세액
	자진납부세액	… 과세표준신고기한 내에 납부할세액

2.2 증여세 과세가액

1. 증여재산가액의 계산 및 취득시기

(1) 증여재산가액계산의 일반원칙

구 분	증여재산가액
(1) 재산을 무상으로 이전받은 경우	증여재산의 시가(보충적평가방법에 따라 평가한 가액 포함)상당액
(2) 재산 또는 이익을 현저히 낮은 대가를 주고 이전받거나 현저히 높은 대가를 받고 이전한 경우	시가와 대가의 차액*1
(3) 재산 취득 후 해당 재산의 가치가 증가하는 경우	재산가치상승금액*2, *3
(4) 변칙적인 증여거래, 증여추정, 변칙적인 증여거래와 경제적 실질이 유사한 경우 및 증여의제	해당 규정에 따라 계산한 금액

*1. 시가와 대가의 차액이 3억원 이상이거나 시가의 30% 이상인 경우로 한정한다.

2. 재산가치상승금액 = 당해 재산가액 − (당해 재산의 취득가액, 통상적인 가치상승분, 재산취득자의 가치상승기여분)

3. 재산가치상승금액이 3억원 이상이거나 그 재산가치상승금액이 당해 재산의 취득가액, 통상적인 가치 상승분, 가치상승기여분 합계액의 30%이상인 경우로 한정한다.

(2) 일반적인 증여재산*의 취득시기

* 일반적인 증여재산에 변칙적인 증여거래규정, 증여추정규정 및 증여의제규정에 의한 증여재산은 제외한다.

구 분	취 득 시 기
(1) 권리의 이전이나 그 행사에 등기·등록을 요하는 재산	등기·등록접수일(민법에 따른 등기를 요하지 아니하는 부동산의 취득(상속, 공용징수, 판결, 경매 기타 법률의 규정에 의한 부동산에 관한 물권의 취득)에 대하여는 실제로 부동산의 소유권을 취득한 날)
(2) 증여할 목적하에 수증인 명의로 완성한 건물 또는 수증인 명의로 취득한 분양권	건물의 사용승인서 교부일. 다만, 사용승인 전에 사실상 사용 또는 임시사용승인을 얻은 경우에는 그 사실상의 사용일 또는 임시사용승인일
(3) 타인의 기여에 의하여 재산가치가 증가한 경우	① 개발사업의 시행 : 개발구역으로 지정고시된 날 ② 형질변경 : 해당 형질변경허가일 ③ 공유물의 분할 : 공유물 분할등기일 ④ 사업의 인가·허가 또는 지하수개발·이용권 등 : 해당 인가·허가일 ⑤ 주식 등의 상장 및 비상장주식의 등록, 법인의 합병 : 주식 등의 상장일 또는 비상장주식의 등록일, 법인의 합병등기일 ⑥ 생명보험 또는 손해보험 : 보험사고 발생일 ⑦ ①부터 ⑥까지의 규정 외의 경우 : 재산가치증가사유가 발생한 날

(4) 주식 또는 출자지분	수증자가 배당금의 지급이나 주주권의 행사 등에 의하여 해당 주식 등을 인도받은 사실이 객관적으로 확인되는 날 * 주식 등을 인도받은 날이 불분명하거나 해당 주식 등을 인도받기 전에 주주명부 또는 사원명부에 기재한 경우에는 그 명의개서일 또는 그 기재일
(5) 무기명 채권	해당 채권에 대한 이자지급사실 등에 의하여 취득사실이 객관적으로 확인되는 날 * 취득일이 불분명한 경우에는 해당 채권에 대하여 취득자가 이자지급을 청구한 날 또는 해당 채권의 상환을 청구한 날
(6) 위 이외의 자산	인도한 날 또는 사실상의 사용일

2. 증여세 비과세

① 국가 또는 지방자치단체로부터 증여받은 재산의 가액

② 내국법인의 종업원으로서 우리사주조합에 가입한 자가 당해 법인의 주식을 우리사주조합을 통하여 취득한 경우로서 그 조합원이 소액주주기준에 해당하는 경우 그 주식의 취득가액과 시가와의 차액으로 인하여 받은 이익에 상당하는 가액

③ 정당법의 규정에 의한 정당이 증여받은 재산의 가액

④ 사내근로복지기금·우리사주조합·공동근로복지기금 및 근로자복지진흥기금이 증여받은 재산의 가액

⑤ 사회통념상 인정되는 이재구호금품, 치료비, 피부양자의 생활비, 교육비 기타 이와 유사한 것으로서 법 소정 항목*

* 1. 학자금 또는 장학금 기타 이와 유사한 금품
  2. 기념품·축하금·부의금 기타 이와 유사한 금품으로서 통상 필요하다고 인정되는 금품
  3. 혼수용품으로서 통상 필요하다고 인정되는 금품
  4. 타인으로부터 기증 받아 외국에서 국내에 반입된 물품으로서 관세의 과세가격 1백만원 미만인 물품
  5. 무주택근로자가 건물 총연면적 85m^2 이하인 주택을 취득 또는 임차하기 위하여 사내근로복지기금으로부터 증여받은 주택취득보조금 중 그 주택가액의 5% 이하의 것과 주택임차보조금 중 전세가액의 10% 이하의 것
  6. 불우이웃을 돕기 위하여 언론기관을 통하여 증여한 금품

⑥ 신용보증기금·기술보증기금 및 신용보증재단 등의 단체가 증여받은 재산의 가액

⑦ 국가·지방자치단체 또는 공공단체가 증여받은 재산의 가액

⑧ 장애인을 보험금수취인으로 하는 보험의 보험금(연간 4천만원을 한도로 비과세함)

⑨ 국가유공자의 유족이나 의사자의 유족이 증여받은 성금 및 물품 등 재산의 가액

⑩ 비영리법인의 설립근거가 되는 법령의 변경으로 비영리법인이 해산되거나 업무가 변경됨에 따라 해당 비영리법인의 재산과 권리·의무를 다른 비영리법인이 승계받은 경우 승계받은 해당 재산의 가액

세부사항 정치자금에 대한 증여세 과세

거주자가 정치자금에 관한 법률에 의하여 정당(동법에 의한 후원회 및 선거관리위원회 포함)에 기부한 정치자금에 대해서는 상속세 또는 증여세가 비과세되지만 이외의 정치자금에 대해서는 기부받은 자가 상속 또는 증여받은 것으로 보아 상속세 또는 증여세를 부과한다.

3. 증여세 과세가액 불산입

(1) 공익법인 등이 출연받은 재산에 대한 과세가액불산입

공익법인 등이 출연받은 재산의 가액은 증여세 과세가액에 산입하지 아니한다.

(2) 공익신탁재산에 대한 과세가액불산입

증여재산 중 증여자가 공익신탁(종교·자선·학술 기타 공익을 목적으로 하는 신탁)을 통하여 공익법인 등에 출연하는 재산의 가액은 증여세과세가액에 산입하지 않는다.

(3) 장애인이 증여받은 재산의 과세가액불산입

① 자익신탁의 경우

장애인이 재산(금전, 유가증권, 부동산)을 증여받고 그 재산을 본인을 수익자로 하여 신탁한 경우(자익신탁)로서 해당 신탁이 다음의 요건을 모두 충족하는 경우에는 그 증여받은 재산가액은 증여세 과세가액에 산입하지 아니한다.

a. 신탁업자에게 신탁되었을 것

b. 그 장애인이 신탁의 이익 전부를 받는 수익자일 것

c. 신탁기간이 그 장애인이 사망할 때까지로 되어 있을 것. 다만, 장애인이 사망하기 전에 신탁기간이 끝나는 경우에는 신탁기간을 장애인이 사망할 때까지 계속 연장하여야 한다.

② 타익신탁의 경우

타인이 장애인을 수익자로 하여 재산(금전, 유가증권, 부동산)을 신탁(타익신탁)한 경우로서 해당 신탁이 다음의 요건을 모두 충족하는 경우에는 장애인이 증여받은 그 신탁의 수익은 증여세 과세가액에 산입하지 아니한다.

a. 신탁업자에게 신탁되었을 것

b. 그 장애인이 신탁의 이익 전부를 받는 수익자일 것. 다만, 장애인이 사망한 후의 잔여재산에 대해서는 그러하지 아니하다.

c. 다음 각 목의 내용이 신탁계약에 포함되어 있을 것

ㄱ. 장애인이 사망하기 전에 신탁이 해지 또는 만료되는 경우에는 잔여재산이 그 장애인에게 귀속될 것

ㄴ. 장애인이 사망하기 전에 수익자를 변경할 수 없을 것

ㄷ. 장애인이 사망하기 전에 위탁자가 사망하는 경우에는 신탁의 위탁자 지위가 그 장애인에게 이전될 것

③ 한도

자익신탁의 경우 그 증여받은 재산가액(그 장애인이 살아 있는 동안 증여받은 재산가액을 합친 금액을 말함) 및 타익신탁 원본의 가액(그 장애인이 살아 있는 동안 그 장애인을 수익자로 하여 설정된 타익신탁의 설정 당시 원본가액을 합친 금액을 말함)을 합산한 금액은 5억원을 한도로 한다.

4. 부담부증여시 채무인수액

① 증여재산에 담보된 채무(증여자가 당해 재산을 타인에게 임대한 경우의 임대보증금을 포함한다)로서 수증자가 인수한 금액(수증자가 실제로 부담하는 사실이 입증되는 것에 한한다)은 증여재산가액에서 차감한다.

* 수증자가 인수한 채무에 상당하는 금액은 양도된 것으로 보아 증여자에게 양도소득세를 과세한다.

② 배우자간 또는 직계존비속간의 부담부증여(배우자·직계존비속간 양도가 증여로 추정되는 경우 포함)에 대하여는 수증자가 증여자의 채무를 인수한 경우에도 당해 채무액은 수증자에게 인수되지 않은 것으로 추정한다. 다만, 당해 채무액이 국가 및 지방자치단체, 금융회사에 대한 채무 등 객관적으로 인정되는 경우에는 그러하지 아니하다.

5. 증여재산의 합산과세

(1) 과거 증여재산가액의 합산

① 증여세는 증여자별·수증자별로 과세하는 것이 원칙이지만, 당해 증여일 전 10년 이내에 동일인(증여자가 직계존속인 경우에는 그 직계존속의 배우자 포함)으로부터 받은 증여재산가액의 합계액이 1천만원 이상인 경우에는 그 가액을 증여세과세가액에 가산한다.

② 종전의 증여재산가액을 증여세과세가액에 가산한 경우 가산한 증여재산에 대한 당초의 증여세액은 기납부세액으로 공제한다.

(2) 합산배제증여재산

다음에 해당하는 증여재산은 합산과세요건에 해당하더라도 이를 합산하지 아니한다.

① 전환사채 등의 주식전환 등에 따른 이익 및 전환사채 등을 양도함으로써 얻은 이익
② 주식 또는 출자지분의 상장 등에 따른 이익
③ 합병에 따른 상장 등의 이익
④ 재산 취득 후 재산가치 증가에 따른 이익*
⑤ 명의신탁재산의 증여의제
⑥ 특수관계법인과의 거래를 통한 이익의 증여 의제
⑦ 특수관계법인으로부터 제공받은 사업기회로 발생한 이익의 증여 의제
⑧ 재산취득자금 및 채무상환자금의 증여추정

* 증여재산가액 계산의 일반원칙 규정상 재산 취득 후 재산가치 증가이 따른 이익도 포함

2.3 증여세 과세표준 및 산출세액의 계산

1. 증여세 과세표준의 계산

(1) 증여재산공제

① 증여재산공제의 내용

구 분	공 제 액
(1) 배우자로부터 증여를 받은 경우	6억원
(2) 직계존속*1으로부터 증여를 받은 경우	5천만원*2
(3) 직계비속*3으로부터 증여를 받은 경우	5천만원
(4) 이외의 친족으로부터 증여를 받은 경우	1천만원

* 1. 수증자의 직계존속과 혼인(사실혼은 제외)중인 배우자를 포함한다.
  2. 미성년자가 직계존속으로부터 증여받는 경우는 2천만원으로 한다.
  3. 수증자와 혼인(사실혼은 제외)중인 배우자의 직계비속을 포함한다.

② 수증자를 기준으로 당해 증여 전 10년 이내에 공제받은 금액과 당해 증여가액에서 공제받을 금액의 합계액이 위의 금액을 초과하는 경우에는 그 초과하는 부분은 이를 공제하지 아니한다. 즉, 위의 금액은 증여 1건당 공제액이 아니라 합산기간 동안의 공제액이다.

* 합산기간 동안 2 이상의 증여가 그 증여시기를 달리하는 경우에는 최초의 증여세과세가액에서부터 순차로 공제하며, 2 이상의 증여가 동시에 있는 경우에는 각각의 증여세과세가액에 대하여 안분하여 공제한다.

③ 증여재산공제는 위 (1), (2), (3), (4) 각 구분에 따른 금액을 공제한다. 즉, 증여자별로 각각 위의 금액을 공제하는 것이 아니라 수증자를 기준으로 위의 각 금액을 적용한다.

(2) 재해손실공제

거주자가 타인으로부터 재산을 증여받은 경우로서 증여세 신고기한 이내에 화재·붕괴·폭발·환경오염사고 및 자연재해 등으로 인하여 증여재산이 멸실·훼손된 경우에는 그 손실가액을 증여세과세가액에서 공제한다.

* 보험금 수령이나 구상권 등의 행사에 의해 손실된 재산가액을 보전받을 수 있는 경우에는 이를 제외한다.

(3) 감정평가수수료공제

증여세를 신고·납부하기 위하여 증여재산을 평가하는데 소요되는 수수료로서 다음 중 어느 하나에 해당하는 금액은 이를 증여세 과세가액에서 공제한다.

공제대상 수수료	한 도 액
(1) 감정평가법인 등의 평가에 따른 수수료(증여세 납부목적용으로 한정)*	5백만원

(2) 판매용이 아닌 서화·골동품 등 예술적 가치가 있는 유형재산의 평가에 따른 수수료	5백만원
(3) 평가심의위원회의 비상장주식 평가에 따른 수수료	평가대상 법인의 수 및 평가를 의뢰한 신용평가전문기관의 수별로 각각 1천만원

* 평가된 가액으로 증여세를 신고·납부하는 경우에 한하여 감정평가수수료공제를 적용한다.

(4) 증여세과세표준의 계산

일반적인 경우	합산배제증여재산		
	명의신탁재산의 증여의제	특수관계법인과의 거래를 통한 이익의 증여의제*2	이외의 경우
증여세 과세가액	명의신탁재산의 가액	증여의제이익	합산배제증여재산
(−) 증여공제	−	−	(−) 3천만원
(−) 감정평가수수료공제	(−) 감정평가수수료공제	(−) 감정평가수수료공제	(−) 감정평가수수료공제
증여세과세표준	증여세과세표준	증여세과세표준	증여세과세표준

* 1. 과세표준이 50만원 미만이면 증여세를 부과하지 아니한다.
  2. 특수관계법인으로부터 제공받은 사업기회로 발생한 이익의 증여의제도 동일하게 적용한다.

2. 증여세 산출세액의 계산

(1) 증여세 세율

증여세의 세율은 상속세의 세율과 그 체계가 동일하다.

(2) 세대를 건너뛴 증여에 대한 할증과세

수증자가 증여자의 자녀가 아닌 직계비속인 경우에는 증여세산출세액에 30%(수증자가 증여자의 자녀가 아닌 직계비속이면서 미성년자인 경우로서 증여재산가액이 20억원을 초과하는 경우에는 40%)에 상당하는 금액을 가산한다. 다만, 증여자의 최근친인 직계비속이 사망하여 그 사망자의 최근친인 직계비속이 증여받은 경우에는 그러하지 아니하다.

이 경우 증여재산가액은 증여세과세가액에 가산하는 합산대상 증여재산 중 부모를 제외한 직계존속으로부터 증여받은 재산을 포함하며, 할증과세액은 다음의 구분에 따른 금액으로 한다. 만약 그 금액이 음수인 경우에는 영으로 한다.

① 수증자가 미성년자인 경우로서 증여재산가액이 20억원을 초과하는 경우

$$\text{증여세 산출세액} \times \frac{\text{수증자의 부모를 제외한 직계존속으로부터 증여받은 재산가액}}{\text{총증여재산가액}} \times 40\%$$

−종전에 납부한 할증과세액

② 이외의 경우

$$\text{증여세 산출세액} \times \frac{\text{수증자의 부모를 제외한 직계존속으로부터 증여받은 재산가액}}{\text{총증여재산가액}} \times 30\%$$

$$- \text{종전에 납부한 할증과세액}$$

세부사항 할증과세 경과규정

수증자가 증여자의 자녀가 아닌 직계비속이면서 미성년자인 경우로서 2016년 1월 1일 이전에 수증자의 부모를 제외한 직계존속으로부터 증여받은 재산이 있는 경우에는 해당 재산에 대한 할증과세액은 다음 산식에 따라 계산한다.

$$\text{증여세 산출세액} \times \frac{\text{수증자의 부모를 제외한 직계존속으로부터 증여받은 재산가액}}{\text{총증여재산가액}} \times 30\%$$

$$- \text{종전에 납부한 할증과세액}$$

3. 박물관자료등에 대한 징수유예

납세지 관할세무서장은 증여재산에 박물관자료등이 포함되어 있는 경우에는 그에 상당하는 증여세액의 징수를 유예한다. 상속세의 경우와 달리 문화재자료등 및 국가지정문화재등에 대한 징수유예 규정은 없으며 이 외의 나머지 사항들은 상속세의 경우와 동일하다.

4. 세액공제

(1) 기납부세액공제

증여재산의 합산과세규정에 의하여 증여세과세가액에 가산한 증여재산의 가액이 있는 경우 다음의 금액을 증여세산출세액에서 공제한다.

* 증여세과세가액에 가산하는 증여재산에 대하여 제척기간의 만료로 인하여 증여세가 부과되지 않는 경우에는 이러한 기납부세액공제를 적용하지 않는다.

기납부세액공제액 : Min[①, ②]

① 합산된 증여재산에 대한 증여당시 증여세 산출세액

② $\text{한도액} = \text{증여세산출세액} \times \frac{\text{합산된 증여재산가액의 과세표준}}{[\text{증여재산가액} + \text{합산된 증여재산가액}]\text{의 과세표준}}$

(2) 외국납부세액 공제

거주자가 타인의 증여에 의해 재산을 취득하는 경우에 외국에 있는 증여재산에 대하여 외국의 법령에 의하여 증여세를 부과받은 경우에는 다음의 금액을 증여세 산출세액에서 공제한다.

외국납부세액공제액 : Min[①, ②]

① 외국에서 부과된 증여세액

② $\text{한도액} = \text{증여세산출세액} \times \frac{\text{외국의 법령에 의한 증여세과세표준}}{\text{증여세과세표준}}$

(3) 신고세액공제

증여세 신고기한 이내에 과세표준신고를 한 경우에는 증여세산출세액에서 다음의 금액을 공제한다.

$$\text{신고세액공제액} = \left\{ \begin{matrix} \text{증여세산출세액} \\ \text{(할증과세액 포함)} \end{matrix} - \begin{matrix} \text{박물관자료등} \\ \text{징수유예세액} \end{matrix} - \begin{matrix} \text{공제·} \\ \text{감면세액} \end{matrix} \right\} \times 3\%$$

* 신고세액공제는 증여세의 세액을 납부하지 않은 경우에도 적용한다.

2.4 증여세 납세절차

1. 증여세의 신고와 납부

(1) 증여세의 과세표준신고

증여세 납부의무가 있는 자는 다음의 기한 이내에 증여세의 과세가액 및 과세표준을 납세지 관할세무서장에게 신고하여야 한다.

① 일반적인 경우 : 증여받은 날이 속하는 달의 말일부터 3월 이내

② 주식 또는 출자지분의 상장 등에 따른 이익 및 합병에 따른 상장 등 이익을 증여받은 경우 그 증여세과세표준의 정산신고기한 : 정산기준일이 속하는 달의 말일부터 3월이 되는 날

③ 특수관계법인과의 거래를 통한 이익의 증여의제 및 특정법인과의 거래를 통한 이익의 증여의제 : 수혜법인 또는 특정법인의 법인세 과세표준의 신고기한이 속하는 달의 말일부터 3개월이 되는 날

(2) 증여세의 자진납부

증여세의 신고를 하는 자는 신고기한 이내에 산출세액에서 공제 또는 감면되는 세액, 연부연납 신청금액을 차감한 금액을 납세지 관할세무서·한국은행 또는 체신관서에 납부하여야 한다.

(3) 분납 및 연부연납

증여세의 경우에도 상속세와 동일하게 분납, 연부연납 규정이 적용된다. 다만, 증여세의 연부연납기간은 연부연납허가일부터 5년 범위에서 납세의무자가 신청한 기간으로 한다.

참고 증여세는 상속세와 달리 물납이 허용되지 않는다.

2. 증여세의 결정과 경정

(1) 과세표준과 세액의 결정

납세지 관할세무서장은 과세표준신고기한으로부터 6월 이내에 증여세의 과세표준과 세액을 결정하여야 하며, 이를 수증자에게 통지하여야 한다. 증여세의 결정 및 경정에 대한 기타의 내용은 상속세의 경우와 동일하다.

(2) 경정 등의 청구특례

다음의 어느 하나에 해당하는 경우에는 그 사유가 발생한 날부터 3개월 이내에 결정 또는 경정을 청구할 수 있다.

① 부동산 무상사용에 따른 이익에 대한 증여세를 결정 또는 경정받은 자가 부동산무상사용기간 중 부동산소유자로부터 해당 부동산을 상속 또는 증여받거나 부동산소유자가 다음의 사유로 해당 부동산을 무상으로 사용하지 아니하게 되는 경우

a. 부동산소유자가 당해 토지를 양도한 경우

b. 부동산소유자가 사망한 경우

c. a 또는 b의 경우와 유사한 경우로서 부동산무상사용자가 당해 부동산을 무상으로 사용하지 아니하게 되는 경우

② 금전무상대부 등에 따른 이익의 증여에 대한 증여세를 결정 또는 경정받은 자가 대출기간 중에 대부자로부터 해당 금전을 상속 또는 증여받거나 다음의 사유로 해당 금전을 무상으로 또는 적정이자율보다 낮은 이자율로 대출받지 아니하게 되는 경우

a. 해당금전에 대한 채권자의 지위가 이전된 경우

b. 금전대출자가 사망한 경우

c. a 또는 b의 경우와 유사한 경우로서 금전을 무상 또는 저리로 대출받은 자가 해당 금전을 무상 또는 저리로 대출받지 아니하게 되는 경우

③ 타인의 재산을 무상으로 담보로 제공하고 금전 등을 차입함에 따라 재산사용 및 용역제공 등에 따른 이익의 증여에 대한 증여세를 결정 또는 경정받은 자가 재산의 사용기간 중에 재산 제공자로부터 해당 재산을 상속 또는 증여받거나 다음의 사유로 무상으로 또는 적정이자율보다 낮은 이자율로 차입하지 아니하게 되는 경우

a. 담보제공자가 사망한 경우

b. a와 유사한 경우로서 해당 재산을 담보로 사용하지 아니하게 되는 경우

2.5 변칙적인 증여거래에 대한 증여재산가액의 계산

현행 상속세 및 증여세법은 모든 재산·권리 및 경제적 이익의 무상이전행위에 대하여 법률에 구체적으로 그 유형이 규정되지 않더라도 과세할 수 있도록 완전 포괄주의를 도입하였다. 따라서 일반적인 민법상의 증여의 경우에는 증여재산가액을 계산하는데 별 어려움이 없으나 변칙적인 방법으로 경제적 이익을 얻는 경우에는 증여재산가액을 계산하기 위한 별도의 규정을 필요로 한다. 상속세 및 증여세법에서 규정하고 있는 증여재산가액의 계산유형은 다음과 같다.

(1) 신탁이익의 증여
(2) 보험금의 증여
(3) 채무면제 등에 따른 이익의 증여
(4) 저가양수·고가양도에 따른 이익의 증여
(5) 부동산무상사용에 따른 이익의 증여
(6) 금전무상대부 등에 따른 이익의 증여
(7) 불공정자본거래에 따른 이익의 증여
(8) 현물출자에 따른 이익의 증여
(9) 전환사채 등의 주식전환 등에 따른 이익의 증여
(10) 초과배당에 따른 이익의 증여
(11) 주식의 상장 등에 따른 이익의 증여
(12) 합병에 따른 상장 등 이익의 증여
(13) 재산사용 및 용역제공 등에 따른 이익의 증여
(14) 법인의 조직 변경 등에 따른 이익의 증여
(15) 재산 취득 후 재산가치 증가에 따른 이익의 증여

1. 신탁이익의 증여

① 신탁계약에 의하여 위탁자가 타인을 신탁의 이익의 전부 또는 일부를 받을 수익자로 지정한 경우로서 다음의 어느 하나에 해당하는 경우에는 원본 또는 수익이 수익자에게 실제 지급되는 날 등*을 증여일로 하여 해당 신탁의 이익을 받을 권리의 가액을 수익자의 증여재산가액으로 한다.

a. 원본을 받을 권리를 소유하게 한 경우에는 수익자가 그 원본을 받은 경우

b. 수익을 받을 권리를 소유하게 한 경우에는 수익자가 그 수익을 받은 경우

* 원본 또는 수익이 수익자에게 실제 지급되는 날 등이란 다음의 구분에 따른 날을 말한다.

1. 수익자로 지정된 자가 그 이익을 받기 전에 당해 신탁재산의 위탁자가 사망한 경우 : 위탁자의 사망일
2. 신탁계약에 의하여 원본 또는 수익을 지급하기로 약정한 날까지 원본 또는 수익이 수익자에게 지급되지 아니한 경우 : 지급약정일
3. 원본 또는 수익을 수회로 분할하여 지급하는 경우 : 당해 원본 또는 수익의 최초 분할지급일. 다만, 다음의 어느 하나에 해당하는 경우에는 해당 원본 또는 수익이 실제 지급된 날로 한다.

a. 신탁계약을 체결하는 날에 원본 또는 수익이 확정되지 아니한 경우
b. 위탁자가 신탁을 해지할 수 있는 권리, 수익자를 지정하거나 변경할 수 있는 권리, 신탁 종료 후 잔여재산을 귀속받을 권리를 보유하는 등 신탁재산을 실질적으로 지배·통제하는 경우
4. 1~3까지 외의 경우 : 원본 또는 수익이 수익자에게 실제 지급되는 날

② 수익자가 특정되지 아니하거나 아직 존재하지 아니하는 경우에는 위탁자 또는 그 상속인을 수익자로 보고, 수익자가 특정되거나 존재하게 된 때에 새로운 신탁이 있는 것으로 보아 상기 ①의 규정을 적용한다.

2. 보험금의 증여

생명보험이나 손해보험에서 보험사고(만기보험금 지급의 경우를 포함)가 발생한 경우 해당 보험사고가 발생한 날을 증여일로 하여 다음의 구분에 따른 금액을 보험금 수령인의 증여재산가액으로 한다.

① 보험금 수령인과 보험료 납부자가 다른 경우(보험금 수령인이 아닌 자가 보험료의 일부를 납부한 경우를 포함)

$$\text{증여재산가액} = \text{보험금} \times \frac{\text{보험금수령인이 아닌 자가 납부한 보험료}}{\text{총납부보험료}}$$

② 보험계약 기간에 보험금 수령인이 재산을 증여받아 보험료를 납부한 경우

$$\text{증여재산가액} = \text{보험금} \times \frac{\text{금전을 증여받아 납부한 보험료}}{\text{총납부보험료}} - \text{금전을 증여받아 납부한 보험료}$$

③ 보험금을 상속재산으로 보는 경우에는 증여재산가액에 포함하지 아니한다.

3. 채무면제 등에 따른 증여

채권자로부터 채무를 면제받거나 제3자로부터 채무의 인수 또는 변제를 받은 경우에는 그 면제, 인수 또는 변제를 받은 날을 증여일로 하여 그 면제 등으로 인한 이익에 상당하는 금액(보상액을 지급한 경우에는 그 보상액을 뺀 금액으로 함)을 그 이익을 얻은 자의 증여재산가액으로 한다.

* 면제 등을 받은 날은 다음의 구분에 따른다.
1. 채권자로부터 채무를 면제받은 경우 : 채권자가 면제에 대한 의사표시를 한 날
2. 제3자로부터 채무의 인수를 받은 경우 : 제3자와 채권자 간에 채무의 인수 계약이 체결된 날

4. 저가양수·고가양도에 따른 이익의 증여

특수관계인 또는 특수관계인 외의 자로부터 재산을 양수함에 있어서 시가(보충적 평가방법에 의한 평가액 포함)보다 낮은 가액으로 양수하거나 높은 가액으로 양도함에 따라 이익을 얻은 경우 해당 재산의 양수일 또는 양도일을 증여일로 하여 다음과 같이 계산한 금액을 이익을 얻은 자의 증여재산가액으로 한다.

* 양수일 또는 양도일이란 당해 재산의 대금을 청산한 날을 기준으로 하되, 매매계약후 환율의 급격한 변동 등으로 인하여 대금청산일로 하는 것이 불합리하다고 인정되는 경우에는 매매계약일을 기준으로 한다.

(1) 저가양수에 따른 이익의 증여

구 분	특수관계인으로부터 저가양수한 경우	특수관계인 외의 자로부터 저가양수한 경우
적용 요건	(시가－양수가액) ≧ Min[시가×30%, 3억원]	① (시가－양수가액) ≧ 시가×30% ② 정당한 사유가 없을 것
증여재산가액	(시가－양수가액) －Min[시가×30%, 3억원]	(시가－양수가액)－3억원

(2) 고가양도에 따른 이익의 증여

구 분	특수관계인에게 고가양도한 경우	특수관계인 외의 자에게 고가양도한 경우
적용 요건	(양도가액－시가) ≧ Min[시가×30%, 3억원]	① (양도가액－시가) ≧ 시가×30% ② 정당한 사유가 없을 것
증여재산가액	(양도가액－시가) －Min[시가×30%, 3억원]	(양도가액－시가)－3억원

(3) 적용배제

다음의 경우에는 저가양수·고가양도에 따른 이익의 증여규정을 적용하지 않는다.

① 전환사채, 신주인수권부사채 기타 주식으로 전환·교환하거나 주식을 인수할 수 있는 권리가 부여된 사채를 양수 또는 양도한 경우

② 주권상장법인 또는 코스닥상장법인의 주식으로서 유가증권시장 또는 코스닥시장에서 거래(시간외시장에서 매매된 것은 제외)된 경우

③ 재산을 양수 또는 양도한 경우로서 그 대가가 법인세법상 시가에 해당되어 그 거래에 대하여 법인세 및 양도소득세법 부당행위계산부인규정이 적용되지 아니하는 경우(시간외시장에서 매매된 경우 포함). 다만, 거짓 그 밖의 부정한 방법으로 상속세 또는 증여세를 감소시킨 것으로 인정되는 경우에는 적용배제되지 않는다.

5. 부동산무상사용에 따른 이익의 증여

(1) 타인의 부동산을 무상으로 사용하는 경우

타인의 부동산(그 부동산 소유자와 함께 거주하는 주택과 그에 딸린 토지는 제외)을 무상으로 사용함에 따라 얻은 이익이 1억원 이상인 경우에는 그 무상 사용을 개시한 날을 증여일로 하여 다음의 금액을 부동산 무상 사용자의 증여재산가액으로 한다. 다만, 특수관계인이 아닌 자 간의 거래인 경우에는 거래의 관행상 정당한 사유가 없는 경우에 한정하여 적용한다.

증여재산가액＝각 연도의 부동산무상사용이익의 현재가치(기간 : 5년, 이자율 : 10%)

* 1. 각 연도의 부동산무상사용이익＝부동산가액×1년간 부동산 사용료를 감안하여 기획재정부령이 정하는 율(2%)
2. 부동산의 무상사용기간은 5년으로 하며, 부동산에 대한 무상사용기간이 5년을 초과하는 경우에는 그 무상사용을 개시한 날부터 5년이 되는 날의 다음날에 새로이 당해 부동산의 무상사용을 개시한 것으로 본다.

세부사항 부동산 무상사용자의 범위

수인이 부동산을 무상사용하는 경우로서 각 부동산사용자의 실제 사용면적이 분명하지 않은 경우에는 해당 부동산사용자들이 각각 동일한 면적을 사용한 것으로 본다. 이 경우 부동산소유자와 친족관계에 있는 부동산사용자가 2명 이상인 경우 그 부동산사용자들에 대해서는 근친관계 등을 고려하여 기획재정부령으로 정하는 대표사용자를 무상사용자로 보고, 그 외의 경우에는 해당 부동산사용자들을 각각 무상사용자로 본다.

(2) 타인의 부동산을 무상으로 담보로 이용하여 금전 등을 차입하는 경우

타인의 부동산을 무상으로 담보로 이용하여 금전 등을 차입함에 따라 얻은 이익이 1천만원 이상인 경우에는 그 부동산 담보 이용을 개시한 날을 증여일로 하여 다음의 금액을 부동산을 담보로 이용한 자의 증여재산가액으로 한다. 다만, 특수관계인이 아닌 자 간의 거래인 경우에는 거래의 관행상 정당한 사유가 없는 경우에 한정하여 적용한다.

> 증여재산가액=차입금×적정이자율−금전 등을 차입할 때 실제로 지급하였거나 지급할 이자

* 1. 적정이자율은 법인세법에서 정한 당좌대출이자율을 말한다. 다만, 법인으로부터 대출받은 경우에는 법인세법상 인정이자율을 적정이자율로 본다.
2. 차입기간이 정해지지 않은 경우에는 그 차입기간을 1년으로 하고, 차입기간이 1년을 초과하는 경우에는 그 부동산 담보 이용을 개시한 날부터 1년이 되는 날의 다음 날에 새로 해당 부동산의 담보 이용을 개시한 것으로 본다.

6. 금전무상대출 등에 따른 이익의 증여

타인으로부터 금전을 무상으로 또는 적정 이자율보다 낮은 이자율로 대출받은 경우에는 그 금전을 대출받은 날에 다음의 금액이 1천만원 이상인 경우에는 다음의 금액을 그 금전을 대출받은 자의 증여재산가액으로 한다. 특수관계인이 아닌 자 간의 거래인 경우에는 거래의 관행상 정당한 사유가 없는 경우에 한정하여 적용한다.

> 증여재산가액=대출금액×적정이자율*1−실제 지급한 이자상당액

* 1. 적정이자율은 법인세법에서 정한 당좌대출이자율을 말한다. 다만, 법인으로부터 대출받은 경우에는 법인세법상 인정이자율을 적정이자율로 본다.
2. 대출기간이 정해지지 아니한 경우에는 그 대출기간을 1년으로 보고, 대출기간이 1년 이상인 경우에는 1년이 되는 날의 다음 날에 매년 새로 대출받은 것으로 보아 해당 증여재산가액을 계산한다.

7. 불공정자본거래에 따른 이익의 증여

불공정자본거래(불공정합병·불공정증자·불공정감자)를 통해 주주가 이익을 얻은 경우에는 당해 이익에 상당하는 금액을 그 이익을 얻은 자의 증여재산가액으로 한다. 증여재산가액의 계산 및 적용요건은 법인세법에서 설명한 바 있으므로 생략한다.

* 불공정자본거래에 따른 이익의 증여일
1. 합병에 따른 이익의 증여 : 합병등기일
2. 증자에 따른 이익의 증여
   a. 유가증권시장 상장법인 또는 코스닥시장 상장법인이 해당 법인의 주주에게 신주를 배정하는 경우 : 권리락이 있은 날
   b. 이외의 경우 : 주식대금 납입일(주식대금 납입일 이전에 실권주를 배정받은 자가 신주인수권증서를 교부받은 경우에는 그 교부일)
3. 감자에 따른 이익의 증여 : 감자를 위한 주주총회결의일

8. 현물출자에 따른 이익의 증여

현물출자를 함에 있어서 시가보다 낮은 가액 또는 높은 가액으로 주식 등을 인수함에 따라 이익을 얻은 경우에는 현물출자 납입일을 증여일로 하여 당해 이익에 상당하는 금액을 그 이익을 얻은 자의 증여재산가액으로 한다.

(1) 주식 등을 시가보다 낮은 가액으로 인수한 경우

주식을 시가보다 낮은 가액으로 인수함에 따라 현물출자자가 이익을 얻은 경우에는 다음의 금액을 현물출자자의 증여재산가액으로 한다.

> 증여재산가액=(현물출자후 1주당 평가액−1주당 인수가액)×현물출자자가 배정받은 주식수

(2) 주식 등을 시가보다 높은 가액으로 인수하는 경우

주식 등을 시가보다 높은 가액으로 인수함에 따라 현물출자자의 특수관계인에 해당하는 주주 또는 출자자가 이익을 얻은 경우에는 다음의 금액을 특수관계인에 해당하는 주주 등의 증여재산가액으로 한다. 단, 이 규정은 1주당 인수가액에서 현물출자후 1주당 평가액을 차감한 금액이 현물출자후 1주당 평가액의 30% 이상이거나 특수관계인에 해당하는 주주 등의 이익이 3억원 이상인 경우에 한하여 적용한다.

> 증여재산가액=(1주당 인수가액−현물출자후 1주당 평가액)×현물출자자가 인수한 주식수
> ×현물출자전 특수관계인에 해당하는 주주의 지분비율

9. 전환사채 등의 주식전환 등에 따른 이익의 증여

전환사채, 신주인수권부사채, 기타 주식으로 전환·교환하거나 주식을 인수할 수 있는 권리가 부여된 사채를 특수관계인간 인수·취득·양도하거나 전환사채 등에 의하여 주식으로의 전환·교환 또는 주식의 인수를 함으로써 이익을 얻은 경우에는 당해 이익에 상당하는 금액을 그 이익을 얻은 자의 증여재산가액으로 한다.

* 전환사채 등의 주식전환 등에 따른 이익의 증여일
  1. 전환사채 등을 인수·취득한 경우 : 인수·취득을 한 날
  2. 전환사채 등에 의하여 주식전환 등을 한 경우 : 주식전환 등을 한 날
  3. 전환사채 등을 특수관계인에게 양도한 경우 : 전환사채 등의 양도일

10. 초과배당에 따른 이익의 증여

(1) 의의

법인이 이익이나 잉여금을 배당 또는 분배하는 경우로서 그 법인의 최대주주 또는 최대출자자가 본인이 지급받을 배당 등의 금액의 전부 또는 일부를 포기하거나 본인이 보유한 주식

등에 비례하여 균등하지 아니한 조건으로 배당 등을 받음에 따라 그 최대주주 등의 특수관계인이 본인이 보유한 주식 등에 비하여 높은 금액의 배당 등을 받은 경우에는 최대주주 등의 특수관계인에게 소득세 등이 과세되었음에도 불구하고 법인이 배당 또는 분배한 금액을 지급한 날을 증여일로 하여 초과배당금액(그 최대주주 등의 특수관계인이 본인이 보유한 주식 등에 비례하여 균등하지 아니한 조건으로 배당 등을 받은 금액)에서 해당 초과배당금액에 대한 소득세 상당액을 공제한 금액을 그 최대주주등의 특수관계인의 증여재산가액으로 한다.

(2) 증여재산가액

> 증여재산가액＝초과배당금액－초과배당금액에 대한 소득세 상당액

① 초과배당금의 계산

$$(\text{특수관계인이 배당받은 금액}-\text{특수관계인의 균등배당액}^{*1})\times\frac{\text{최대주주 등의 과소배당금액}^{*2}}{\text{과소배당받은 모든 주주의 과소배당금액}^{*2}}$$

* 1. 균등배당액 : 본인이 보유한 주식 등에 비례하여 배당 등을 받을 경우의 그 배당 등의 금액
  2. 과소배당금액 : 본인이 보유한 주식 등에 비하여 낮은 금액의 배당 등을 받은 주주 등이 보유한 주식 등에 비례하여 배당 등을 받을 경우에 비해 적게 배당 등을 받은 금액

② 초과배당금액에 대한 소득세 상당액

a. 초과배당금액에 대한 증여세 과세표준 신고기한이 해당 초과배당금액이 발생한 연도의 다음 연도 6월 1일(성실신고확인대상사업자에 해당하는 경우에는 7월 1일) 이후인 경우 : 초과배당금액에 대한 실제 소득세액

b. 그 밖의 경우

초과배당금액	소득세 상당액
5천220만원 이하	초과배당금액×14%
5천220만원 초과 8천800만원 이하	731만원＋(초과배당금액－5천220만원)×24%
8천800만원 초과 1억5천만원 이하	1천590만원＋(초과배당금액－8천800만원)×35%
1억5천만원 초과 3억원 이하	3천760만원＋(초과배당금액－1억5천만원)×38%
3억원 초과 5억원 이하	9천460만원＋(초과배당금액－3억원)×40%
5억원 초과 10억원 이하	1억7천60만원＋(초과배당금액－5억원)×42%
10억원 초과	3억8천460만원＋(초과배당금액－10억원)×45%

③ 초과배당금액에 대한 실제 소득세액의 계산

a. 의제배당으로 과세되지 않는 자본준비금을 감액하여 받은 배당 등 소득세 과세대상에서 제외되거나 비과세 대상인 초과배당금액의 경우 : 0

b. 소득세법방 분리과세 배당소득에 해당하는 경우 등 초과배당금액이 분리과세된 경우 : 해당 분리과세된 세액

c. 소득세법상 종합과세되는 경우

Max[①, ②]
① 초과배당금액이 발생한 연도의 종합소득과세표준×소득세법 기본세율−(종합소득과세표준−초과배당금액)×소득세법 기본세율
② 초과배당금액×14%

(3) 증여세액의 정산

초과배당금액에 대하여 증여세를 부과받은 자는 해당 초과배당금액에 대한 소득세를 납부할 때(납부할 세액이 없는 경우를 포함) 다음의 금액을 관할 세무서장에게 납부하여야 한다. 다만, ②의 증여세액이 ①의 증여세액을 초과하는 경우에는 그 초과되는 금액을 환급받을 수 있다.

정산 증여세=①−②
① 정산증여재산가액을 기준으로 계산한 증여세액
② 당초 증여재산가액을 기준으로 계산한 증여세액

*1. 정산증여재산가액 : 초과배당금액−초과배당금액에 대한 실제 소득세액
2. 정산증여재산가액의 증여세 과세표준의 신고기한 : 초과배당금액이 발생한 연도의 다음 연도 5월 1일부터 5월 31일까지(성실신고확인서를 제출한 성실신고확인대상사업자인 경우에는 다음 연도 5월 1일부터 6월 30일까지)
3. 초과배당금액에 대한 증여세 과세표준 신고기한이 해당 초과배당금액이 발생한 연도의 다음 연도 6월 1일(성실신고확인대상사업자에 해당하는 경우에는 7월 1일) 이후인 경우에는 증여세액의 정산규정을 적용하지 아니한다.

11. 주식의 상장 등에 따른 이익의 증여

(1) 의의

기업의 경영 등에 관하여 공개되지 아니한 정보를 이용할 수 있는 지위에 있다고 인정되는 최대주주 등[*1]의 특수관계인이 일정한 방법에 따라 해당 법인의 주식 등을 증여받거나 취득한 경우[*2] 그 주식 등을 증여받거나 취득한 날부터 5년 이내에 그 주식 등이 증권시장(유가증권시장 및 코스닥시장)에 상장됨에 따라 그 가액이 증가한 경으로서 그 주식 등을 증여받거나 취득한 자가 당초 증여세 과세가액(증여받은 재산으로 최대주주 등이 아닌 자로부터 해당 법인의 주식 등을 취득한 경우는 제외) 또는 취득가액을 초과하여 이익을 얻은 경우에는 그 이익에 상당하는 금액을 그 이익을 얻은 자의 증여재산가액으로 한다. 다만, 그 이익에 상당하는 금액이 기준금액[*3] 미만인 경우는 제외한다.

*1. 최대주주 등 : 최대주주 또는 최대출자자 및 내국법인의 발행주식총수의 25% 이상(특수관계인 소유주식 등 합산)을 소유한 자
2. 일정한 방법에 따라 주식 등을 증여받거나 취득한 경우는 다음의 어느 하나에 해당하는 경우로 한다.
a. 최대주주 등으로부터 해당 법인의 주식등을 증여받거나 유상으로 취득한 경우
b. 증여받은 재산(주식 등을 유상으로 취득한 날부터 소급하여 3년 이내에 최대주주 등으로부터 증여받은 재산을 말함)으로 최대주주 등이 아닌 자로부터 해당 법인의 주식 등을 취득한 경우
3. 기준금액은 다음의 금액 중 적은 금액을 말한다.
a. 주식 등을 증여받은 날 현재의 증여세과세가액(또는 취득가액) 및 기업가치의 실질적인 증가로 인한 이익의 30%
b. 3억원

(2) 증여재산가액

> (1) 1주당 이익 : 정산기준일*1 현재 1주당 평가액－1주당 취득가액*2－1주당 기업가치 실질증가 이익*3
> (2) 증여재산가액 : 1주당 이익×증여 또는 유상 취득 주식수

*1. 정산기준일 : 주식 등의 상장일부터 3개월이 되는 날(그 주식 등을 보유한 자가 상장일부터 3개월 이내에 사망하거나 그 주식 등을 증여 또는 양도한 경우에는 그 사망일, 증여일 또는 양도일)
2. 취득가액 : 주식 등을 증여받은 날 현재의 1주당 증여세 과세가액(취득의 경우에는 취득일 현재의 1주당 취득가액)
3. 기업가치 실질증가 이익 : $\frac{\text{취득일부터 상장일 전일까지의 1주당 순손익 합계액}}{\text{취득일부터 상장일 전일까지의 월수}}$×취득일부터 정산기준일까지의 월수
월수계산시 1월 미만의 월수는 1월로 보며, 결손금 등이 발생하여 1주당 순손익액으로 당해 이익을 계산하는 것이 불합리한 경우에는 1주당 순자산가액의 증가분으로 당해 이익을 계산할 수 있다.

12. 합병에 따른 상장 등 이익의 증여

(1) 의의

최대주주 등*1의 특수관계인이 일정한 방법으로 주식 등을 증여받거나 취득한 경우*2로서 주식 등을 증여받거나 취득한 날부터 5년 이내에 그 주식 등을 발행한 법인이 특수관계에 있는 주권상장법인과 합병되어 그 주식 등의 가액이 증가함으로써 그 주식 등을 증여받거나 취득한 자가 당초 증여세 과세가액(증여받은 재산으로 주식등을 취득한 경우는 제외) 또는 취득가액을 초과하여 이익을 얻은 경우에는 그 이익에 상당하는 금액을 그 이익을 얻은 자의 증여재산가액으로 한다. 다만, 그 이익에 상당하는 금액이 기준금액*1 미만인 경우는 제외한다.

*1. 최대주주 등 및 기준금액 : 주식의 상장 등에 따른 이익의 증여규정과 동일하게 적용한다.
2. 일정한 방법에 따라 주식 등을 증여받거나 취득한 경우는 다음의 어느 하나에 해당하는 경우로 한다.
a. 최대주주 등으로부터 해당 법인의 주식등을 증여받거나 유상으로 취득한 경우
b. 증여받은 재산으로 최대주주등이 아닌 자로부터 해당 법인의 주식등을 취득한 경우
c. 증여받은 재산으로 최대주주 등이 주식 등을 보유하고 있는 다른 법인의 주식 등을 최대주주 등이 아닌 자로부터 취득함으로써 최대주주 등과 그의 특수관계인이 보유한 주식 등을 합하여 그 다른 법인의 최대주주 등에 해당하게 되는 경우

(2) 증여재산가액

주식의 상장 등에 따른 이익의 증여와 동일하게 계산한다.

13. 재산사용 및 용역제공 등에 따른 이익의 증여

(1) 의의

재산의 사용 또는 용역의 제공에 의하여 다음의 어느 하나에 해당하는 이익을 얻은 경우에는 그 이익에 상당하는 금액(시가와 대가의 차액을 말함)을 그 이익을 얻은 자의 증여재산가액으로 한다.* 다만, 그 이익에 상당하는 금액이 기준금액 미만인 경우는 제외하며, 특수관계인이 아닌 자 간의 거래인 경우에는 거래의 관행상 정당한 사유가 없는 경우에 한정하여 적용한다.

① 타인에게 시가보다 낮은 대가를 지급하거나 무상으로 타인의 재산(부동산과 금전은 제외하며 이하의 내용에도 동일하게 적용함)을 사용함으로써 얻은 이익
② 타인으로부터 시가보다 높은 대가를 받고 재산을 사용하게 함으로써 얻은 이익

③ 타인에게 시가보다 낮은 대가를 지급하거나 무상으로 용역을 제공받음으로써 얻은 이익

④ 타인으로부터 시가보다 높은 대가를 받고 용역을 제공함으로써 얻은 이익

* 재산의 사용기간 또는 용역의 제공기간이 정해지지 아니한 경우에는 그 기간을 1년으로 하고, 그 기간이 1년 이상인 경우에는 1년이 되는 날의 다음 날에 매년 새로 재산을 사용 또는 사용하게 하거나 용역을 제공 또는 제공받은 것으로 본다.

(2) 이익의 계산

① 무상으로 재산을 사용하거나 용역을 제공받은 경우

a. 타인의 재산을 무상으로 담보로 제공하고 금전 등을 차입한 경우

> 증여재산가액=차입금×적정이자율−실제로 지급하였거나 지급할 이자

* 기준금액 : 1천만원

b. 이외의 경우

> 증여재산가액=무상으로 재산을 사용하거나 용역을 제공받음에 따라 지급하여야 할 시가 상당액

* 기준금액 : 1천만원

② 시가보다 낮은 대가를 지급하고 재산을 사용하거나 용역을 제공받은 경우

> 증여재산가액=시가−대가

* 기준금액 : 시가×30%

③ 시가보다 높은 대가를 받고 재산을 사용하게 하거나 용역을 제공한 경우

> 증여재산가액=대가−시가

* 기준금액 : 시가×30%

세부사항 무상으로 재산을 사용하거나 용역을 제공받은 경우의 이익계산시 적용되는 시가

무상으로 재산을 사용하거나 용역을 제공받은 경우 용역의 시가는 당해 거래와 유사한 상황에서 불특정다수인간 통상적인 지급대가에 의한다. 다만, 시가가 불분명한 경우에는 다음의 어느 하나에 의하여 계산한 금액에 의한다.

1. 부동산임대용역의 경우 : 부동산가액×1년간 부동산 사용료를 감안하여 기획재정부령이 정하는 율(2%)
2. 부동산임대용역 외의 경우 : 용역의 원가×(1+유사 용역의 원가이익률)

14. 법인의 조직 변경 등에 따른 이익의 증여

(1) 의의

주식의 포괄적 교환 및 이전, 사업의 양수·양도, 사업 교환 및 법인의 조직 변경 등에 의하여 소유지분이나 그 가액이 변동됨에 따라 이익을 얻은 경우에는 그 이익에 상당하는 금액(소유지분이나 그 가액의 변동 전·후 재산의 평가차액을 말함)을 그 이익을 얻은 자의 증여재산가액으로 한다. 다만, 그 이익에 상당하는 금액이 기준금액(변동전 해당 재산가액의 30% 또는 3억원 중 적은 금액) 미만인 경우는 제외하며, 특수관계인이 아닌 자 간의 거래인 경우에는 거래의 관행상 정당한 사유가 없는 경우에 한정하여 적용한다.

(2) 이익의 계산

① 지분이 변동된 경우

증여재산가액=(변동 후 지분−변동 전 지분)×지분 변동 후 1주당 가액

② 평가액이 변동된 경우

증여재산가액=변동 후 가액−변동 전 가액

15. 재산 취득 후 재산가치 증가에 따른 이익의 증여

(1) 의의

직업, 연령, 소득 및 재산상태로 보아 자력으로 해당 행위를 할 수 없다고 인정되는 자가 다음의 사유로 재산을 취득하고 그 재산을 취득한 날부터 5년 이내에 재산가치증가사유[*1, *2]로 인하여 이익을 얻은 경우에는 그 이익에 상당하는 금액을 그 이익을 얻은 자의 증여재산가액으로 한다. 다만, 그 이익에 상당하는 금액이 기준금액[*3] 미만인 경우는 제외한다.

① 특수관계인으로부터 재산을 증여받은 경우

② 특수관계인으로부터 기업의 경영 등에 관하여 공표되지 아니한 내부 정보를 제공받아 그 정보와 관련된 재산을 유상으로 취득한 경우

③ 특수관계인으로부터 차입한 자금 또는 특수관계인의 재산을 담보로 차입한 자금으로 재산을 취득한 경우

*1. 재산가치증가사유란 다음의 어느 하나에 해당하는 사유를 말한다.
① 개발사업의 시행, 형질변경, 공유물 분할, 지하수개발·이용권 등의 인가·허가 및 그 밖에 사업의 인가·허가
② 비상장주식의 한국금융투자협회에의 등록
③ 그 밖에 상기 ① 및 ②의 사유와 유사한 것으로서 재산가치를 증가시키는 사유
2. 재산가치증가사유 발생일 전에 그 재산을 양도한 경우에는 그 양도한 날을 재산가치증가사유 발생일로 본다.
3. 기준금액 : 취득가액·통상적인 가치상승분 및 가치상승기여분의 합계액의 30% 또는 3억원 중 적은 금액

(2) 이익의 계산

	해당 재산가액[*1]
−	당해 재산의 취득가액[*2]
−	통상적인 가치상승분[*3]
−	가치상승기여분[*4]
	증여재산가액

*1. 해당 재산가액 : 재산가치증가사유가 발생한 날 현재의 가액(상속세 및 증여세법에 의한 평가액). 다만, 재산가치증가사유 발생일 전에 그 재산을 양도한 경우에는 그 양도한 날을 재산가치증가사유 발생일로 본다.
2. 당해 재산의 취득가액 : 실제 취득하기 위하여 지불한 금액(증여받은 재산의 경우에는 증여세과세가액)
3. 통상적인 가치상승분 : 기업가치의 실질적인 증가로 인한 이익과 연평균지가상승률 등을 감안하여 당해 재산의 보유기간 중 정상적인 가치 상승분에 상당하다고 인정되는 금액
4. 가치상승기여분 : 개발사업의 시행, 형질변경, 사업의 인·허가 등에 따른 자본적 지출액 등 당해 재산가치를 증가시키기 위하여 지출한 금액

(3) 적용특례

거짓이나 그 밖의 부정한 방법으로 증여세를 감소시킨 것으로 인정되는 경우에는 특수관계인이 아닌 자 간의 증여에 대해서도 적용한다. 이 경우 기간에 관한 규정은 없는 것으로 본다.

16. 증여세과세특례

변칙적인 증여거래로 경제적 이익을 얻는 경우의 증여재산가액계산규정을 적용함에 있어서 주의할 사항은 다음과 같다.

① 하나의 증여에 대하여 변칙적인 증여거래에 대한 이익의 증여규정, 증여추정 규정 및 증여의제 규정이 둘 이상 동시에 적용되는 경우에는 그 중 이익이 가장 많게 계산되는 것 하나만을 적용한다.

② 다음의 이익을 계산을 할 때 그 증여일부터 소급하여 1년 이내에 동일한 거래 등이 있는 경우에는 각각의 거래 등에 따른 이익(시가와 대가의 차액을 말함)을 해당 이익별로 합산하여 각각의 규정별 금액기준을 계산한다.

a. 증여재산가액 계산의 일반원칙상의 저가양수·고가양드에 따른 이익
b. 변칙적인 증여거래의 저가양수·고가양도에 따른 이익
c. 부동산무상사용에 따른 이익
d. 부동산담보이용에 따른 이익
e. 불공정합병에 따른 이익
f. 불공정증자에 따른 이익
g. 불공정감자에 따른 이익
h. 현물출자에 따른 이익
i. 전환사채 등의 주식전환 등에 따른 이익
j. 초과배당에 따른 이익의 증여
k. 금전무상대출에 따른 이익
l. 재산사용 및 용역제공 등에 따른 이익
m. 특정법인과의 거래를 통한 이익

2.6 증여의제 및 증여추정

1. 명의신탁재산의 증여의제

(1) 의의

권리의 이전이나 그 행사에 등기 등(등기·등록·명의개서 등을 말한다)을 요하는 재산(토지·건물은 제외)에 있어서 실제소유자와 명의자가 다른 경우에는 국세기본법상의 실질과세

원칙에 불구하고 그 명의자로 등기 등을 한 날(그 재산이 명의개서를 요하는 재산인 경우에는 소유권취득일이 속하는 연도의 다음 연도 말일의 다음날)에 그 재산의 가액(그 재산이 명의개서를 해야하는 재산인 경우에는 소유권 취득일을 기준으로 평가한 가액)을 실제소유자가 명의자에게 증여한 것으로 의제한다.

(2) 적용배제

다음에 해당하는 경우에는 명의신탁재산의 증여의제규정을 적용하지 아니한다.

① 조세(국세·지방세 및 관세를 말한다)회피목적이 없는 경우

② 자본시장과 금융투자업에 관한 법률에 의한 신탁재산인 사실의 등기 등을 하는 경우

③ 비거주자가 법정대리인 또는 재산관리인의 명의로 등기를 하는 경우

세부사항 조세회피목적의 추정여부

1. 타인의 명의로 재산의 등기 등을 한 경우 및 실제소유자 명의로 명의개서를 하지 아니한 경우에는 조세회피 목적이 있는 것으로 추정한다.
2. 다만, 실제소유자 명의로 명의개서를 하지 아니한 경우로서 다음의 어느 하나에 해당하는 경우에는 조세 회피 목적이 있는 것으로 추정하지 아니한다.
   ① 매매로 소유권을 취득한 경우로서 종전 소유자가 소득세법에 따른 양도소득 과세표준신고 또는 증권거래세법에 따른 신고와 함께 소유권 변경 내용을 신고하는 경우
   ② 상속으로 소유권을 취득한 경우로서 상속인이 다음의 어느 하나에 해당하는 신고와 함께 해당 재산을 상속세 과세가액에 포함하여 신고한 경우. 다만, 상속세 과세표준과 세액을 결정 또는 경정할 것을 미리 알고 수정신고하거나 기한 후 신고를 하는 경우는 제외한다.
      a. 상속세 과세표준신고
      b. 국세기본법에 따른 수정신고
      c. 국세기본법에 따른 기한 후 신고

2. 특수관계법인과의 거래를 통한 이익의 증여 의제

대기업의 지배주주가 지분을 많이 가진 계열사에 일감을 몰아주는 방식으로 계열사의 기업가치를 증대시키고 이에 따른 지분가치의 상승을 통해 편법적인 증여를 하는 경우들이 최근 일부 대기업에서 발생하였다. 이렇게 일감을 몰아주는 방식을 통하여 수혜를 받은 법인의 지배주주가 얻는 이익을 증여거래로 의제하여 부의 편법적인 세습을 방지하고자 2012년부터 특수관계법인과의 거래를 통한 이익의 증여 의제규정이 신설되었다.

(1) 의의

수혜법인의 지배주주와 그 지배주주의 친족이 다음의 증여의제이익을 각각 증여받은 것으로 본다. 이 경우 수혜법인이 사업부문별로 회계를 구분하여 기록하는 등 법 소정 요건을 갖춘 경우에는 사업부문별로 특수관계법인거래비율 및 세후영업이익 등을 계산할 수 있다.

(1) 중소기업인 경우의 증여의제이익
수혜법인의 세후영업이익×(특수관계법인거래비율－50%)×(주식보유비율－10%)

(2) 중견기업인 경우의 증여의제이익

수혜법인의 세후영업이익×(특수관계법인거래비율－40%×$\frac{1}{2}$)×(주식보유비율－10%×$\frac{1}{2}$)

(3) 이외 기업인 경우의 증여의제이익

수혜법인의 세후영업이익×(특수관계법인거래비율－5%)×주식보유비율

* 1. 증여의제이익의 계산은 수혜법인의 사업연도 단위로 하고, 수혜법인의 해당 사업연도 종료일을 증여시기로 본다.
  2. 특수관계법인이 2이상인 경우에도 하나의 법인으로부터 이익을 얻은 것으로 본다.
  3. 주식보유비율은 지배주주와 지배주주의 친족이 직접 또는 간접으로 보유하는 주식보유비율로 한다.
  4. 독점규제 및 공정거래에 관한 법률에 따른 공시대상기업집단에 소속된 기업은 중소기업 및 중견기업에 해당하지 않는 것으로 한다.

(2) 수혜법인의 요건

수혜법인이란 법인이 다음의 어느 하나에 해당하는 경우를 말한다.

구 분	수혜법인 요건
(1) 중소기업 또는 중견기업	특수관계법인거래비율이 정상거래비율[*1]을 초과하는 경우
(2) 이외의 기업	다음의 어느 하나에 해당하는 경우 ① 특수관계법인거래비율이 정상거래비율[*1]을 초과하는 경우 ② 특수관계법인거래비율이 정상거래비율[*1]의 3분의 2를 초과하는 경우로서 특수관계법인에 대한 매출액이 1,000억원[*2]을 초과하는 경우

* 1. 정상거래비율은 수혜법인이 중소기업인 경우에는 50%, 중견기업인 경우에는 40%, 이외의 기업인 경우에는 30%를 적용한다.
  2. 사업부문별로 증여의제이익을 계산하는 경우에는 1,000억원×$\frac{\text{사업부문별 매출액}}{\text{매출액}}$으로 한다.

(3) 특수관계법인거래비율의 계산

$$\text{특수관계법인거래비율} = \frac{\text{특수관계법인에 대한 매출액}}{\text{수혜법인의 사업연도매출액(기업회계기준에 의한 매출액)}}$$

* 1. 특수관계법인이란 지배주주와 상속세 및 증여세법상 특수관계에 있는 법인을 말하며, 특수관계법인거래비율을 계산할 때 특수관계법인이 둘 이상인 경우에는 각각의 매출액을 모두 합하여 계산한다.
  2. 특수관계법인에 대한 매출액에는 다음의 어느 하나에 해당하는 목적으로 독점규제 및 공정거래에 관한 법률에 따른 공시대상기업집단 간에 계약·협정 및 결의 등에 따라 제3자를 통한 간접적인 방법이나 둘 이상의 거래를 거치는 방법으로 발생한 수혜법인의 매출액을 포함한다.
     ① 특수관계법인과의 거래를 통한 이익의 증여 의제를 회피할 목적
     ② 독점규제 및 공정거래에 관한 법률에 따른 특수관계인에 대한 부당한 이익제공 등의 금지를 회피할 목적
  3. 특수관계법인에 대한 매출액에는 다음의 어느 하나에 해당하는 매출액(과세제외매출액)은 제외한다. 이 경우 다음에 동시에 해당하는 경우에는 더 큰 금액으로 한다.
     ① 중소기업인 수혜법인이 중소기업인 특수관계법인과 거래한 매출액
     ② 수혜법인이 본인의 주식보유비율이 50% 이상인 특수관계법인과 거래한 매출액
     ③ 수혜법인이 본인의 주식보유비율이 50% 미만인 특수관계법인과 거래한 매출액에 그 특수관계법인에 대한 수혜법인의 주식보유비율을 곱한 금액
     ④ 수혜법인이 지주회사인 경우로서 수혜법인의 자회사 및 손자회사(증손회사를 포함한다)와 거래한 매출액

⑤ 수혜법인이 제품·상품의 수출(부가가치세법에 따라 영세율이 적용되는 재화의 수출을 말함)을 목적으로 특수관계법인과 거래한 매출액 **개정**
⑥ 수혜법인이 다른 법률에 따라 의무적으로 특수관계법인과 거래한 매출액
⑦ 프로스포츠구단 운영업을 주된 사업으로 하는 수혜법인이 특수관계법인과 거래한 광고 매출액
⑧ 수혜법인이 국가, 지방자치단체, 공공기관 및 지방공기업이 운영하는 사업에 참여함에 따라 공공기금 또는 공공기금이 100%를 출자하고 있는 법인이 50% 이상을 출자하고 있는 법인에 수혜법인이 출자한 경우 해당 법인과 거래한 매출액
⑨ 수혜법인이 용역을 국외에서 공급(부가가치세법에 따라 영세율이 적용되는 용역의 공급을 말함)할 목적으로 특수관계법인과 거래한 매출액 **개정**
⑩ 수혜법인이 부가가치세법에 따라 영세율이 적용되는 용역의 공급으로서 국내에서 국내사업장이 없는 비거주자 또는 외국법인에게 제공하는 용역(사업지원 및 임대서비스업 중 무형재산권 임대업 등 특정 업종에 한정)의 공급(해당 용역을 공급받은 비거주자 또는 외국법인이 공급받은 용역과 동일한 용역을 다시 거주자 또는 내국법인에게 공급하는 경우는 제외)을 목적으로 특수관계법인과 거래한 매출액 **개정**

4. 과세제외매출액은 수혜법인의 사업연도 매출액과 특수관계법인에 대한 매출액에서 각각 제외하여 계산한다.

(4) 지배주주 및 지배주주의 친족

① 지배주주

지배주주란 증여시기를 기준으로 다음의 어느 하나에 해당하는 자를 말한다.

a. 수혜법인의 최대주주 또는 최대출자자(이하 최대주주 등)중에서 수혜법인에 대한 직접보유비율이 가장 높은 자가 개인인 경우 : 그 개인

b. 수혜법인의 최대주주등 중에서 수혜법인에 대한 직접보유비율이 가장 높은 자가 법인인 경우 : 수혜법인에 대한 직접보유비율과 간접보유비율을 모두 합하여 그 비율이 가장 높은 개인(직접보유비율이 가장 높은 자에 해당하는 법인의 최대주주등 또는 수혜법인의 최대주주등에 해당하지 않는 자는 제외)

세부사항 지배주주의 판정

상기 규정에 따라 지배주주에 해당하는 자가 두 명 이상일 때에는 수혜법인[내국법인(외국인투자기업으로서 외국인이 해당 외국인투자기업의 의결권 있는 발행주식총수의 50% 이상을 소유하는 법인은 제외)에 한정]의 경영에 관하여 영향력이 더 큰 자로서 다음의 순서에 따른 자로 한다.

① 본인과 그 친족의 수혜법인에 대한 주식보유비율(직접보유비율과 간접보유비율을 합하여 계산한 비율)을 합하여 계산한 비율이 더 큰 경우의 그 본인
② 본인의 특수관계법인에 대한 수혜법인의 매출액이 더 큰 경우의 그 본인
③ 사업연도 종료일을 기준으로 가장 최근에 수혜법인의 대표이사였던 자

② 지배주주의 친족

지배주주의 친족으로서 수혜법인의 사업연도 말에 수혜법인에 대한 직접보유비율과 간접보유비율을 합하여 계산한 비율이 3%(중소기업 또는 중견기업인 경우 10%) 초과인 자를 말한다.

세부사항 간접보유비율의 계산 및 간접출자법인

1. 간접보유비율의 계산

① 간접보유비율이란 개인과 수혜법인 사이에 주식보유를 통하여 간접출자법인이 개재되어 있는 경우(이하 간접출자관계)에 각 단계의 주식보유비율을 모두 곱하여 산출한 비율을 말한다.
예를 들어, 甲주주가 乙법인에 40%를 출자하고 乙법인이 수혜법인에 50%를 출자한 경우 甲주주의 간접보유비율은 40%×50%=20%로 계산한다.

② 개인과 수혜법인 사이에 둘 이상의 간접출자관계가 있는 경우에는 개인의 수혜법인에 대한 간접보유비율은 각각의 간접출자관계에서 산출한 비율을 모두 합하여 산출한다.

2. 간접출자법인

간접출자법인이란 다음의 어느 하나에 해당하는 법인을 말한다.

① 지배주주 등이 발행주식총수의 30%이상을 출자하고 있는 법인

② 지배주주 등 및 ①에 해당하는 법인이 발행주식총수의 50%이상을 출자하고 있는 법인

③ ①및 ②의 법인과 수혜법인 사이에 주식등의 보유를 통하여 하나 이상의 법인이 개재되어 있는 경우에는 해당 법인

(5) 수혜법인의 세후영업이익

$$(\text{세법상 영업손익}^{*1} - \text{수혜법인의 법인세}^{*2} \times \frac{\text{세법상 영업손익}}{\text{각 사업연도 소득금액}}) \times \text{과세매출비율}^{*3}$$

*1. 세법상 영업손익 : 기업회계기준에 따른 영업손익에 다음의 세무조정을 반영한 가액

a. 감가상각비

b. 퇴직급여충당금 및 퇴직연금충당금

c. 대손충당금

d. 손익의 귀속사업연도

e. 자산의 취득가액

f. 재고자산 평가손익

2. 수혜법인의 법인세 : 법인세법상 산출세액(토지등 양도소득에 대한 법인세 제외)－감면·공제받은 법인세

3. 과세매출비율 : $1 - \frac{\text{과세제외 매출액}}{\text{과세제외 매출액이 포함된 사업연도 매출액}}$

(6) 증여의제이익의 계산

① 사업연도 말 현재 지배주주등의 수혜법인에 대한 출자관계(간접보유비율이 0.1%미만인 경우의 해당 출자관계는 제외한다)별로 각각 구분하여 계산한 금액을 모두 합하여 계산한다.

② 간접보유비율이 있는 경우에는 주식보유비율에서 10% 또는 $10\% \times \frac{1}{2}$를 차감할 때, 그 간접보유비율에서 먼저 10% 또는 $10\% \times \frac{1}{2}$를 차감한다.

* 간접출자관계가 2이상인 경우에는 각각의 간접보유비율 중에서 작은 것부터 차감한다.

③ 지배주주등의 수혜법인에 대한 출자관계별로 증여의제이익을 계산할 때 상기 과세제외 매출액에 해당하지 아니하는 경우로서 지배주주등의 출자관계별로 다음의 어느 하나에 해당하는 금액을 과세제외매출액에 포함하여 계산한다. 이 경우 다음 각 호에 동시에 해당하는 경우에는 더 큰 금액으로 한다.

a. 수혜법인이 간접출자법인인 특수관계법인과 거래한 매출액

b. 지주회사의 자회사 또는 손자회사에 해당하는 수혜법인이 그 지주회사의 다른 자회사 또는 손자회사에 해당하는 특수관계법인과 거래한 매출액에 그 지주회사의 특수관계법인에 대한 주식보유비율을 곱한 금액. 다만, 지배주주등이 수혜법인 및 특수관계법인과 지주회사를 통하여 각각 간접출자관계에 있는 경우로 한정한다.

c. 수혜법인이 특수관계법인과 거래한 매출액에 지배주주등의 그 특수관계법인에 대한 주식보유비율을 곱한 금액

d. 간접출자법인의 자법인에 해당하는 수혜법인이 그 간접출자법인의 다른 자법인에 해당하는 특수관계법인에 매출한 경우로서 다음의 요건을 모두 충족하는 경우에는 해당 매출액에 그 간접출자법인의 특수관계법인에 대한 주식보유비율을 곱한 금액

ㄱ. 지배주주등 및 지배주주의 특수관계인(그 간접출자법인은 제외)이 수혜법인 및 특수관계법인의 주식등을 보유하지 아니할 것

ㄴ. 특수관계법인이 수혜법인의 주식등을 직접 또는 간접으로 보유하지 아니하고 수혜법인이 특수관계법인의 주식등을 직접 또는 간접으로 보유하지 아니할 것

ㄷ. 수혜법인 및 특수관계법인이 지배주주등과 수혜법인 및 특수관계법인 사이에 주식보유를 통하여 개재되어 있는 법인의 주식을 직접 또는 간접으로 보유하지 아니할 것

(7) 배당소득의 공제

지배주주등이 수혜법인의 직전 사업연도의 증여세 과세표준 신고기한 말일의 다음날부터 증여세 과세표준신고기한까지 수혜법인 또는 간접출자법인으로부터 배당받은 소득이 있는 경우에는 다음의 구분에 따른 금액을 해당 출자관계의 증여의제이익에서 공제한다. 다만, 공제 후의 금액이 음수인 경우에는 영으로 본다.

① 수혜법인으로부터 받은 배당소득의 경우

$$\text{배당소득} \times \frac{\text{직접 출자관계의 증여의제이익}}{\text{수혜법인의 사업연도 말일 배당가능이익}^{*} \times \text{지배주주등의 수혜법인에 대한 직접 보유비율}}$$

* 배당가능이익이란 법인세법상 유동화전문회사 등에 대한 소득공제규정에서 정하는 배당가능이익을 말한다.

② 간접출자법인으로부터 받은 배당소득의 경우

$$\text{배당소득} \times \frac{\text{간접출자관계의 증여의제이익}}{\left(\begin{array}{c}\text{간접출자법인의}\\ \text{사업연도 말일}\\ \text{현재 배당가능이익}\end{array} + \begin{array}{c}\text{수혜법인의}\\ \text{사업연도말일 현재}\\ \text{배당가능이익}\end{array} \times \begin{array}{c}\text{간접출자법인의}\\ \text{수혜법인에 대한}\\ \text{주식보유비율}\end{array}\right) \times \begin{array}{c}\text{지배주주등의}\\ \text{간접출자법인에}\\ \text{대한 직접보유비율}\end{array}}$$

3. 특수관계법인으로부터 제공받은 사업기회로 발생한 이익의 증여의제

(1) 의의

수혜법인[*1]이 지배주주[*2]와 특수관계에 있는 법인(중소기업 및 수혜법인이 본인의 주식보유비율이 50% 이상인 법인은 제외)으로부터 사업기회를 제공받는 경우에는 사업기회제공일이 속하는 사업연도(개시사업연도)의 종료일에 그 수혜법인의 지배주주와 그 친족이 다음의 금액을 증여받은 것으로 본다.

$$\left(\begin{array}{c}\text{제공받은 사업기회로 인하여}\\ \text{발생한 개시사업연도의}\\ \text{수혜법인의 이익}^{*3}\end{array} \times \begin{array}{c}\text{지배주주}\\ \text{등의 주식}\\ \text{보유비율}^{*4}\end{array} - \begin{array}{c}\text{개시사업연도분의}\\ \text{법인세 납부세액}\\ \text{중 상당액}^{*5}\end{array}\right) \times \frac{12}{\text{개시사업연도의 월수}} \times 3$$

* 1. 수혜법인 : 지배주주와 그 친족이 직접 또는 간접으로 보유하는 주식보유비율이 30% 이상인 법인
2. 지배주주의 범위는 특수관계법인과의 거래를 통한 이익의 증여 의제규정을 준용한다.
3. 수혜법인의 이익 : 사업기회를 제공받은 해당 사업부문이 기업회계기준에 따른 영업손익에 다음의 세무조정을 반영한 가액
   a. 감가상각비
   b. 퇴직급여충당금 및 퇴직연금충당금
   c. 대손충당금
   d. 손익의 귀속사업연도
   e. 자산의 취득가액
   f. 재고자산 평가손익
4. 지배주주 등의 주식보유비율 : 개시사업연도 종료일을 기준으로 적용
5. 법인세 납부세액 중 상당액

$$(\text{수혜법인의 산출세액} - \text{법인세액의 공제·감면액}) \times \frac{\text{수혜법인의 이익}}{\text{각 사업연도 소득금액}}$$

6. 증여세 과세표준의 신고기한 : 개시사업연도의 법인세 신고기한이 속하는 달의 말일부터 3개월이 되는 날

(2) 사업기회의 제공

사업기회를 제공받는 경우란 특수관계법인이 직접 수행하거나 다른 사업자가 수행하고 있던 사업기회를 임대차계약, 입점계약, 대리점계약 및 프랜차이즈계약 등 명칭 여하를 불문한 약정으로 제공받는 경우를 말한다.

(3) 배당소득의 공제

지배주주 등이 수혜법인의 사업연도 말일부터 증여세 과세표준 신고기한까지 수혜법인으로부터 배당받은 소득이 있는 경우에는 다음의 금액을 증여의지이익에서 공제한다. 다만, 공제 후의 금액이 음수인 경우에는 영으로 본다.

$$\text{배당소득} \times \frac{\text{당초 증여의제이익}}{\text{수혜법인의 사업연도 말일 배당가능이익}^{*} \times \text{지배주주등의 수혜법인에 대한 주식보유비율}}$$

* 배당가능이익이란 법인세법상 유동화전문회사 등에 대한 소득공제규정에서 정하는 배당가능이익을 말한다.

(4) 증여의제이익의 정산

① 정산증여의제이익

$$\left(\begin{array}{c}\text{제공받은 사업기회로 인하여} \\ \text{개시사업연도부터 정산사업연도}^{*1}\text{까지} \\ \text{발생한 수혜법인의 이익 합계액}^{*3}\end{array}\right) \times \left(\begin{array}{c}\text{지배주주 등의} \\ \text{주식 보유비율}^{*2}\end{array}\right) - \left(\begin{array}{c}\text{개시사업연도분부터} \\ \text{정산사업연도분까지의 법인세} \\ \text{납부세액 중 상당액}^{*3}\end{array}\right)$$

* 1. 정산사업연도 : 사업기회제공일 이후 2년이 경과한 날이 속하는 사업연도
2. 지배주주 등의 주식보유비율 : 개시사업연도 종료일을 기준으로 적용
3. 수혜법인의 이익 및 법인세 납부세액 중 상당액은 당초 증여의제이익의 계산방법을 준용한다.

② 정산증여의제이익에 대한 배당소득의 공제

지배주주등이 수혜법인의 개시사업연도 말일부터 정산규정에 따른 과세표준 신고기한[*1] 종료일까지 수혜법인으로부터 배당받은 소득이 있는 경으에는 다음의 금액을 정산증여의제이익에서 공제한다. 다만, 공제 후의 금액이 음수인 경우에는 영으로 본다.

$$\text{배당소득}^{*2}\times\frac{\text{정산증여의제이익}}{\text{수혜법인의 배당가능이익}^{*3}\times\text{지배주주등의 수혜법인에 대한 주식보유비율}}$$

* 1. 정산규정에 따른 증여세 과세표준의 신고기한은 정산사업연도의 법인세법에 따른 과세표준의 신고기한이 속하는 달의 말일부터 3개월이 되는 날로 한다.
2. 배당소득 : 개시사업연도 말일부터 정산규정에 따른 과세표준 신고기한 종료일까지 수혜법인으로부터 배당받은 소득의 합계
3. 수혜법인의 배당가능이익 : 수혜법인의 개시사업연도 말일의 배당가능이익부터 정산사업연도 말일의 배당가능이익의 합계

③ 정산방법

정산증여의제이익에 대한 증여세액과 납부한 당초의 증여의제이익에 대한 증여세액과의 차액을 관할 세무서장에게 납부하여야 한다. 다만, 정산증여의제이익이 당초의 증여의제이익보다 적은 경우에는 그 차액에 상당하는 증여세액(당초 납부한 세액을 한도로 함)을 환급받을 수 있다.

4. 특정법인과의 거래를 통한 이익의 증여의제

(1) 의의

특정법인[*1]이 지배주주[*2]의 특수관계인과 특정한 거래를 하는 경우에는 거래한 날을 증여일로 하여 다음의 금액(1억원 이상인 경우로 한정)을 그 특정법인의 지배주주 및 친족이 증여받은 것으로 본다.

(특정법인이 거래를 통하여 얻은 이익－법인세해당액[*3])×지배주주 및 친족의 주식보유비율

* 1. 특정법인 : 지배주주와 그 친족이 직접 또는 간접으로 보유하는 주식보유비율이 30% 이상인 법인
2. 지배주주의 범위는 특수관계법인과의 거래를 통한 이익의 증여 의제규정을 준용한다.
3. 법인세해당액

$$(\text{법인세산출세액}-\text{세액공제}\cdot\text{감면})\times\frac{\text{특정법인이 거래를 통하여 얻은 이익}}{\text{각사업연도소득금액}}$$

4. 특정법인과의 거래를 통한 이익의 증여의제 규정을 적용한 증여세액이 지배주주 및 친족이 직접 증여받은 경우의 증여세 상당액(특정법인이 거래를 통하여 얻은 이익에 해당 지배주주 및 친족의 주식보유비율을 곱한 금액을 해당 주주가 직접 증여받은 것으로 볼 때의 증여세)에서 특정법인이 부담한 법인세 상당액(법인세 해당액×해당 지배주주 및 친족의 주식보유비율)을 차감한 금액을 초과하는 경우 그 초과액은 없는 것으로 본다.

(2) 특정한 거래

특정한 거래는 다음의 어느 하나에 해당하는 것으로 한다.

① 재산이나 용역을 무상으로 제공하는 것

② 재산이나 용역을 통상적인 거래 관행에 비추어 볼 때 현저히 낮은 대가로 양도·제공하는 것(시가와 대가와의 차액이 시가의 30%이상 차이가 있거나 그 차액이 3억원 이상인 경우)

③ 재산이나 용역을 통상적인 거래 관행에 비추어 볼 때 현저히 높은 대가로 양도·제공받는 것(시가와 대가와의 차액이 시가의 30%이상 차이가 있거나 그 차액이 3억원 이상인 경우)

④ ①부터 ③까지의 거래와 유사한 거래로서 다음 중 어느 하나에 해당하는 것
   a. 당해 법인의 채무를 면제·인수 또는 변제하는 것
   b. 시가보다 낮은 가액으로 당해 법인에 현물출자하는 것

5. 배우자 등에 대한 양도시의 증여추정

(1) 배우자 또는 직계존비속에게 양도한 경우

배우자 또는 직계존비속에게 양도한 재산은 양도자가 당해 재산을 양도한 때에 그 재산의 가액을 배우자 등이 증여받은 것으로 추정하여 이를 배우자 등의 증여재산가액으로 한다.

(2) 우회양도한 경우

① 특수관계인에게 양도한 재산을 그 특수관계인이 양수일부터 3년 이내에 당초 양도자의 배우자 또는 직계존비속에게 다시 양도한 경우에는 그 특수관계인이 당해 재산을 양도한 당시의 재산가액을 배우자 등이 증여받은 것으로 추정하여 이를 배우자 등의 증여재산가액으로 한다. 다만, 당초 양도자 및 그 특수관계인이 부담한 소득세의 결정세액 합계액이 당초 배우자 등이 증여받은 것으로 추정할 경우 증여세액보다 큰 경우에는 그러하지 아니한다.

② 배우자 등에게 증여세가 부과된 경우에는 소득세법의 규정에 불구하고 당초 양도자 및 특수관계인에게 당해 재산양도에 따른 소득세를 부과하지 아니한다.

(3) 증여추정 배제

다음의 경우에는 증여추정규정을 적용하지 아니한다.

① 법원의 결정으로 경매절차에 의하여 처분된 경우
② 파산선고로 인하여 처분된 경우
③ 국세징수법에 의하여 공매된 경우
④ 증권시장을 통하여 유가증권이 처분된 경우. 다만, 시간외시장에서 매매된 것은 제외한다.
⑤ 배우자 등에게 대가를 지급받고 양도한 사실이 명백히 인정되는 경우

6. 재산취득자금 및 채무상환자금의 증여추정

(1) 재산취득자금의 증여추정

① 재산 취득자의 직업·연령·소득 및 재산상태 등으로 보아 재산을 자력으로 취득하였다고 인정하기 어려운 경우로서 자금출처로 입증된 금액이 취득재산가액에 미달하는 경우에는 당해 재산을 취득한 때에 당해 재산의 취득자금을 그 재산 취득자가 증여받은 것으로 추정하여 이를 그 재산 취득자의 증여재산가액으로 한다.

② 금융실명거래 및 비밀보장에 관한 법률에 따라 실명이 확인된 계좌 또는 외국의 관계 법령에 따라 이와 유사한 방법으로 실명이 확인된 계좌에 보유하고 있는 재산은 명의자가 그 재산을 취득한 것으로 추정하여 증여추정규정을 적용한다.

(2) 채무상환자금의 증여추정

채무자의 직업·연령·소득·재산상태 등으로 보아 채무를 자력으로 상환(일부상환 포함)하였다고 인정하기 어려운 경우로서 자금출처로 입증된 금액이 채무상환자금에 미달하는 경우에는 그 채무를 상환한 때에 당해 상환자금을 당해 채무자가 증여받은 것으로 추정하며 이를 당해 채무자의 증여재산가액으로 한다.

(3) 증여추정 배제

다음의 경우에는 증여추정의 규정을 적용하지 아니한다.

① 취득자금 또는 상환자금이 국세청장이 정한 일정액 이하인 경우
② 취득자금 또는 상환자금의 출처에 관한 충분한 소명이 있는 경우
③ 자금출처가 입증되지 않은 금액이 다음의 기준금액에 미달하는 경우

기준금액=Min[취득재산가액 또는 채무상환가액×20%, 2억원]

재산의 평가

3.1 재산 평가의 체계

상속세 또는 증여세가 부과되는 재산의 가액은 평가기준일(상속개시일 또는 증여일) 현재의 시가에 의하며, 상속재산의 가액에 가산하는 증여재산의 가액은 증여일 현재의 시가에 의한다. 다만 시가를 산정하기 어려운 경우에는 보충적 평가방법에 의한다.

1. 시 가

시가란 불특정 다수인 사이에 자유로이 거래가 이루어지는 경우에 통상 성립된다고 인정되는 가액을 말하며, 이러한 시가에는 매매 등의 가액을 포함한다.

구 분	내 용
(1) 시가에 포함되는 금액	평가기간(상속재산은 평가기준일* 전후 6개월, 증여재산은 평가기준일 전 6개월부터 평가기준일 후 3개월까지)이내의 기간 중 매매 등(매매·감정·수용·경매 또는 공매)이 있는 경우 그 매매 등의 가액 * 평가기준일 : 상속개시일 또는 증여일
(2) 매매 등의 가액에 대한 시가 적용방법	① 유사자산*1의 매매 등의 가액*2도 시가에 포함 * 1. 유사자산 : 당해 재산과 면적·위치·용도·종목 및 기준시가가 동일하거나 유사한 다른 재산 2. 상속세 또는 증여세 과세표준을 신고한 경우에는 평가기준일 전 6개월부터 평가기간 이내의 신고일까지의 가액을 말한다. ② 시가로 보는 가액이 2 이상인 경우 평가기준일부터 가장 가까운 날에 해당하는 가액(그 가액이 둘 이상인 경우에는 그 평균액)을 시가로 적용. 다만, 해당 재산의 매매등의 가액이 있는 경우에는 유사자산의 매매 등의 가액을 적용하지 아니한다. ③ 평가기간에 해당하지 아니하는 기간으로서 평가기준일 전 2년 이내의 기간 중에 매매 등이 있거나 평가기간이 경과한 후부터 과세표준과 세액의 결정기한까지의 기간 중에 매매등 있는 경우에도 매매 등이 있는 날까지의 기간 중에 주식발행회사의 경영상태, 시간의 경과 및 주위환경의 변화 등을 고안하여 가격변동의 특별한 사정이 없다고 보아 상속세 또는 증여세 납부의무가 있는 자, 지방국세청장 또는 관할 세무서장이 신청하는 때에는 평가심의위원회의 심의를 거쳐 당해 매매 등의 가액을 시가로 보는 가액에 포함시킬 수 있음

세부사항 매매 등의 가액 적용시 유의사항

1. 매매가액의 적용

다음의 어느 하나에 해당하는 경우에는 해당 가액은 시가에 포함되는 매매가액에서 제외한다.

① 특수관계인과의 거래등으로 그 거래가액이 객관적으로 부당하다고 인정되는 경우

② 거래된 비상장주식의 가액(액면가액의 합계액을 말한다)이 기준금액 미만인 경우*

> 기준금액=Min[a, b]
> a. 당해 법인의 발행주식총액(액면가액 기준)×1%
> b. 3억원

* 평가심의위원회의 자문을 거쳐 그 거래가액이 거래의 관행상 정당한 사유가 있다고 인정되는 경우는 제외한다.

2. 감정가액의 적용

① 감정가액을 결정할 때에는 둘 이상의 감정기관(기준시가 10억원 이하의 부동산의 경우에는 하나 이상의 감정기관)에 감정을 의뢰하여야 한다.

② 당해 재산(주식 제외)에 대하여 2 이상의 감정기관이 평가한 감정가액이 있는 경우에는 그 감정가액의 평균액으로 한다.

③ 당해 감정가액이 기준금액에 미달하는 경우 다른 감정기관에 의뢰하여 감정한 가액에 의하되, 그 가액이 상속세 또는 증여세 납세의무자가 제시한 감정가액보다 낮은 경우에는 그러하지 아니하다.

> 기준금액=Min[a, b]
> a. 보충적평가방법에 의한 평가액
> b. 유사자산의 매매 등의 가액×90%

3. 경매 또는 공매가액의 적용

다음의 어느 하나에 해당하는 경우에는 해당 가액은 시가에 포함되는 경매 또는 공매가액에서 제외한다.

① 물납한 재산을 상속인 또는 그의 특수관계인이 경매 또는 공매로 취득한 경우

② 경매 또는 공매로 취득한 비상장주식의 가액(액면가액의 합계액을 말한다)이 기준금액(매매사례가액에서 계산된 기준금액과 동일함) 미만인 경우

③ 경매 또는 공매절차의 개시 후 관련 법령이 정한 바에 따라 수의계약에 의하여 취득하는 경우

④ 최대주주 등이 보유하고 있던 비상장주식 등이 경매 또는 공매된 경우로서 최대주주 등의 상속인 또는 최대주주 등의 특수관계인이 취득한 경우

2. 시가가 불분명한 경우

시가를 산정하기 어려운 경우에는 당해 재산의 종류·규모·거래상황 등을 감안하여 정한 보충적 평가방법에 의하여 평가한다.

3. 저당권이 설정된 자산의 평가특례

저당권이 설정된 재산*1은 위의 규정에 불구하고 다음의 금액으로 평가한다.

> 평가액=Max[①, ②]
> ① 평가기준일 당시의 시가(시가가 불분명한 경우 보충적 평가방법에 의한 금액)
> ② 당해 재산이 담보하는 채권액*2

*1. 저당권이 설정된 재산이란 다음의 재산을 말한다.

① 저당권, 담보권 또는 질권이 설정된 재산

② 양도담보재산

③ 전세권이 등기된 재산(임대보증금을 받고 임대한 재산 포함)
④ 위탁자의 채무이행을 담보할 목적으로 신탁계약을 체결한 재산

2. 당해 재산이 담보하는 채권액의 산정
① 당해 재산에 설정된 근저당의 채권최고액이 담보하는 채권액보다 적은 경우에는 채권최고액으로 한다.
② 당해 재산에 설정된 물적담보 외에 신용보증기관의 보증이 있는 경우에는 담보하는 채권액에서 당해 신용보증기관이 보증한 금액을 차감한 가액으로 한다.

3.2 부동산 등의 보충적 평가방법

1. 부동산의 평가

구 분	보충적 평가방법
(1) 토 지	① 일반지역 : 개별공시지가 ② 지정지역 : 개별공시지가×국세청장이 정하는 비율
(2) 건 물	국세청장 고시가액
(3) 주 택	부동산 가격공시 및 감정평가에 관한 법률에 의하여 공시된 개별주택가격 및 공동주택가격(다만, 국세청장이 결정·고시한 공동주택가격이 있는 때에는 그 가격에 의한다)
(4) 국세청장 지정지역 내의 오피스텔 및 상업용 건물	국세청장 일괄 고시가액

2. 부동산에 관한 권리 및 시설물이용권의 평가

구 분	보충적 평가방법
(1) 지상권	지상권 설정 토지가액에 연 2%를 곱한 금액을 지상권의 잔존연수(민법상 지상권의 존속기간을 기준으로 함)를 감안하여 현재가치(10% 이자율)로 평가한 금액
(2) 부동산을 취득할 수 있는 권리 및 시설물 이용권	① 기준시가가 있는 경우 : 기준시가 ② 기준시가가 없는 경우 : 평가기준일까지의 납입액＋평가기준일 현재의 프리미엄

3. 선박 등 그 밖의 유형재산의 평가

구 분	보충적 평가방법
(1) 기타 시설물 및 구축물(토지 또는 건물과 일괄하여 평가하는 것은 제외)	재취득가액 등−설치일부터 평가기준일까지의 감가상각비상당액
(2) 선박·항공기·차량·기계장비 및 입목	재취득가액(재취득가액이 확인되지 아니한 경우에는 장부가액 및 지방세법상 시가표준액을 순차로 적용)
(3) 재고자산 기타 이에 준하는 동산 및 소유권의 대상이 되는 동산	재취득가액(재취득가액이 확인되지 아니한 경우에는 장부가액)
(4) 판매용이 아닌 서화·골동품 등 예술적 가치가 있는 유형재산	Max[①, ②] ① 2 이상의 전문가가 감정한 가액의 평균액 ② 감정평가심의위원회에서 감정한 감정가액
(5) 소유권의 대상이 되는 동물 및 따로 평가방법을 규정하지 않은 기타 유형재산	재취득가액(재취득가액이 확인되지 아니한 경우에는 장부가액)

4. 임대차계약이 체결된 자산의 평가특례

사실상 임대차계약이 체결되거나 임차권이 등기된 재산은 위의 규정에 불구하고 다음의 금액으로 평가한다.

평가액 = Max[①, ②*]

① 위의 방법에 의하여 평가한 금액

② 임대보증금 $+ \dfrac{\text{1년간임대료}}{12\%}$

* 선박, 항공기, 차량, 기계장비의 경우에는 위 ②의 금액을 다음의 금액으로 한다.

임대보증금 $+ \dfrac{\text{각 연도에 받을 임대료}}{(1+3\%)^{n}}$

n : 평가기준일부터 법인세법상 기준내용연수까지의 잔여 기간

3.3 주식 및 출자지분에 대한 보충적 평가방법

1. 유가증권시장 상장주식 및 코스닥시장 상장주식의 평가

유가증권시장 상장주식 및 코스닥시장 상장주식은 다음의 평가액을 시가 및 보충적 평가방법에 의한 금액으로 한다.

평가액=평가기준일 이전·이후 각 2월간에 공표된 매일의 최종시세가액의 평균액

* 1. 최종시세가액은 거래실적의 유무를 불문한다.
2. 평가기준일 이전·이후 각 2월의 기간 중에 증자·합병 등의 사유가 발생하여 당해 평균액에 의하는 것이 부적당한 경우에는 다음의 기간의 평균액에 의한다.

구 분	기 간
(1) 평가기준일 이전에 증자·합병 등의 사유가 발생한 경우	사유가 발생한 날의 다음날부터 평가기준일 이후 2월이 되는 날까지의 기간
(2) 평가기준일 이후에 증자·합병 등의 사유가 발생한 경우	평가기준일 이전 2월이 되는 날부터 동 사유가 발생한 날의 전일까지의 기간
(3) 평가기준일 이전·이후에 증자·합병 등의 사유가 발생한 경우	평가기준일 이전 동 사유가 발생한 날의 다음날부터 평가기준일 이후 동 사유가 발생한 날의 전일까지의 기간

3. 평가기준일 전후 2개월 이내에 거래소가 정하는 기준에 따라 매매거래가 정지되거나 관리종목으로 지정된 기간의 일부 또는 전부가 포함되는 주식(적정하게 시가를 반영하여 정상적으로 매매거래가 이루어지는 경우로서 기획재정부령으로 정하는 경우는 제외)은 비상장주식의 평가방법을 적용한다.

2. 비상장주식 등의 평가

비상장주식 등(유가증권시장 상장주식과 코스닥시장 상장주식 이외의 주식)은 다음과 같이 법정산식에 의한 금액을 평가액으로 한다.

평가액 = Max[(1), (2)]

(1) 가중평균평가액

① 일반법인의 가중평균평가액 $= \dfrac{\text{1주당 순손익가치} \times 3 + \text{1주당 순자산가치} \times 2}{5}$

② 부동산과다보유법인*의 가중평균평가액 $= \dfrac{\text{1주당 순손익가치} \times 2 + \text{1주당 순자산가치} \times 3}{5}$

(2) 한도 : 1주당 순자산가치×80%

* 부동산과다보유법인 : 당해 법인의 자산총액 중 토지·건물 및 부동산에 관한 권리의 자산가액의 합계액이 50% 이상인 법인

세부사항 비상장주식 등을 순자산가치로 평가하는 경우

다음에 해당하는 경우에는 상기 규정에도 불구하고 순자산가치를 비상장주식 등의 평가액으로 한다.

1. 상속세 및 증여세 과세표준신고기한 이내에 평가대상 법인의 청산절차가 진행중이거나 사업자의 사망 등으로 인하여 사업의 계속이 곤란하다고 인정되는 법인의 주식
2. 사업개시전의 법인, 사업개시후 3년 미만의 법인과 휴·폐업중에 있는 법인의 주식. 다만, 적격분할 또는 적격물적분할로 신설된 법인의 사업기간은 분할 전 동일 사업부분의 사업개시일부터 기산한다.
3. 법인의 자산 총액 중 토지·건물 및 부동산에 관한 권리 등의 자산가액 합계액이 차지하는 비율이 80% 이상인 법인
4. 법인의 자산총액 중 주식의 가액의 합계액이 차지하는 비율이 80% 이상인 법인의 주식
5. 법인의 설립시 정관에 존속기한이 확정된 법인으로서 평가기준일 현재 잔여 존속기한이 3년 이내인 법인의 주식

(1) 순손익가치

$$\text{순손익가치} = \frac{\text{1주당 최근 3년간 순손익액의 가중평균액}}{\text{이자율(10\%)}}$$

① 최근 3년간 순손익액의 가중평균액

$$\left[\begin{array}{l}\text{평가기준일 이전 3년이 되는 사업연도의 1주당 순손익액}\times 1+\text{평가기준일 이전 2년이 되는 사업연도의 1주당 순손익액}\times 2+\text{평가기준일 이전 1년이 되는 사업연도의 1주당 순손익액}\times 3\end{array}\right]\times\frac{1}{6}$$

* 최근 3년간 순손익액의 가중평균액이 0 이하인 경우에는 0으로 한다.

② 각 사업연도의 1주당 순손익액

$$\text{각 사업연도의 1주당 순손익액}=\frac{\text{각 사업연도의 순손익액}}{\text{각 사업연도 종료일 현재의 발행주식총수}}$$

* 평가기준일이 속하는 사업연도 이전 3년 이내에 증자 또는 감자를 한 사실이 있는 경우에는 증자 또는 감자 전의 각 사업연도 종료일 현재의 발행주식총수는 다음과 같이 계산한다.
  1. 증자의 경우

     $$\text{환산주식수}=\text{증자 전 각 사업연도 말 주식 수}\times\frac{(\text{증자 직전 사업연도말 주식 수}+\text{증자 주식 수})}{\text{증자 직전 사업연도말 주식 수}}$$

  2. 감자의 경우

     $$\text{환산주식수}=\text{감자 전 각 사업연도 말 주식 수}\times\frac{(\text{감자 직전 사업연도말 주식 수}-\text{감자 주식 수})}{\text{감자 직전 사업연도말 주식 수}}$$

③ 각 사업연도의 순손익액

각 사업연도의 순손익액=법인세법상 각사업연도소득금액+가산항목[*1]−차감항목[*2]

* 1. 가산항목 : 기타의 소득처분으로 익금불산입된 항목 중 다음의 항목
    ① 국세 또는 지방세의 과오납금의 환급금에 대한 이자
    ② 내국법인 수입배당금 중 익금불산입액 및 외국자회사 수입배당금 중 익금불산입
    ③ 기부금한도초과액의 이월손금산입액
    ④ 화폐성 외화자산·부채 및 통화선도 등의 환산이익(종료일 환율 적용방법을 적용하지 않은 경우)
  2. 차감항목
    ① 각 사업연도의 법인세액(외국납부세액공제를 적용받은 외국납부세액 및 외국자회사 수입배당금 익금불산입이 적용이 되는 수입배당금액에 대하여 외국에 납부한 세액 포함) 및 이에 부과되는 농어촌특별세액 및 지방소득세액
    ② 손금불산입항목 중 사외유출처분항목(법인세비용 제외)
      a. 벌금·과료·과태료·가산금 및 강제징수비 손금불산입액
      b. 공과금 손금불산입액
      c. 징벌적 목적의 손해배상금 손금불산입액
      d. 업무무관비용 손금불산입액
      e. 기부금·접대비 손금불산입액
      f. 인건비 등의 과다경비 손금불산입액
      g. 업무용승용차 관련비용 손금불산입액
      h. 지급이자 손금불산입액
      i. 시인부족액에서 상각부인액을 손금으로 추인한 금액을 뺀 금액
    ③ 화폐성 외화자산·부채 및 통화선도 등의 환산손실(종료일 환율 적용방법을 적용하지 않은 경우)
  3. 평가기준일이 속하는 사업연도 이전 3년 이내에 유상증자하거나 유상감자한 사실이 있는 경우에는 유상증자 또는 유상감자를 한 사업연도와 그 이전 사업연도의 순손익액은 ①에 따른 금액을 더하고 ②에 따른 금액을 뺀 금액으로 한다. 이 경우 유상증자 또는 유상감자를 한 사업연도의 순손익액은 사업연도 개시일부터 유상증자 또는 유상감자를 한 날까지의 기간에 대하여 월할로 계산하며, 1개월 미만은 1개월로 하여 계산한다.
    ① 유상증자한 주식등 1주당 납입금액×유상증자에 의하여 증가한 주식등 수×10%
    ② 유상감자시 지급한 1주당 금액×유상감자에 의하여 감소된 주식등 수×10%

(2) 순자산가치

$$순자산가치 = \frac{평가기준일\ 현재의\ 당해\ 법인의\ 순자산가액(자산-부채)}{평가기준일\ 현재의\ 발행주식총수}$$

* 1. 순자산가액이 0원 이하인 경우에는 0원으로 한다.
2. 자산의 평가액 : 자산은 상속세 및 증여세법의 규정에 의하여 평가한다. 다만, 보충적 평가방법과 저당권이 설정된 자산의 평가특례규정에 의하여 평가한 가액이 장부가액(취득가액에서 감가상각비를 차감한 가액을 말한다)보다 적은 경우에는 장부가액으로 하되, 장부가액보다 적은 정당한 사유가 있는 경우에는 그러하지 아니한다.
3. 자산의 범위
   ① 영업권평가액은 자산가액에 합산한다. 다만, '비상장주식을 순자산가치로 평가하는 경우의 사유 중 1, 2 ,3'에 해당하는 경우와 평가기준일이 속하는 사업연도전 3년내의 사업연도부터 계속하여 법인세법상 각 사업연도에 속하거나 속하게 될 손금의 총액이 그 사업연도에 속하거나 속하게 될 익금의 총액을 초과하는 결손금이 있는 법인의 경우는 제외한다.
   ② 선급비용 및 개발비는 자산에서 제외한다.
   ③ 평가기준일 현재 지급받을 권리가 확정된 가액은 자산에 포함한다
   ④ 평가대상 주식을 발행한 법인이 다른 비상장주식을 발행한 법인의 발행주식총수 등의 10% 이하의 주식 또는 출자지분을 소유하고 있는 경우에는 그 다른 비상장주식의 평가는 취득가액에 의할 수 있다. 다만, 상속세 및 증여세법상 시가가 있는 경우에는 시가를 우선적으로 적용한다.
4. 부채의 범위
   ① 평가기준일 현재 퇴직금추계액은 포함한다.
   ② 충당금 및 준비금은 부채에서 제외한다. 다만, 충당금 중 평가기준일 현재 비용으로 확정된 것은 포함한다.
   ③ 평가기준일까지 발생된 소득에 대한 법인세 및 이와 관련한 농어촌특별세액·지방소득세액 평가기준일 현재 이익의 처분으로 확정된 배당금·상여금, 기타 지급의무가 확정된 금액 및 일시퇴직급여추계액은 포함한다.

3. 최대주주의 보유주식 할증평가

최대주주*의 보유주식(중소기업 및 중견기업 주식 제외)에 대하여는 상속세법 및 증여세법에 의하여 평가한 금액에 20%를 곱한 금액을 가산하여 계산한다.

* 최대주주란 주주 1인과 그의 특수관계인에 해당하는 주주의 보유주식을 합하여 그 보유주식의 합계가 가장 많은 경우에 당해 주주 1인 및 그의 특수관계인에 해당하는 주주를 말한다.

세부사항 할증평가 제외대상

중소기업 및 중견기업 이외의 주식 중에서도 다음에 해당하는 경우에는 최대주주의 주식임에도 할증평가를 적용하지 않는다.

① 평가기준일이 속하는 사업연도 전 3년 이내의 사업연도부터 계속하여 법인세법에 따른 결손금이 있는 경우
② 평가기준일 전후 6월(증여재산의 경우에는 평가기준일 전 6개월부터 평가기준일 후 3개월로 한다) 이내의 기간중 최대주주가 보유하는 주식이 전부 매각된 경우)
③ 불공정합병에 따른 이익, 불공정증자에 따른 이익, 불공정감자에 따른 이익, 현물출자에 따른 이익 및 전환사채 등의 주식전환 등에 따른 이익을 계산하는 경우
④ 평가대상인 주식 등을 발행한 법인이 다른 법인이 발행한 주식 등을 보유함으로써 그 다른 법인의 최대주주 등에 해당하는 경우 그 다른 법인의 주식 등을 평가하는 경우
⑤ 평가기준일부터 소급하여 3년이내에 사업을 개시한 법인으로서 사업개시일이 속하는 사업연도부터 평가기준일이 속하는 사업연도의 직전사업연도까지 각 사업연도의 기업회계기준에 의한 영업이익이 모두 영 이하인 경우
⑥ 상속세과세표준신고기한 또는 증여세과세표준신고기한 이내에 평가대상 주식등을 발행한 법인의 청산이 확정된 경우
⑦ 주식의 실제소유자와 명의자가 다른 경우로서 명의신탁재산 증여의제 규정에 따라 해당 주식을 명의자가 실제소유자로부터 증여받은 것으로 보는 경우 등
⑧ 최대주주가 보유하고 있는 주식을 최대주주 외의 자가 10년 이내에 상속 또는 증여받은 경우로서 상속 또는 증여로 인하여 최대주주에 해당되지 아니하는 경우

3.4 기타의 재산에 대한 보충적 평가방법

1. 국·공채 등 기타의 유가증권의 평가방법

구 분	보충적 평가방법
(1) 국·공채 및 사채	① 상장 국·공채 및 사채 : Max[a, b] a. 평가기준일 이전 2월간 공표된 매일의 최종시세가액의 평균액 b. 평가기준일 이전 최근일의 최종시세가액 ② 이외의 경우 a. 타인으로부터 매입한 경우(발행기관·발행회사로부터 액면가액으로 매입한 경우 제외) : 매입가액+평가기준일까지의 미수이자상당액 b. 이외의 경우 : 처분예상가액에 의하되, 처분예상가액을 산정하기 어려운 때에는 2 이상의 증권회사에서 평가한 금액의 평균액으로 할 수 있음
(2) 전환사채	① 상장 전환사채 : 국·공채 및 사채 평가방법 적용 ② 이외의 경우 : 법 소정 방식
(3) 대부금·매출채권	① 원본의 회수기간이 3년을 초과하거나 회사정리절차 또는 화의절차의 개시 등의 사유로 당초 채권의 내용이 변경된 경우 : 각 연도에 회수할 금액(원본+이자상당액)을 적정 할인율에 의하여 현재가치로 할인한 금액의 합계액 ② 위 ① 외의 채권의 경우 : 원본의 가액+평가기준일까지의 미수이자상당액 * 채권의 전부 또는 일부가 평가기준일 현재 회수불가능한 것으로 인정되는 경우에는 그 가액을 산입하지 않는다.
(4) 간접투자증권	평가기준일 현재의 한국거래소의 기준가격 또는 투자신탁의 자산운용회사 및 투자회사가 산정·공고한 기준가격 또는 투자신탁의 자산운용회사 및 투자회사가 산정·공고한 기준가격. 다만, 평가기준일 현재의 기준가격이 없는 경우에는 평가기준일 현재의 환매가격 또는 평가기준일전 가장 가까운 날의 기준가격
(5) 예금·저금·적금 등	평가기준일 현재의 예입총액+경과기간 미수이자−원천징수세액

2. 무체재산권 등의 평가방법

(1) 무체재산권의 평가액

평가액=Max[①, ②]
① 재산의 취득가액−취득한 날부터 평가기준일까지의 법인세법상의 감가상각비
② 장래의 경제적 이익 등을 고려하여 평가한 금액

(2) 장래의 경제적 이익 등을 고려하여 평가한 금액

구 분	평가액
(1) 영업권 및 어업권	초과이익금액을 평가기준일 이후의 영업권지속연수(원칙적으로 5년으로 한다)를 감안하여 현재가치(10% 이자율)로 환산한 가액 * 1. 초과이익금액 : 최근 3년간 순손익액의 가중평균액 × 50% − 자기자본 × 10% 2. 최근 3년간 가중평균순손익은 비상장주식의 경우를 준용하여 계산하며 3년에 미달하는 경우에는 당해 연수만을 가중평균한다. 3. 매입한 무체재산권으로서 그 성질상 영업권에 포함시켜 평가되는 무체재산권의 경우에는 이를 별도로 평가하지 아니하되, 당해 무체재산권의 평가액이 환산한 가액보다 큰 경우에는 당해 가액을 영업권의 평가액으로 한다.
(2) 특허권 · 실용신안권 · 상표권 · 의장권 · 저작권	그 권리에 의하여 장래에 받을 각 연도의 수입금액을 현재가치로 환산한 금액의 합계액
(3) 광업권 · 채석권	평가기준일 이후의 채굴가능연수에 대하여 평가기준일 전 3년간 평균소득(실적이 없는 경우에는 예상 순소득)을 각 연도마다 현재가치로 환산한 금액의 합계액

3. 기타 조건부권리 등의 평가방법

구 분	보충적 평가방법
(1) 조건부 권리	본래의 권리의 가액을 기초로 하여 평가기준일 현재의 조건내용을 구성하는 사실, 조건성취의 확실성 기타 제반사정을 참작한 적정가액
(2) 존속기간이 불확정한 권리	평가기준일 현재의 권리의 성질, 목적물의 내용연수 기타 제반사정을 감안한 적정가액
(3) 소송중의 권리	평가기준일 현재의 분쟁관계의 진상을 조사하고 소송진행의 상황을 감안한 적정가액
(4) 신탁의 이익을 받을 권리	신탁의 이익을 받을 권리의 가액은 다음의 어느 하나에 따라 평가한 가액에 의한다. 다만, 평가기준일 현재 신탁계약의 철회, 해지, 취소 등을 통해 받을 수 있는 일시금이 다음에 따라 평가한 가액보다 큰 경우에는 그 일시금의 가액에 의한다. ① 원본을 받을 권리와 수익을 받을 권리의 수익자가 동일한 경우 : 평가기준일 현재 상속세 및 증여세법에 따라 평가한 신탁재산의 가액 ② 원본을 받을 권리와 수익을 받을 권리의 수익자가 다른 경우 a. 원본을 받을 권리를 수익하는 경우 : 평가기준일 현재 상속세 및 증여세법에 따라 평가한 신탁재산의 가액에서 b의 계산식에 따라 계산한 금액의 합계액을 차감한 금액 b. 수익을 받을 권리를 수익하는 경우 : 평가기준일 현재 추산한 장래 받을 각 연도의 수익금에 대하여 수익의 이익에 대한 원천징수세액상당액 등을 감안하여 다음 산식에 따라 계산한 금액의 합계액

(4) 신탁의 이익을 받을 권리	$$\frac{\text{각 연도에 받을 이익의 수익}-\text{원천징수세액상당액}}{(1+3\%)^{n}}$$ n : 평가기준일부터 수익시기까지의 연수 * 신탁의 수익시기가 정해지지 않은 경우 평가기준일부터 수익시기까지의 연수는 정기금을 받을 권리의 평가규정 ②와 ③을 준용하여 20년 또는 기대여명의 연수로 계산한다.
(5) 정기금을 받을 권리	정기금을 받을 권리의 가액은 다음의 어느 하나에 따라 평가한 가액에 의한다. 다만, 평가기준일 현재 계약의 철회, 해지, 취소 등을 통해 받을 수 있는 일시금이 다음에 따라 평가한 가액보다 큰 경우에는 그 일시금의 가액에 의한다. ① 유기정기금 : 잔존기간에 각 연도에 받을 정기금액을 현재가치로 환산한 금액의 합계액. 다만, 1년분 정기금액의 20배를 초과할 수 없음 ② 무기정기금 : 1년분 정기금×20배 ③ 종신정기금 : 정기금을 받을 권리가 있는 자의 기대여명의 연수 중 각 연도에 받을 정기금액을 기준으로 현재가치로 환산한 금액의 합계액
(6) 가상자산	① 가상자산 사업자 중 국세청장이 고시하는 사업자의 사업장에서 거래되는 가상자산 : 해당 가상자산 사업자가 공시하는 평가기준일 이전·이후 각 1개월 동안의 일평균가액의 평균액 ② ① 외의 가상자산 : 가상자산 사업자 및 그에 준하는 사업자의 사업장에서 공시하는 거래일의 일평균가액 또는 종료시각에 공시된 시세가액 등 합리적으로 인정되는 가격 * 가상자산은 보충적평가방법에 의한 금액을 시가로 본다.

4. 외화자산 및 부채의 평가방법

외화자산 및 부채는 평가기준일 현재 기준환율 또는 재정환율에 의하여 환산한 가액으로 이를 평가한다.

세부사항 국외재산에 대한 평가

1. 외국에 있는 상속 또는 증여재산으로서 시가에 의한 평가방법 또는 보충적 평가방법을 적용하는 것이 부적당한 경우에는 당해 재산이 소재하는 국가에서 양도소득세·상속세 또는 증여세 등의 부과목적으로 평가한 가액을 평가액으로 한다.
2. 상기 1의 규정에 의한 평가액이 없는 경우에는 세무서장 등이 2 이상의 국내 또는 외국의 감정기관(상속 또는 증여재산이 주식 등인 경우 신용평가전문기관, 회계법인 또는 세무법인을 포함)에 의뢰하여 감정한 가액을 참작하여 평가한 가액에 따른다.

2023
세법개론
강의노트 Ⅱ

발 행 일 2023년 5월 11일 11판 1쇄
초판발행일 2013년 3월 11일

저 자 이승원
발 행 인 윤희정
등 록 제2014-000365호
발 행 처 도서출판 현지
주 소 서울시 강남구 언주로 30길
전화번호 02-736-7701
F A X 02-725-1907
I S B N 979-11-87363-27-9 (13320)
가 격 19,000원

저자와의 협의 하에 인지를 생략합니다.